国家文化产业资金支持媒体融合重大项目
广东省重点专业建设教材
21世纪高职高专精品教材·财政金融类

金融学基础

Jinrongxue Jichu

（第二版）

陈登峰 张 媛 主 编
方 媛 杨锐征 副主编

东北财经大学出版社
Dongbei University of Finance & Economics Press
大 连

图书在版编目（CIP）数据

金融学基础 / 陈登峰，张娘主编. —2版. —大连：东北财经大学出版社，2018.8（2019.8重印）
（21世纪高职高专精品教材·财政金融类）
ISBN 978-7-5654-3238-5

Ⅰ. 金… Ⅱ. ①陈… ②张… Ⅲ. 金融学-高等职业教育-教材 Ⅳ. F830

中国版本图书馆CIP数据核字（2018）第155423号

东北财经大学出版社出版
（大连市黑石礁尖山街217号 邮政编码 116025）
网 址：http：//www.dufep.cn
读者信箱：dufep@dufe.edu.cn

大连日升彩色印刷有限公司印刷 东北财经大学出版社发行

幅面尺寸：185mm×260mm 字数：283千字 印张：12.25
2018年8月第2版 2019年8月第4次印刷

责任编辑：李丽娟 韩敌非 徐 群 责任校对：合 力
周 欢
封面设计：张智波 版式设计：钟福建

定价：30.00元

教学支持 售后服务 联系电话：（0411）84710309

如有印装质量问题，请联系营销部：（0411）84710711

第二版前言

当今，金融已经成为世界经济领域中最为核心的议题之一。金融创新不断出现，金融风险与危机也无处不在，时刻影响着各个国家的经济运行状况，也影响着每个人的日常生活。

金融学是研究货币与金融体系的运行机制以及货币运行与经济运行之间关系的一门学科，具有高度的实用性和复杂性。金融学不仅是我国高等院校财经类专业的核心课程，也是经济管理类专业学生必须掌握的一门基础理论课程。

根据培养21世纪财经类应用型人才的需要，本书力求体现以下特色：

第一，结构合理，体系规范。本书针对高等职业院校金融入门课程的特点，将内容庞杂的金融基础知识体系系统地呈现出来，力求做到理论知识必需、够用，体系科学、规范，帮助学生为今后从事金融类工作及取得金融类证书打下基础。

第二，内容求新，突出应用性。本书从高等职业教育教学规律出发，与社会实际接轨，介绍了最新的理论知识和案例，例如，介绍了最新的金融科技相关知识，体现了最新的法律法规和制度，并注重对学生实践技能的培养和训练，具有较强的应用性和实践指导性。

第三，栏目丰富，形式生动。本书栏目丰富多样，每章设有学习目标、导入案例、课堂讨论、知识链接、拓展阅读、案例分析、本章概要、思考与练习等栏目，其中，拓展阅读以二维码的形式呈现，既丰富了教材的形式、内容与知识体系，也为教师教学和学生更好地掌握知识内容提供了首尾呼应、层层递进的可操作性教学方法。

基于货币金融理论知识的逻辑体系，本书共分为十章，主要包括金融概述、货币、信用、金融机构、金融市场、通货膨胀和通货紧缩、国际金融、货币政策与工具、金融危机与金融监管、金融科技等内容。

本书由深圳信息职业技术学院的陈登峰和张嫄担任主编，深圳信息职业技术学院的方媛和河南财政金融学院的杨锐征担任副主编，四川财经职业学院的李馨参与了部分章节的编写工作。其中，第一章由方媛编写，第二章由陈登峰编写；第三章、第四章由陈登峰、张嫄编写；第五章由张嫄、杨锐征编写；第六章由李馨、张嫄编写；第七章由李馨编写；第八章由方媛编写；第九章由杨锐征编写；第十章由张嫄编写。各章初稿完成后，由张嫄进行统稿，最终由陈登峰审查定稿。

本书第二版对应高等职业教育应用型人才培养目标，进一步丰富了教学形式、教学内容和知识体系，突出了金融行业发展的前沿动态及中国金融发展的最新实践案例，更加有利于学生了解金融发展的趋势，把握中国金融现实环境，引发学生自主学习的兴趣，提高学生分析问题、解决问题的能力。

由于作者水平有限，书中难免有疏漏或不当之处，恳请广大读者批评指正。

编　者

2018年6月

目　录

第一章　金融概述

学习目标

通过学习，使学生理解金融的内涵，了解金融的基本含义、构成要素、主要门类及金融系统的重要功能。

导入案例

货币与房价飞涨

2015年6月1日，中国指数研究院发布的“百城房价”数据显示，5月份，全国有100个城市新建住宅均价环比由跌转涨，房价上涨城市增至48个。而北上广深一线城市新建商品房“量价齐升”，其中，深圳“量价”涨幅均居全国首位。从2014年“9・30”新政后，深圳房价已连涨8个月。在2015年“3・30”新政出台后，一线城市房价回暖速度明显加快，深圳领涨全国。

与此同时，2014年11月21日晚，央行宣布自2014年11月22日起降息，2015年3月1日再度降息，2015年4月20日起下调各类存款类金融机构人民币存款准备金率1个百分点。货币政策宽松窗口正式开启。

为何深圳房价领先全国？在上万亿元资金涌向股市的时候，深圳人为什么还在炒楼？经济学家许小年认为，房价上涨的原因在于供需矛盾，即需求大于供给。影响需求的有长期因素，例如城镇化、婚龄人口增加、收入提高。虽然这些长期因素都很重要，但不能解释房价在短期内的暴涨。在决定房地产需求的短期因素中，最重要的是货币供应量。

从货币供给量的角度，不难理解在央行连续降息、降准的背景下，房价出现暴涨这个现象。首先，降息会减少购房成本；其次，货币供给量增加，使按揭变得容易，地产商的开发贷款问题得到解决，银行贷给工业企业的钱转化成了企业的盈利和个人收入，收入增加也令购房需求随之上升；最后，货币超发在某种程度上会使人们产生通胀预期，人们为防止储蓄贬值，纷纷利用房产等实物资产进行保值。所以，房价岂有不涨之理？可见，就短期而言，货币数量与房产、股票等资产价格的上升有着某种密不可分的联系。

资料来源：张霞．深圳房价再次暴涨之谜［J］．南方周末，2015（6）．

通过上述案例思考：货币数量增加如何影响房价变化？生活中还有哪些现象与金融市场的价格变化紧密联系？如何用金融学原理来预测资产的价格走势？接下来，本章将带你走进金融世界，揭开它的神秘面纱。

第一节　金融的含义

金融，一个熟悉又陌生的字眼。大到国际资本流动、一国的宏观政策，小到一个家庭的储蓄存款、个人网上购物，金融活动在日常生活中几乎无处不在。那么，金融的确切含义究竟是什么？金融又有哪些构成要素？

一、金融的概念

“金融”一词在我国最早出现在南京中央政治大学赵阑玶教授编写的《货币学》一书中。此后的教科书多用“金融，即货币资金的融通”进行解释，意在表明金融是一种在货币资金盈余者与短缺者之间调配的活动。《中国金融百科全书》中对“金融”一词的解释是货币流通和信用活动以及与之相关的经济活动的总称。这一定义将货币流通和信用活动相联系，但也同样限制了金融功能的发挥，淡化了市场的作用。还有学者对金融作了如下定义：“现代金融是以货币或货币索取权形式存在的资产的流通。”据此可知，现代金融这一庞大的系统包括与物价紧密联系的货币流通、银行与非银行金融机构体系、短期资金拆借市场、资本市场、保险市场及国际金融市场等。

其实，“金融”一词最先出现在西方国家，其英文为“Finance”，源于拉丁语“finis”，表示“结束”，即“借贷结清”的意思。可见，其本意是“货币资金的融通及其管理”，包括政府资金融通、企业货币资金融通和个人货币资金融通，涉及“盈利与风险的平衡”“资产最优组合”等概念。《韦伯斯特大辞典》将金融定义为货币、信贷投资活动及金融机构的服务活动。《新帕尔格雷夫经济学大辞典》认为，金融基本中心点是资本市场的运营、资本资产的供给与定价。综上，金融应该涵盖“有效率的市场、风险与收益、替代与套利”等内容。但这一定义并不完善，它舍去了金融宏观管理与政策，也忽视了货币与信用这一重要活动。

如何正确理解金融的含义，应主要注意如下三点：一是不能忽视金融是以融资活动为主体的。二是随着融资活动的发展变化，融资机构、规模、结算方式及工具，都会不断地由简单向复杂推进。三是从不同角度出发，金融往往有不同的定义：从范围来看，金融有广义与狭义之分，狭义的金融往往就是指资金的融通，而广义上的理解不仅涉及货币、信用以及与此形成和运行有关的交易活动，而且还涉及货币供给、银行与非银行信用，以证券交易为操作特征的投资、商业保险等；从融资活动的运作机理来看，金融可以定义为金融资产的交易行为；从融资活动的参与主体来看，金融是风险与报酬的权衡；从融资活动的领域来看，金融是资本市场运营和资本资产的供给与定价。

二、金融的构成要素

金融的构成要素主要包含以下几个方面：

（一）金融交易对象

金融的主要交易对象是货币及各种衍生形态。货币是金融活动的载体，具有交易媒介、价值尺度、支付手段和储藏手段四大职能。货币的形态经历了从实物货币发展为金属货币，又渐渐转变为纸币的过程，现在又有支票、电子货币等形式，货币形态日益丰富多样。货币制度则以法律形式规范货币流通的组织形式，包括本位货币材料和货币单位，使得货币的功能得以正常发挥。

（二）金融交易场所

金融市场是金融活动进行的主要场所，包括货币市场、外汇市场、保险市场、衍生品金融市场等。金融市场的形态包括有形市场和无形市场两种。有形市场是指交易者集中在有固定地点和交易设施的场所内进行交易的市场；无形市场是指交易者利用电信手段进行交易的市场，如场外交易市场、全球外汇市场和现代证券交易所市场等。

（三）金融机构

银行是人们在日常生活中接触最多的金融机构，除此之外还有保险公司、证券公司、信用合作社、财务公司等非银行金融机构。金融机构是连接资金盈余方和短缺方的重要桥梁，发挥着资金集聚、资金调配等重要作用。

（四）金融交易方式

金融交易的方式以信用方式为代表。金融工具一般是信用关系的书面证明或是债权债务契约关系的文书。金融交易方式可以分为直接融资和间接融资。直接融资是指没有中介机构介入，资金短缺方直接向资金盈余方获取所需资金的融资方式；间接融资是指资金短缺方与资金盈余方不发生直接的金融联系，而是通过银行等中介机构联系在一起的融资方式。

（五）金融制度

金融制度即交易规则，是指有关金融活动、组织安排、监督管理及创新的一系列在社会上通行或被社会采纳的习惯、道德、戒律和法规等构成的规则集合，也是与金融市场、金融组织和金融活动相关的各种规则的总和。它是金融运行的行为规范和制度保障。

金融各要素间有着密切的联系。金融活动一般以货币为主要载体，并通过金融工具进行交易，在金融市场中发挥作用，实现货币资金从盈余方向短缺方的合理转移，同时，金融制度和调控机制在其中发挥监督和调控作用。

第二节 金融的分类

金融可按不同标准进行分类，如根据金融市场的期限，可以分为货币市场和资本市场；根据交割时间，可以分为现货市场和期货市场；根据交易的性质，可以分为发行市场和流通市场；根据交易的对象，可分为同业拆借市场、国债市场，企业债券市场、股票市场和金融期货市场；根据交易的地域，可分为国内金融市场和国际金融市场。无论是国内金融市场还是国际金融市场，金融领域的衍生和发展都离不开金融门类的丰富和发展。金融门类是指从事各种不同性质和功能的金融活动的生态圈。一般而言，金融门类主要包括银行、证券、保险、信托、租赁等类型。

一、银行

银行是人们日常生活中接触最多的金融机构，个人工资发放、水电费缴纳、存取现金等都需要通过银行完成。银行的存在不仅便利了人们的支付结算，还为家庭理财提供了渠道。银行的类型较为繁多，从世界范围来看，主要划分为中央银行、政策性银行、商业银行、投资银行以及世界银行这几类。

中央银行是银行体系中处于顶层的金融机构。其主要业务包括货币发行、集中存款准备金、贷款、再贴现、证券、黄金占款和外汇占款、为商业银行和其他金融机构办理资金的划拨清算和资金转移的业务等。中央银行在整个银行体系甚至金融体系中居于主导地位。政策性银行是由政府发起、出资成立的，其不以营利为目的，专门贯彻、配合政府社会经济政策或意图，在特定的业务领域内，直接或间接地从事政策性融资活动，充当政府发展经济、促进社会进步、进行宏观经济管理的工具。商业银行以营利为目的，是一种储蓄机构而非投资机构。其主要业务范围包括吸收公众、企业及机构的存款，发放贷款，票据贴现及中间业务等。投资银行是资本市场上的主要金融中介，主要从事证券发行、承销、交易、企业重组、兼并与收购、投资分析、风险投资、项目融资等业务。世界银行是一个国际组织，由国际复兴开发银行、国际开发协会、国际金融公司、多边投资担保机构和解决投资争端国际中心五个成员机构组成。

二、证券

证券是多种经济权益凭证的统称，也指专门的种类产品，是用来证明券票持有人享有的某种特定权益的法律凭证。证券种类的多样化为个人、家庭拓展了理财渠道，也为公司融资、资金周转提供了丰富的途径。从类型上看，证券有股票、债券、证券投资基金、金融衍生工具等类型。

股票是指股份有限公司发行的所有权凭证，是公司为筹集资金而发行给各个股东作为持股凭证并借以取得股息和红利的凭证。债券是指社会各类经济主体为筹集资金而向债券投资者出具的、承诺按一定利率定期支付利息并到期偿还本金的债权债务凭证。常见的债券有政府债券、金融债券和公司债券。证券投资基金是指通过公开发售基金份额募集资金，由基金托管人托管，由基金管理人管理和运用资金，为基金份额持有人的利益，以资产组合方式进行证券投资的一种利益共享、风险共担的集合投资方式。金融衍生工具是指建立在基础产品或基础变量之上，其价格取决于基础金融产品价格变动的派生金融产品。这里的基础金融产品不仅包括现货金融产品（如债券、股票、银行定期存款单等），还包括金融远期合约、金融期货、期权、互换等金融衍生工具。

三、保险

保险是人们日常生活中较为熟悉的字眼，但由于我国保险市场的发展落后于银行、证券，人们对它的了解并不深入。从定义上来说，保险是指投保人根据合同约定，向保险人支付保险费，保险人按照合同约定对可能发生的事故造成的财产损失承担赔偿保险金的责任，或者当被保险人达到合同约定的年龄、期限等条件时承担给付保险金责任的行为。

目前，市场上的保险种类主要有社会保险、政策保险和商业保险。社会保险是对国民在年老、疾病、残废、伤亡、生育、失业等情况下给予物质帮助的一种制度。由于世界各国在政治制度、经济发展水平和文化传统等方面不同，所以其社会保险所包含的内容也不尽相同，但它们的基本点是一致的，即为国民提供基本的生活保障。政策保险则是政府为实现政治、经济、社会等方面的政策目的，利用保险形式实施的措施。商业保险是指按商业经营原则所进行的保险。具体来讲，它是指投保人根据合同约定，向保险人支付保险费，保险人对于合同约定的可能发生的事故因其发生所造成的财产损失承担赔偿保险金责任，或者当被保险人死亡、伤残、疾病或者达到合同约定的年龄、期限时承担给付保险金责任的行为。

四、信托

信托业与银行、证券、保险并称金融业的四大支柱，其本来含义是“受人之托，代人理财”。按照《中华人民共和国信托法》（以下简称《信托法》）对信托的定义，信托是指“委托人基于对受托人的信任，将其财产权委托给受托人，由受托人按委托人的意愿，以自己的名义为委托人的利益或者特定目的，进行管理或者处分的行为”。

五、租赁

租赁业是指以金融信贷和物资信贷相结合的方式提供信贷服务的经营业。一般的租赁活动，是出租人将自己拥有的物质资料按一定条件出租给他人使用，承租人在使用过程中按照规定交纳租金。常见的现代租赁活动主要有融资租赁和经营租赁两种，而融资租赁是现代企业的重要融资渠道之一。

第三节　金融的作用

在现代社会中，经济越来越依赖于金融，金融对经济的影响无处不在，金融业创造的产值在各国经济中的比重越来越大。可以说，没有发达的金融，就没有发达的经济。金融不仅在经济运行过程中占据核心地位，更时刻影响着我们的生活。

一、金融是现代经济运行的核心

金融在现代经济中的核心作用主要体现在以下四个方面：

1. 金融具有动员储蓄、促进投资、实现经济增长的重要作用。除满足日常生活必需外，家庭及个人存在大量的剩余资金，银行、证券等金融市场为这些闲散资金提供了保值、增值的渠道，尤其是银行以储蓄存款的方式吸纳了大量的资金。从整个社会的角度看，得益于金融机构的吸储，社会投资资金不断增加，社会生产力得以提高。所以，金融对实体经济的增长起着至关重要的作用。

2. 金融能够优化资源配置。金融通过吸收个人和家庭的存款，大量聚集盈余资金，再以贷款的形式发放给需要资金的企业或个人，实现资源的优化配置。具体来看，金融可以使资金盈余者利用本期消费不完的资金进行投资，在未来产生收入和回报，从而实现金融资源的跨期分配。另外，发达地区的居民可以通过购买相对落后地区发展项目的股票或债券，将资金注入这些地区，实现资金在不同地区间的转移，从而完成金融资源在空间上的分配。

3. 金融可以推动产业结构升级。产业结构升级是区域经济发展的关键。产业优化需要资金支持，金融作为其重要的支持者，能够调整信贷资金的投向，集中资金，加大对基础设施、基础产业、支柱产业和高新技术产业等的投资力度，以此达到调整产业结构的目的。同时，金融为优势企业的融资提供了上市这条重要途径，以优势企业带动整个产业的发展，从而促进产业结构的优化升级。

4. 金融可以促进企业的成长和扩张。一方面，企业通过增加生产要素的投入扩大生产规模，从而推动企业扩张。金融是企业获取生产要素的主要来源，也是进一步扩张的主要助推力，因为这一过程的实现需要借助银行或者股票市场获得所需的生产资金。另一方面，对于通过收购、兼并或资产重组扩张经营规模的企业而言，需要通过资本市场的运作才能实现。无论哪种情况，都与金融有着密不可分的关系。

二、金融影响着每个人的生活

金融不仅在宏观层面上影响整个经济的运行与发展，也会将其影响作用于每个个体。

（一）金融为人们的生活带来了便捷

金融系统为个人、家庭、企业和政府部门购买商品、服务提供了许多便利有效的清算支付方式，如支票、汇票、信用卡、网银等，使得现代经济活动可以快速、准确、安全、方便地完成清算和支付结算服务，是现代经济运行不可缺少的服务。

课堂讨论 1-1

金融已经渗透到人们生活中的每个角落。举例说一说你生活中的哪些方面涉及金融，以及它对你的生活产生了哪些影响。

（二）金融为人们提供了避险的途径

在经济生活中，由于不确定性的存在，人们面临着各种各样的风险，如意外事故造成的人身伤害和财产损失、公司经营不善导致的股价变动甚至破产等。金融为这些风险的转移和分散提供了许多渠道，而保险就是一种很好的风险管理机制。作为金融中介，保险公司向那些希望降低风险的人发出保险单，收取一定量的保险费，集中保险资金。当投保人发生损失时，保险公司就会根据相应的保险协议进行赔付，从而降低投保人的实际损失。

（三）金融危机具有强大的破坏性，会带来难以估量的损失

2008年，在美国爆发的金融危机席卷全球。这场金融危机逐渐演变成经济危机，从美国逐渐扩散到全球。金融危机导致股市下跌、银行倒闭、货币贬值，给经济运行和人民生活带来沉重的打击。据统计，在这次金融危机中，美国家庭的财富损失了四分之一，全球遭受了数十万亿美元的损失。

知识链接 1-1

巴林银行的破产与金融衍生产品

巴林银行集团是英国伦敦城内历史最久、名声显赫的商人银行集团，素以发展稳健、信誉良好而驰名，其客户也多为显贵阶层，包括英国女王伊丽莎白二世。该行成立于1762年，当初仅是一家小小的家族银行，后来逐步发展成为一个业务全面的银行集团。巴林银行集团的业务专长是企业融资和投资管理，业务网络点主要在亚洲及拉美新兴国家和地区，在中国上海也设有办事处。到1993年年底，巴林银行的全部资产总额为59亿英镑，1994年税前利润高达1.5亿美元。1995年2月26日，巴林银行因遭受巨额损失，无力继续经营而宣布破产。从此，这个有着233年经营史和良好业绩的老牌商业银行在伦敦乃至全球金融界消失。目前，该行已由荷兰国际银行保险集团接管。

巴林银行破产的直接原因是新加坡巴林期货公司期货经理尼克·里森错误地判断了日本股市的走向。1995年1月份，里森看好日本股市，分别在东京和大阪等地买入了大量期货合同，指望在日经指数上升时赚取大额利润。谁知天有不测风云，日本阪神大地震打击了日本股市的回升势头，股价持续下跌。巴林银行最后损失金额高达14亿美元，而其自有资产只有几亿美元，巨额亏损难以抵补，这座曾经辉煌的金融大厦就这样倒塌了。

金融衍生产品包括一系列的金融工具和手段，买卖期权、期货交易等都可以归为此类。具体操作起来，金融衍生产品又可分为远期合约、远期固定合约、远期合约选择权等。这类衍生产品可对有形产品进行交易，如石油、金属、原料等，也可对金融产品进行交易，如货币、利率以及股票指数等。从理论上讲，金融衍生产品并不会增加市场风险，

若能恰当地运用，比如套期保值，可为投资者提供一个有效的降低风险的对冲方法。但在其具有积极作用的同时，也有致命的危险，即在特定的交易过程中，投资者纯粹以买卖谋利为目的，通过垫付少量的保证金炒买炒卖大额合约来获得丰厚的利润，而往往无视交易潜在的风险，如果控制不当，这种投机行为就会招致不可估量的损失。新加坡巴林期货公司的里森，正是对衍生产品操作无度才毁灭了巴林银行。里森在整个交易过程中一味盼望赚钱，在已遭受重大亏损时仍孤注一掷，增加购买量，对于交易中潜在的风险熟视无睹，结果使巴林银行成为衍生金融产品的牺牲品。

资料来源：吉林工商学院金融学院．货币银行学案例［EB/OL］．［2018-03-20］．http：//jrxy.jlbtc.edu.cn/show_news.asp?newsid=456.

本章概要

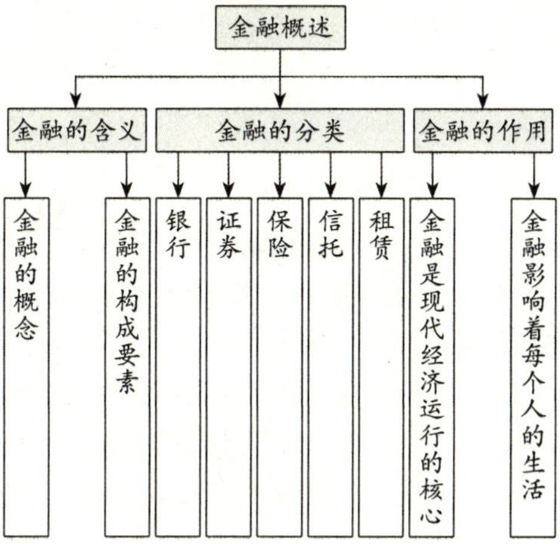

思考与练习

一、选择题

1.金融由（　　）等要素构成。

A.金融交易对象　　B.金融交易场所及金融机构

C.金融交易方式　　D.金融制度

2.以下属于金融门类的是（　　）。

A.银行　　B.保险　　C.证券　　D.信托

二、问答题

1.什么是金融？举一个身边与金融相关的例子来说明金融的含义。

2.金融对经济及生活有哪些影响？

第二章　货币

学习目标

通过学习，了解货币的演变和发展及其流通规律，掌握货币的职能、层次划分与货币制度。

导入案例

战俘营里的货币

第二次世界大战期间，在纳粹的战俘集中营中流通着一种特殊的商品货币——香烟。当时的红十字会设法向战俘营提供各种人道主义物品，如食物、衣服、香烟等。由于数量有限，这些物品只能根据某种平均主义的原则在战俘之间进行分配，而无法顾及每个战俘的偏好。但是人与人之间的偏好显然是有所不同的，有人喜欢巧克力，有人喜欢奶酪，还有人则可能更想得到一包香烟。因此，这种分配显然是缺乏效率的，战俘们有进行交换的需要。

但是即便在战俘营这样一个狭小的范围内，物物交换也显得非常不方便，因为它要求交易双方恰巧都想要对方的东西，也就是所谓的需求的双重巧合。为了使交换能够更加顺利地进行，需要有一种充当交易媒介的商品，即货币。那么，在战俘营中，究竟哪一种物品适合作为交易媒介呢?许多战俘营都不约而同地选择香烟来扮演这一角色。战俘们用香烟来进行计价和交易，如一根香肠值10根香烟，一件衬衣值80根香烟，替别人洗一件衣服则可以换得两根香烟等。有了这样一种记账单位和交易媒介之后，战俘们之间的交换就方便多了。

香烟之所以会成为战俘营中流通的“货币”，和它自身的特点是分不开的。它容易标准化，而且具有可分性，同时也不易变质，这些正和对“货币”的要求相一致。当然，并不是所有的战俘都吸烟，但是，只要香烟成了一种通用的交易媒介，用它可以换到自己想要的东西，那么，自己吸不吸烟又有什么关系呢?我们现在愿意接受别人付给我们的钞票，也并不是因为我们对这些钞票本身有什么偏好，而仅仅是因为我们相信，当我们用它来买东西时，别人也愿意接受。

资料来源：曹艺，才凤玲. 货币银行学［M］. 北京：中国人民大学出版社，2010.

通过以上案例思考：为什么香烟可以当成货币使用？什么是货币？货币是怎样产生和发展的？货币的职能是什么？

第一节 货币概述

说到货币，人们立刻会想到五花八门、形形色色的钞票，特别是在现代市场经济情况下，货币以其特有的渗透力，影响着社会经济生活的方方面面，似乎没有人不知道货币，它是交换行为的最根本的表现形式。货币到底是从哪里来的？它的本质是什么？了解货币的起源是认识货币本质、职能与作用的起点，从某种意义上说，也是正确认识货币金融理论的起点。

一、货币的产生与发展

（一）货币的产生

货币是商品生产和商品交换的产物，是在长期的商品生产和商品交换的过程中，逐渐地从商品世界中分离出来的、固定地充当一般等价物的特殊商品，是价值形式发展的结果。

商品的价值形式即交换价值经历了四个阶段，表现为四种形式，即简单的（或偶然的）价值形式、扩大的价值形式、一般价值形式和货币形式，这也就是货币的发展由萌芽到形成的全部历史过程。

1. 简单的价值形式

在原始社会末期，由于生产力水平低下，人们的劳动产品除了满足自己的需要外，很少有剩余产品进行交换。商品交换的行为只是个别的、偶然的。在这种交换过程中，一种商品的价值偶然地表现在另一种商品上，即表现为简单的物物交换，并且交换的概率极低，表现为偶然的交换。因此，这种形式就叫作简单的或偶然的价值形式。交换的偶然性使商品价值的表现不完善、不成熟，也不充分。简单的价值形式的交换过程如图2-1所示。

图2-1 简单的价值形式的交换过程

随着社会生产力的进一步发展，剩余产品开始增多，交换的场所和领域也在不断扩大，商品交换也不再是偶然的了，于是出现了扩大的价值形式。

2. 扩大的价值形式

在扩大的价值形式中，一种商品的价值已经不是偶然地表现在某一商品上，而是表现在一系列商品上。这时，各种商品交换的比例关系和它们所包含的社会必要劳动时间的比例关系更加接近，商品价值的表现也比在简单的价值形式中的价值表现更完整、更充分。但是，扩大的价值形式也有其弱点：首先，商品的价值表现是不完整的，因为作为等价物的商品的系列是无止境的，任何一种新的产品都可以加入交换。其次，商品的价值表现不统一，作为等价物的每一种商品都可表现处于相对价值形态地位的商品的价值。最后，商品的价值表现很复杂。由于处在等价物地位的不同商品之间是相互排斥的，商品价值要想获得表现，其实际交换过程可能十分复杂。由于这些内在矛盾的存在，价值形式才得以进一步发展。扩大的价值形式的交换过程如图2-2所示。

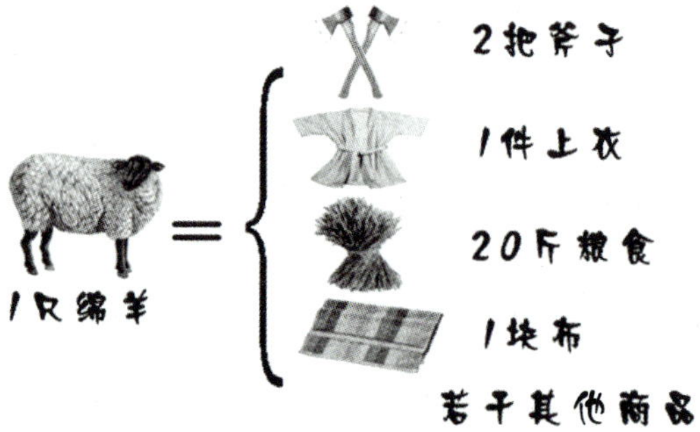

图2-2 扩大的价值形式的交换过程

3. 一般价值形式

在一般价值形式中，一切商品的价值都只能统一地表现在某一种商品上，这种商品充当的是一般等价物的角色。一般等价物具有排他性，它拒绝任何其他商品与之并列。它拥有特殊的地位，任何一种商品只要与作为一般等价物的商品交换成功，该商品的使用价值便转化为价值，具体劳动便转化为抽象劳动，私人劳动也获得了社会的承认，成为社会劳动的一部分。一般价值形式的出现，是商品价值形式演变过程的质的飞跃，作为一般等价物的商品实际上起着货币的作用，只是在一般价值形式中，作为一般等价物的商品还没有固定下来。一般价值形式的交换过程如图2-3所示。

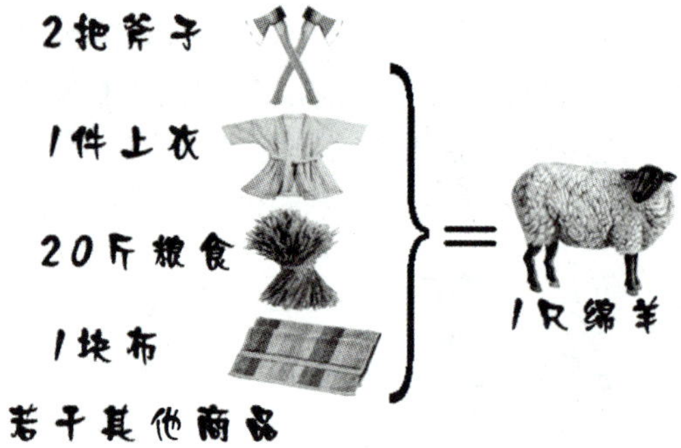

图2-3 一般价值形式的交换过程

4. 货币形式

随着商品生产和商品交换的不断发展，从充当一般等价物的众多商品中逐渐分离出一种固定充当一般等价物的特殊商品，这种商品就是货币，它成为表现、衡量和实现价值的工具。从货币的产生过程来看，货币是商品生产和商品交换发展到一定阶段的必然产物，同时也是商品经济内在矛盾发展的必然结果。它解决了物物交换的诸多困难，但又使商品经济的内在矛盾进一步发展，使商品的价值和使用价值的内在对立表现为商品和货币的外在对立。货币形式的交换过程如图2-4所示。

（二）货币形式的演变

货币形式，是指以什么货币材料（币材）来充当货币。不同的货币形式适应着不同的社会生产阶段和历史阶段的需要。纵观货币的发展历史，货币形式的发展演变大体上经历了实物货币（含金属货币）、代用货币和信用货币三个阶段，这个过程也是货币价值不断符号化的过程。货币形式演变的过程如图2-5所示。

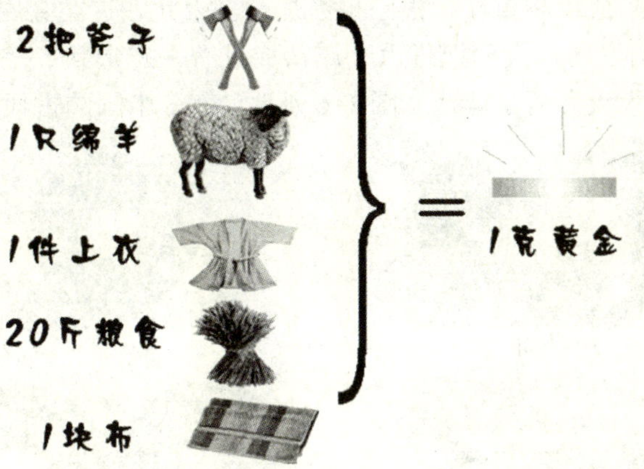

图 2-4　货币形式的交换过程

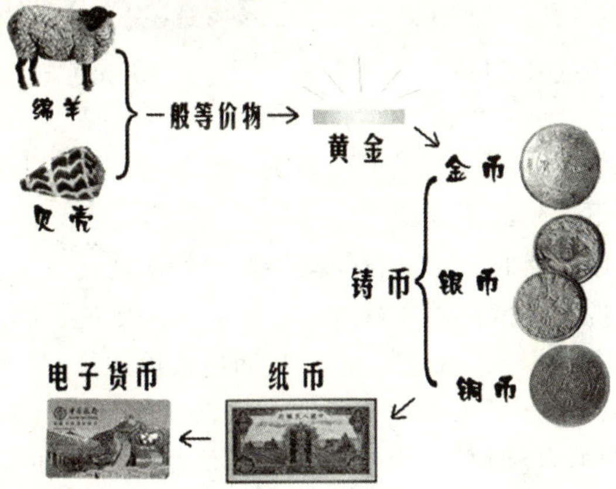

图 2-5　货币形式演变的过程

1.实物货币（含金属货币）

实物货币是人类历史上最古老的货币，是指以各种自然物品充当一般等价物的材料，也称自然物货币或商品货币。在人类经济史上，许多商品曾在不同时期、不同国家扮演过货币的角色，如牲畜、贝壳、布帛、粮食、金属等都充当过货币。我国最早的货币是贝，因此，今天与财富有关的很多汉字，也多以“贝”为偏旁，如货、财、贸、贷、贫、贱等。在日本、东印度群岛以及美洲、非洲的一些地方，也有用贝作为货币的历史。在古代欧洲的雅利安民族，在古波斯、印度、意大利等地，都有用牛、羊当作货币的记载。古代埃塞俄比亚曾用盐作为货币。非洲和印度等地曾以象牙为货币。在美洲，曾经充当古老货币的有烟草、可可豆等。

在最早的时期，许多实物货币均有不适合作为货币的缺点，如笨重、携带运送不便、不能分割、质地不一、易遭损失等。因此，随着商品交换的发展和扩大，实物形态的商品货币逐渐被内在价值稳定、质地均匀、易于分割、便于携带的金属货币所替代。

世界各国货币发展的历史证明，金属作为币材，一般是从贱金属（如铁、铜等）开始的，最普遍、使用时间最久的是铜钱，我国最古老的金属铸币也是铜铸币。后来，这些贱金属逐步让位于金、银等贵金属，这是一个普遍的规律，因为金、银所具有的天然属性最适宜充当货币商品。金属货币最初没有固定形状和重量，而是采用条状或块状形式，每次交易时都要重新鉴定其成色和重量，程序相当烦琐。因此，这类金属货币又称为“秤量货币”。随着商品交换的发展，人们把货币金属铸成具有一定形状、一定重量并具有一定成色的金属铸币，从而大大方便了流通。图2-6列举了部分中国的古代货币。

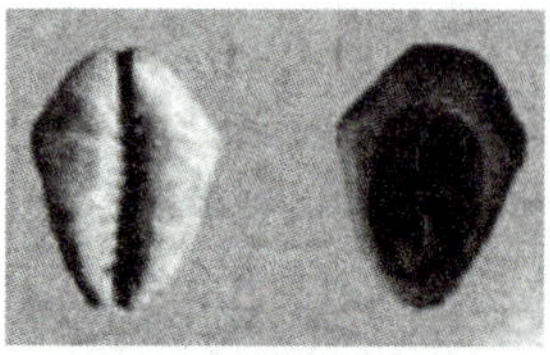
天然海贝

秦半两

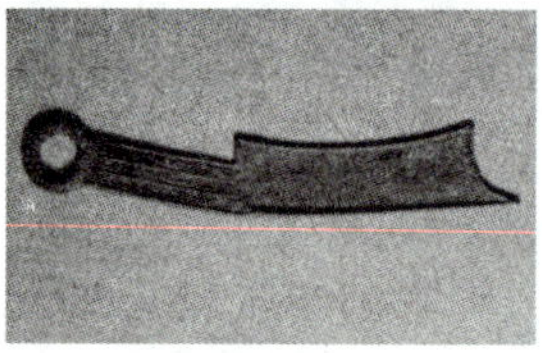
春秋战国刀币

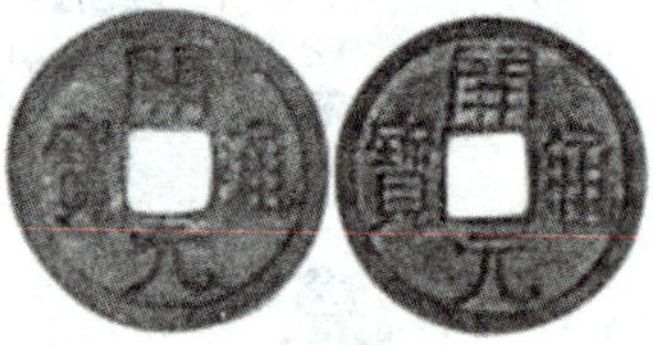
开元通宝

图2-6　部分中国的古代货币

金属铸币的出现和使用，由于克服了秤量货币的某些弊端，因而促进了商品交换的发展。但金属铸币也有以下缺陷或不足：

（1）交易额小于铸币面值时，难以行使交换媒介的职能。

（2）大额交易时，携带大量铸币显得过于沉重且有一定的风险。

（3）由于流通中会因磨损等而减轻分量，从而使铸币面值与实际价值不符。

为了克服上述缺陷，出现了用耐磨损的贱金属铸造的辅币（如铜钱等），以满足小额交易需要，还出现了某种可随时兑换为金属货币的信用凭证（如银票等），以满足大额交易需要；同时，政府及时收回已磨损的铸币，重新铸造。但诸多行为使得花费在货币上的费用提高，而且金属，特别是贵金属也存在着自然资源和劳动生产率等难以克服的限制问题，于是，代用货币逐渐应运而生。

2. 代用货币

代用货币是指由政府或银行发行的、代替金属货币执行货币流通手段和支付手段职能的纸质货币，它是作为实物货币，特别是金属货币的替代物而出现的。代用货币的一般形态是纸质的凭证，故称纸币。这种纸质的代用货币，尽管其自身价值低于货币价值，是一种不足值货币，但由于它们都有十足的金银等贵金属作为保证，持币者有权随时要求政府或银行将纸币兑换为金银货币或金银条块。如此一来，代用货币便能在市面上广泛流通，被人们普遍接受。

典型的代用货币是可兑换的银行券，发行银行券的银行保证随时按面值兑付金属货币。代用货币相对于实物货币或金属货币，有以下明显的优点：

（1）印刷纸币的成本比铸造金属货币大大降低。

（2）纸币比金属货币更易携带和运输。

（3）避免了金属货币在流通中所产生的一些问题。例如，在金属货币流通的条件下，若金属货币的法定价值和实际价值发生偏差，人们往往把实际价值较高的金属货币收藏起来；若金属货币熔化或向国外输出，而实际价值较低的金属货币继续在本国流通，则会出现“劣币驱逐良币”的现象。

然而，由于代用货币的发行数量取决于金属准备量，不能满足增加货币量的需求，而且大量闲置的金属准备只存放在仓库里会造成巨大的浪费，因此，在第一次世界大战中，世界各国普遍出现了银行券停止兑现的现象。第一次世界大战后，有些国家虽曾一度实行有条件兑换金块或外汇的制度，但随着20世纪20年代末和30年代初金本位制的崩溃，世界主要国家的银行券完全变成不兑现的，致使现代信用货币最终取代代用货币而成为世界货币舞台上的主角。

3. 信用货币

信用货币是以信用作为保证，通过一定信用程序发行，充当流通手段和支付手段的货币形态，是货币发展中的现代形态。可见，信用货币产生的客观基础是信用关系的存在和发展。信用货币本身价值低于其货币价值，而且不再代表任何贵金属，不能与金属货币兑换，实际上信用货币已经成为一种货币价值符号。

信用货币是代用货币进一步发展的产物，而且也是目前世界上几乎所有国家采用的货币形态。从历史观点来看，信用货币是金属货币制崩溃的直接产物。1929—1933年的世界性经济危机和金融危机，迫使各国相继放弃金本位制，实行不兑现的纸币流通制度，所发行的纸币不能再兑换金属货币，于是信用货币应运而生。

除了上述直接的历史因素外，信用货币的演进也有其经济发展的内在根源。根据经验，政府和货币当局发现，只要纸币发行量控制适宜，即使法定纸币没有十足的金银准备，社会大众对纸币仍会保持信心。事实上，当今世界大多数采用信用货币制的国家，均具有相当数量的黄金、外汇、有价证券等资产作为发行信用货币的准备，但是各国政府或货币当局不再受十足准备的约束。根据政策需要决定纸币的发行量，这已是公众接受的事实。

信用货币的主要形态包括以下几种：

（1）辅币。辅币多以贱金属（如铜、镍等）铸造，自身所含的金属价值低于其货币价值。辅币一般由政府独占发行，由专门的铸币厂铸造，其功能主要是承担小额或零星交易的媒介手段。

（2）纸币。纸币是指由政府发行并由国家法令强制流通使用的、以纸张为基本材料的货币。可见，纸币发行权一般为政府或政府的金融机关所垄断，发行机关多数是中央银行，也有财政部或货币管理局等政府机构。纸币的主要功能是承担人们日常生活用品的购买手段。图2-7中列举出一些常见的纸币种类。

（3）银行存款。银行存款种类很多，主要有活期存款、定期存款和储蓄存款。活期存款因通过支票能在商品交换中担负起交易媒介的作用，发挥货币的支付手段职能，所以称为“存款货币”。

（4）电子货币。电子货币是指电子计算机系统存储和处理的存款。电子货币是现代商品经济高度发达和银行转账结算技术不断进步的产物，同时，也反映了支付手段的进化。电子货币通常是利用电脑或储值卡来进行金融交易和支付活动，如各种各样的信用卡、储值卡、电子钱包等。当今社会，一些技术发达的国家已普遍采用电子资金转移系统，利用电子计算机记录和转移存款。顾客在购物、享受服务或通过网络进行交易时，计算机自动将交易金额分别记入双方的银行账户。电子货币具有转移迅速、安全和节约费用等优点，

图 2-7 常见的纸币种类

虽与存款货币并无本质区别，但代表着现代信用货币形式的发展方向。图2-8中列举了常见的电子货币形式。

拓展阅读2-1

信用卡的起源

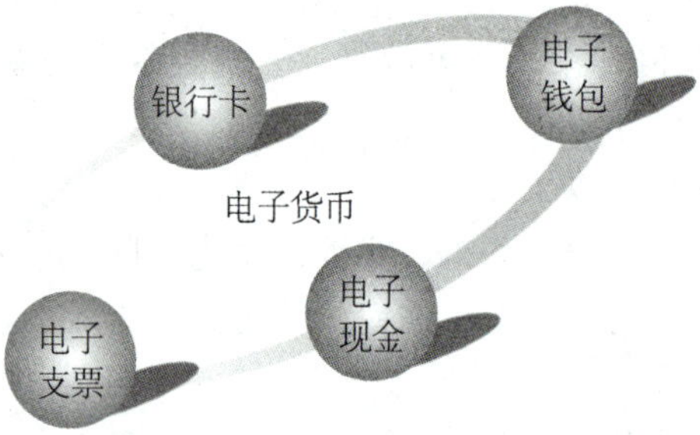

图 2-8 常见的电子货币形式

知识链接 2-1

电子货币、虚拟货币、数字货币辨析

电子货币是纸币在银行或其他相关金融机构将法定货币电子化和网络化存储和支付的形式。当在账户之间划拨资金时，实质上只是资金信息的传递。人们对电子货币的信任来自对政府法定货币和银行金融体系正常运转的信心。电子货币本质上是法定货币的一种电子化，常以磁卡或账号的形式存储在金融信息系统内，以方便储藏和支付为主要目的，货币的价值与法定货币等值。按照发行主体的不同，电子货币又可分为银行卡（借记卡、贷记卡等）、储值卡（公交卡、饭卡、购物卡等）和第三方支付方式（Palpal、支付宝、财付通等）。

广义的“虚拟货币”，即没有实物形态的货币，包括以上提到的电子货币和下文介绍的数字货币等。但狭义的虚拟货币却是基于网络的虚拟性，由网络运营商提供发行并应用在网络虚拟空间的类法币，即它是真实世界货币体系的一种映射模拟，又被称为网络货币，例如腾讯公司发行的Q币，各大网游公司发行的游戏币，论坛为奖励网民参与贡献而设计的积分等。虚拟货币最大的特点是发行主体为互联网企业，使用范围也常常限定在该企业经营领域之内，目的是方便网民衡量、交换、享用互联网服务。政府出于稳定金融体系的要求规定虚拟货币不可双向流通；同时，拥有虚拟货币发行权的企业也没有激励提供虚拟货币等价兑回现金的服务。这种单向流通的特性决定了虚拟货币无法充当真实世界里的现金或电子货币，它只能是互联网企业用来服务于自身用户的一种商务模式。人们对虚拟货币的信任完全来自对互联网发行企业的信心。

数字货币可以认为是一种基于节点网络和数字加密算法的虚拟货币。数字货币与电子货币最大的不同在于数字货币不会有物理钞票的存在，它本身就是财富的表现形式。数字货币的核心特征主要体现在三个方面：①由于来自于某些开放的算法，数字货币没有发行主体，因此没有任何人或机构能够控制它的发行；②由于算法解的数量确定，所以数字货币的总量固定，这从根本上消除了虚拟货币滥发导致通货膨胀的可能；③由于交易过程需要网络中的各个节点的认可，因此数字货币的交易过程足够安全。

电子货币、虚拟货币与数字货币的对比见表2-1。

表2-1 电子货币、虚拟货币与数字货币的对比

项目	电子货币	虚拟货币	数字货币
发行主体	金融机构	网络运营商	无
使用范围	一般不限	网络企业内部	不限
发行数量	法定决定	发行主体决定	数量一定
储存形式	磁卡或账号	账号	数字
流通方式	双向流通	单项流通	双向流通
货币价值	与法币对等	与法币不对等	与法币不对等
信用保障	政府信用	企业信用	网民信念
交易安全性	较高	较低	较高
交易成本	较高	较低	较低
运行环境	内联网、外联网、读写设备	企业服务器与互联网	开发软件以及P2P网络
典型代表	银行卡、公交卡、支付宝等	Q币、盛大币、各论坛积分等	比特币、莱特币等

资料来源：朱阁．数字货币的概念辨析与问题争议［J］．价值工程，2015（31）．

二、货币的职能

价值尺度、流通手段、贮藏手段、支付手段和世界货币是货币的五大职能。

（一）价值尺度

货币在表现和衡量商品价值时，执行着价值尺度职能。货币之所以能够充当价值尺度职能，是因为货币本身也是商品，具有价值。本身没有价值的东西，是不能被用于衡量其

他商品的价值的。货币是商品内在价值的表现形式。商品的价值通过一定数量的货币表现出来就是商品的价格。价格的变化，依存于商品价值和货币价值的变化。货币发挥价值尺度职能，表现和衡量商品的价格必须借助于价格标准。所谓价格标准，是指包含一定重量的贵金属的货币单位。

1. 货币单位名称和货币本身重量单位名称的分离

在历史上，价格标准和货币单位曾经是一致的，如我国过去长期使用“两”作为价格标准，“两”也是货币单位；英国以“镑”作为价格标准，“镑”也是货币单位。但随着商品经济的发展，货币单位名称和货币本身重量单位名称分离了。

2. 价格标准与价值尺度的联系与区别

价格标准与价值尺度是两个联系紧密但又有区别的概念。

二者的联系表现在：价格标准是为货币发挥价值尺度职能而作出的技术规定。有了价格标准，货币的价值尺度职能才得以发挥，因而价格标准是服务于价值尺度职能的。

二者的区别如下：

第一，价值尺度是在商品交换中自发地形成的；而价格标准则是由国家法律规定的。

第二，金银充当价值尺度职能，目的是衡量商品价值；而规定一定量的金银作为价格标准，目的是比较各个商品价值的不同金银量，并以此衡量不同商品的价值量。

第三，作为价值尺度，货币商品的价值量随着劳动生产率的变化而变化；而作为价格标准，货币商品的价值量是货币单位本身的重量，与劳动生产率无关。

此外，货币作为价值尺度，可以是观念上的货币，但必须以十足价值的真实货币为基础。因为货币执行价值尺度职能，即商品生产者在给商品规定价格时，只要有想象中的或者是观念上的货币就行了，并不需要有现实的货币。

（二）流通手段

货币在商品交换过程中发挥媒介作用时，便执行流通手段职能。物物交换是商品所有者拿自己的商品去找持有自己所需商品的所有者进行交换。有了货币，一个商品所有者就可以先把它换成货币，即卖出，然后再用货币换取需要的商品，即买进。这样，商品的交换过程就变成买卖两个过程的统一：一个商品所有者的买就是另一个商品所有者的卖，买卖连绵不断的过程就是商品流通。在买与卖之间，货币是媒介，所以这个职能也被人们称为交易的媒介。作为价值尺度，货币证明商品有没有价值，有多大价值；而作为流通手段，货币实现这种商品的价值。商品流通与物物交换不同，商品流通需要商品生产者先以自己的商品换成货币，然后再以货币换得自己所需要的商品。每一次交换都通过这种商品—货币—商品的形式。商品流通是一个系列过程：货币在这一系列的交换中不断地起着媒介作用，这种作用就是流通手段。

1. 货币执行流通手段职能的特点

（1）必须是现实的货币

因为只有商品生产者卖出商品所得到的货币是现实的货币，才能证明他的私人劳动获得社会承认，成为社会劳动的一部分。这里，货币充当商品交换的媒介不能是观念上的，必须是现实的。

（2）不需要有足值的货币本体，可以用货币符号来代替

因为货币流通是指货币作为购买手段，不断地离开起点，从一个商品所有者手里转到

另一个商品所有者手里的运动，在这里，商品生产者手中的货币只是转瞬即逝的东西，货币持有者所关心的只是它是否能够最终换回与其代表的价值量等值的商品量，所以只要有货币的象征存在就够了。

（3）包含着危机的可能性

在货币发挥流通手段职能的条件下，交换过程分裂为两个内部相互联系而外部又相互独立的行为：买和卖。这两个过程在时间上和空间上分开了，因此，货币流通手段的职能“包含着危机的可能性”。

2. 作为流通手段的货币的表现

作为流通手段的货币，最初是金属条块，但每次流通都需要鉴别真假，测其成色，进行分割。由此，货币从金银条块发展为铸币。铸币是国家按一定成色、重量和形状铸造的硬币，它的出现极大地方便了流通。但因铸币在流通中不断磨损，使其实际价值低于名义价值，但仍按其名义价值流通，这就意味着“在货币流通中隐藏着一种可能性：可以用其他材料做记号或用象征来代替金属货币执行铸币的职能”。于是，没有什么价值的纯粹象征性的纸币就出现了。可见，作为流通手段的货币的币材形式的变化，主要是由货币作为流通手段这一媒介特征所决定的。

我国的人民币具有流通手段职能。人民币是我国唯一合法的通货，它代表一定的价值量与各种商品相交换，使各种商品的价值得以实现。人民币的流通具有普遍的接受性、垄断性和独占性。人民币发挥流通手段职能，除要具有与一切商品直接交换的能力外，还需要具有相对稳定的购买力。人民币的购买力是价格的倒数。在我国，人民币购买力的变动是通过物价指数的变动表现出来的。因而，要稳定人民币的购买力，要先稳定物价。物价稳定的主要因素取决于人民币适量地供给和是否具有满足人民群众需要的各种各样的商品保证。

上面的阐述说明，货币流通手段职能着重于说明货币是商品流通的媒介。而媒介流通必须有三方，即两个商品所有者和一个货币所有者。商品流通不过是两种商品的物物交换，即从一种使用价值变为另一种使用价值。

（三）贮藏手段

当货币由于各种原因退出流通领域，被持有者当作独立的价值形态和社会财富的绝对化身而保存起来时，货币就停止流通，发挥贮藏手段职能。马克思把这种现象称为货币的“暂歇”，现代西方学者则将其称为“购买力的暂栖处”。

执行贮藏手段的货币必须既是现实的货币，又是足值的货币。作为价值尺度的货币，可以是观念上的货币；作为流通手段的货币，可以是价值符号；而作为贮藏货币，则必须是实实在在的货币，最典型的形态是贮藏具有内在价值的货币商品，如黄金或铸币。作为贮藏手段的货币，必须退出流通领域，处于静止状态。处在流通领域中的货币发挥流通手段和支付手段的职能，退出流通领域的货币才是执行贮藏手段职能。

随着商品经济的发展，货币贮藏除了作为社会财富的绝对化身外，其作用在进一步加强。首先，可以作为流通手段准备金的贮藏，即商品生产经营者为了保持再生产的连续性，能够在不卖的时候也能买，就必须在平时只卖不买，并贮藏货币；其次，可以作为支付手段准备金的贮藏，即为了履行在某一时期支付货币的义务，必须事前积累货币；最后，还可以作为世界货币准备金的贮藏，即作为平衡国际收支差额而用。

贮藏货币具有自发地调节货币流通量的特殊作用。当流通中需要的货币量减少时，多余的货币便自动退出流通并进入贮藏；当商品流通需要的货币量增加时，部分贮藏货币会加入流通以满足其需要。所以，贮藏手段是货币流通中的“蓄水池”。

在市场经济条件下，纸币流通与通货膨胀紧密相联，谁也不愿意贮藏不断贬值的纸币。因此，马克思认为纸币不能作为贮藏手段。但他在分析可以兑换黄金的银行券时指出：“危机一旦爆发，将会发生对市场上现有的支付手段即银行券的全面追逐。每一个人都想尽量多地把自己能够获得的货币贮藏起来。因此，银行券将会在人们最需要它的那一天从流通中消失。”可见，纸币能不能发挥贮藏手段职能的关键在于它能否稳定地代表一定的价值量。如果货币币值不稳定，便丧失了价值贮藏手段的职能，而贵金属和实物则成为保值工具。

同时还应看到，货币并非唯一的价值贮藏形式，甚至不是最有利的价值贮藏形式。在现代经济中，人们可以通过持有短期期票、债券、抵押凭证、股票、家具、房屋、土地及其他物品来贮藏价值，其中的某些形式还将带来高于储蓄利息的收益或在贮藏过程中增值。这种贮藏价值的多元形式为后续的银行业和信用制度的形成与扩张提供了客观条件。

在我国人民币稳定的前提下，其也可以发挥贮藏手段的职能。但必须指出，人民币发挥贮藏手段的职能与黄金贮藏有不同之处，它有严格的量的限制。如果发行过多，就会出现纸币贬值的问题，不仅现有的人民币不能发挥贮藏手段的职能，就是原有贮藏的部分也将转化为现实的流通手段和支付手段，从而冲击市场。

（四）支付手段

当货币作为价值的独立形态进行单方面转移时，它发挥支付手段的职能，如货币用于清偿债务及支付赋税、租金、工资等所执行的职能。

由于商品经济的不断发展，商品生产和商品交换在时空上出现了差异，这就产生了商品使用价值的让渡与商品价值的实现在时间上分离的客观必然性。某些商品生产者在需要购买时没有货币，只有到将来某一时间才有支付能力。同时，某些商品生产者又急需出售其商品，于是就产生了赊购、赊销。这种赊账买卖的商业信用就是货币支付手段的起源。

与流通手段相比较，货币执行支付手段职能时具有以下特点：

（1）作为流通手段的货币，是商品交换的媒介；作为支付手段的货币，不是流通过程的媒介，而是补足交换的一个环节。

（2）流通手段只服务于商品流通；支付手段除了服务于商品流通外，还服务于其他经济行为。

（3）就媒介商品流通而言，二者虽然都是一般的购买手段，但流通手段职能是即期购买，而支付手段职能则是跨期购买。

（4）流通手段在不存在债权债务关系的条件下发挥作用；支付手段是在存在债权债务关系的条件下发挥作用。

（5）商品赊销的发展，使商品生产者之间形成了一个很长的支付链环，一旦某个商品生产者不能按期还债，就会引起连锁反应，严重时会引起大批企业破产，造成货币危机。

所以，货币作为支付手段，既促进了商品经济的发展，又使商品经济的矛盾复杂化。支付手段职能的出现与扩展为经济危机的可能性变为现实性创造了客观条件。

（五）世界货币

随着国际贸易交往的发展，当货币超越国界并在世界市场上发挥一般等价物的作用时，它便执行世界货币的职能。从理论上讲，世界货币只能是以重量直接计算的贵金属，而铸币和纸币是国家依靠法律强制发行且只能在国内流通的货币，不能真实地反映货币具有的内在价值。但放眼全球，当今世界货币流通领域出现了很多新的现象。许多国家的货币，如美元、日元、欧元等，在国际上发挥着支付手段、购买手段和财富转移的作用。我国的人民币具有一定的稳定性，在一定范围内已被用作对外计价支付的工具。同时，黄金没有完全退出历史舞台，它仍然是国际上最后的支付手段、购买手段以及社会财富的贮藏和转移形式。

货币的五种职能并不是各自孤立的，而是具有内在联系的，每一种职能都是货币作为一般等价物的本质的反映。其中，货币的价值尺度和流通手段职能是两种基本职能，其他职能是在这两种职能的基础上产生的。所有商品首先要借助于货币的价值尺度来表现其价格，然后才通过流通手段实现商品价值。正因为货币具有流通手段职能，随时可购买商品，货币才能作为交换价值独立存在，才可用于各种支付，从而使人们贮藏货币，使货币执行贮藏手段的职能。支付手段职能是以贮藏手段职能的存在为前提的。世界货币职能则是其他各种职能在国际市场上的延伸和发展。从历史和逻辑上讲，货币的各种职能都是按顺序随着商品流通及其内在矛盾的发展而逐渐形成的，反映着商品生产和商品流通的历史发展进程。

课堂讨论 2-1

在以下六种情况下，货币分别执行了哪种职能？

1. 一台彩色电视机标价5 000元；
2. 企业财务人员向工人发放工资6 000元；
3. 张三用80元在市场上购买了一个U盘；
4. 李四到银行取回10万元定期存款的利息；
5. 王五的奶奶临终前把藏了多年的10克黄金留给了王五；
6. 《马关条约》规定清政府向日本赔偿军费两亿两白银。

三、货币层次划分

（一）划分的依据

由于货币在现代经济中扮演着极其重要的角色，因此，如何定义货币，不仅具有理论意义，更具有现实意义。目前，大多数经济学家认为应根据金融资产的流动性来定义货币、划分货币，从而确定货币供应量的范围。所谓金融资产的流动性，也称“货币性”，是指一种金融资产能迅速转换成现金而对持有人不造成损失的能力，也就是变为现实的流通手段和支付手段的能力，即变现力。它取决于买卖的便利程度和买卖时的交易成本。流动性程度不同的货币在流通中转手的次数不同，形成的购买力不同，从而对商品流通和其他经济活动的影响程度也就不同。比如，现金和活期存款作为流通手段和支付手段使用，直接引起市场商品供求变化，因而具有完全的流动性，其货币性最强。而定期存款和储蓄存款则流动性较低，虽然也会形成一定的购买力，但因需要转化为现金才能变为现实的购买手段，而提前支取会有一定程度的损失，所以其流通次数较少，对市场的影响力就不如现金。一般来说，货币层次越高，流动性越强，货币转化为现金或活期存款所需的成本越低，时间也越短。

（二）划分的方法

各中央银行根据金融资产的流动性来划分不同层次的货币供应量，其具体做法如下：

1. 国际货币基金组织的货币供给口径划分

按照流动性的强弱，国际货币基金组织把货币划分为以下三个层次：

（1）M0（现钞）

现钞不包括商业银行的库存现金，而是指流通于银行体系之外的现钞，即居民和企业手中持有的现金。因为这部分货币可以随时作为流通手段和支付手段，所以流动性最强，放在第一层次。

（2）M1（狭义货币）

狭义货币包括M0和银行活期存款，因为银行活期存款可以签发支票进行转账结算而直接成为支付手段，所以也具备极强的流动性。人们平时在各种统计资料上见到的“货币”，指的就是M1。M1作为现实的货币购买力对社会经济生活有着广泛而直接的影响，所以各国都把控制货币供给量的主要措施放在这一层面上，使之成为货币政策调控的主要对象。

（3）M2（广义货币）

广义货币包括M1和准货币。准货币一般是指银行的定期存款、储蓄存款、外币存款，以及各种短期信用工具，如银行承兑汇票、国库券等。准货币本身虽然不像货币，但由于在经过一定手续后能比较容易地转化为现实购买力，加大流通中的货币量，所以也称为近似货币。广义货币层次的确立，对研究货币流通总体状况具有重要意义，特别是对金融制度发达的国家的货币计量，以及对未来货币流通走势的预测都有重要作用。

2. 美国的货币层次划分

不同国家会有不同的货币层次划分，同一国家货币层次的划分也不是一成不变的，而是随着金融业的发展不断进行调整的。美国对货币层次划分的调整甚为频繁，仅1971年4月至1986年3月就作了大约8次调整。1998年4月联邦储备公报显示，美国联邦储备系统的货币供应层次有以下四个：

M1=流通中的现金+旅行支票+活期存款+其他支票存款（如NOW账户、ATS账户等）

M2=M1+储蓄存款（含货币市场存款账户）+小额（10万美元以下）定期存款（含零售回购协议）+零售货币市场共同基金余额（最低初始投资5万美元以下）+调整项（为避免重复计算）

M3=M2+大额（10万美元以上）定期存款+机构持有的货币市场共同基金余额（最低初始投资5万美元以上）+所有存款机构发行的回购负债（隔夜的和定期的）+调整项

L=M3+其他短期流动资产（如储蓄债券、商业票据、银行承兑汇票、短期政府债券等）

3. 我国的货币层次划分

中国人民银行结合我国的实际情况参照国际通行的原则将我国货币供应总量划分为以下四个层次：

M0=流通中的现金

M1=M0+企业活期存款+机关团体、部队存款+农村存款+个人持有的信用卡类存款

M2=M1+城乡居民储蓄存款+企业存款中具有定期性质的存款+外币存款+信托类存款

M3=M2+金融债券+商业票据+大额可转让存单

在上述四个层次中，M1是通常所说的狭义货币，流动性较强；M2是广义货币；M2与M1的差额是准货币，流动性较弱；M3是为适应金融创新的要求设立的，流动性最弱。

（三）划分的现实意义

迄今为止，关于货币供应量层次的划分并无定论，但根据资产的流动性来划分货币供应量层次，已为大多数国家政府所接受。尤其是对狭义货币供应量M1的划分，已被各国普遍接受。显然，这种划分在现代经济中具有重要的意义。

首先，划分货币层次，进而统计和公布各层次货币供应量，这对加强和改善宏观经济管理具有重要的意义。

其次，通过对货币供应量指标进行分析，可以观察、分析国民经济的变动，考察各种具有不同货币性的资产对经济的影响，并选定一组与经济的变动关系最密切的货币资产作为中央银行控制的重点。

最后，划分货币层次有利于中央银行调控货币供应量，并及时观察货币政策的执行效果。

四、货币流通规律

货币用于购买时不断地离开起点，从商品购买者手中转到商品所有者手中，这样周而复始地运动，就形成了货币流通。货币流通包括金属货币流通和纸币流通，而金属货币流通需要量的规律，即金属货币流通规律，是货币流通普遍适用的规律。纸币流通规律是建立在金属货币流通规律的基础上的。

（一）金属货币流通规律

货币流通规律，是指决定商品流通中所需货币量的规律，因此也称为“货币必要量规律”。这一规律反映了货币流通必须与商品流通相适应的客观要求，是商品经济中一条重要的经济规律。

流通中所需的货币量取决于三个因素：商品数量、商品价格、货币流通速度。流通中所需的货币量与前两者成正比，即商品数量越多或商品价格越高，则流通中所需的货币量越多；与货币流通速度成反比，即货币流通速度越快，则流通中所需的货币量越少。这一规律在商品经济条件下不仅是金属货币流通需要量的规律，也是货币流通普遍适用的规律。

这种关系可用公式表示如下：

$$\text{货币需要量}=\frac{\text{商品价格总额}}{\text{单位货币的流通速度}}=\frac{\text{商品数量}\times\text{商品价格}}{\text{单位货币的流通速度}}$$

（二）纸币流通规律

纸币是在货币流通手段的基础上产生的，是由国家发行和强制流通的货币符号。

由于金属货币经过不断流通，不断地磨损，其实际价值已经与名义价值不一致。但是，磨损过的货币仍与没有磨损过的货币同样流通，这从实践上说明了实际价值不足的货币完全可以代替有十足价值的货币。不足值或没有实际价值的货币的流通会导致货币的过多发行，从而破坏货币的正常流通，因此必须依靠国家的权力统一发行并强制流通。

纸币的典型特征是不能与金银自由兑换，即使有的国家对纸币规定了含金量。纸币本身没有价值，在流通中，它是代表金银来执行流通手段和支付手段职能的。纸币是金银的符号或货币符号，这就是纸币的实质。

纸币流通与金属货币流通都是为商品流通服务的，都要以商品流通为基础，其流通数量都是与商品流通数量或商品价格成正比的。不同之处在于：金属货币自身有价值，其数量如超出商品流通对它的需要量，它会自动退出流通领域而被贮藏，使其在流通中的数量始终与商品流通对它的需要量相适应；而纸币是不能兑换的金属货币的符号，自身没有价值，如发行过多不会自发退出流通领域，不会自发调节货币流通规模。

由于纸币的实质不完全等同于金属货币，这决定了纸币必然有其特有的运动规律。纸币的发行限于它象征的金（或银）的实际流通的数量，也就是金属货币流通规律取决于金属货币的流通量，而纸币流通规律取决于单位纸币所代表的价值量。其用公式表示为：

单位纸币所代表的金属货币量=流通中所必需的金属货币量÷流通中的纸币总量

以上公式表明，纸币流通规律实际上所体现的是纸币和金属货币之间的比例关系。如果纸币发行量超过了它所代表的流通中所需要的金属货币量，由于它的总量仍然只能代表这个金属货币量，单位纸币就要贬值，物价就要上涨。假设，流通中需要的金属货币量为100亿元，流通中的纸币总量达到200亿元，则：

单位纸币所代表的金属货币量=100÷200=0.5（元）

这就是说，1元纸币只能代表0.5元金属货币来流通，纸币的实际价值贬低了50%。单位纸币所能代表的价值量越少，纸币贬值程度越高，物价上涨率也越高。国家固然可以用强制力将任意数量的纸币注入流通，但它不能强制维持每一单位纸币所代表的价值量。纸币过量发行，必然会引起货币贬值和通货膨胀，这就是纸币流通规律作用的具体表现。

由上可知，所谓纸币流通规律，就是纸币发行数量取决于流通中所必需的金属货币量，当两者一致时，一个单位的纸币与一定的金属货币量是等值的；当纸币发行量大于流通中所必需的金属货币量时，单位纸币所代表的金属货币量是减少的，纸币就会贬值；当纸币发行量小于流通中所必需的金属货币量时，单位纸币所代表的金属货币量是增加的，纸币就会升值。

第二节 货币制度

货币本身是商品生产和交换发展的产物。随着商品生产和交换的发展，货币的形式及货币的发行、流通和使用等也在不断地发生变化，从而形成了不同的货币制度。货币制度是一国经济制度的重要组成部分，同时货币制度的内容也需要与经济发展的水平相适应，并随着社会经济发展进行相应的调整。因此，在人类社会经济不断进步的同时，货币制度也表现出一系列的演变发展过程。

一、货币制度的基本内容

货币制度又称“币制”或“货币本位制”，是指一个国家或地区以法律形式确定的货币流通的组织形式。也就是说，货币制度是国家为了保障货币流通正常进行而制定的货币和货币运动的准则和规范。它的基本内容如下：

（一）货币金属与货币单位

确定用什么金属作为货币材料，是建立货币制度的首要步骤，也是建立整个货币制度的基础。选择什么样的金属作为本位币的币材，就会构成什么样的货币本位制度。这是由国家法律确立的，但要受客观经济发展需要的制约。历史上，一般都先以白银为货币金属，后来随着黄金的大量开采，才过渡到金银并用，并最终使黄金在币材中独占了统治地位。现代各国货币都是信用货币，选择币材的技术意义已超出经济意义，例如如何防伪等。

货币金属的确定，需要确定货币单位。货币单位是国家法定的货币计量单位。国家法定的每一货币单位所包含的货币金属重量即为价格标准。例如，英国的货币单位为“镑”，按照1870年的《铸币条例》，1英镑含金量为123.274格令（合7.97克）。美国的货币单位是“元”，根据1934年1月的法令规定，1美元含金量为13.714格令（合0.888671克）。中国北洋政府1914年颁布的《国币条例》规定货币单位为“圆”，1圆含纯银6钱4分8厘（合23. 977克）。

（二）通货的铸造、发行和货币发行准备制度

一个国家的通货，通常分为主币（即本位币）和辅币，它们各有不同的铸造、发行和流通程序。

1.本位币的铸造、发行和流通

本位币亦称主币，是国家法律规定的标准货币。在金属货币制度下，本位币是用一定货币金属按照国家规定的货币单位铸造的铸币。本位币是一个国家的基本通货，是法定的计价、结算货币。例如，英国的英镑、美国的美元，都是本位币。本位币的最小规格通常是1个货币单位，如1美元、1英镑。

在金属货币流通的条件下，本位币可以自由铸造。所谓的自由铸造有两个方面的含义：一方面，每个公民都有权把货币金属送到国家造币厂请求铸成本位币；另一方面，造币厂代公民铸造本位币，不收费或只收很低的造币费。

本位币的自由铸造具有十分重要的经济意义。首先，自由铸造可以使铸币的名义价值和实际价值保持一致。铸币的实际价值是指铸币本身的金属价值。由于公民可以随时把货币金属送到国家铸币厂请求铸成铸币，所以铸币的名义价值就不能高于其实际价值，否则就必须用法律手段来规定其名义价值。又由于持有铸币的人可以随时将它熔化为金属块，因此，铸币的名义价值不能低于铸币的实际价值，否则人们就会将铸币熔毁，退出流通领域。其次，本位币的自由铸造可以自发地调节货币流通量，使流通中的货币量与货币需要量保持一致。当流通中的货币量不足时，公民会请求造币厂把金属块铸成铸币，投入流通；当流通中的货币量过多时，公民又会自发地将铸币熔化成金属块，退出流通。

本位币除可以自由铸造和自由熔化外，国家法律还规定它具有无限的法定支付能力，即无限法偿。本位币是法定作为价格标准的基本通货。法律规定，在货币收付中，无论每次支付的金额多大，用本位币支付时，对方不得拒绝接收，故本位币又称为“无限法偿币”。

铸币在制造过程中，由于技术上的原因，有时会出现实际的成色和重量同国家规定的标准不符；铸币在流通过程中，由于不断转手，有时会出现磨损而使其重量减轻。为了保持货币的名义价值和实际价值一致，各国对于铸币的铸造和磨损都有关于“公差”的规定，即流通币的实际成色和重量同国家规定的标准相比较所能允许的最大差距。如果超过公差，可以请求政府兑换成新铸币。

2.辅币的铸造、发行和流通

辅币是本位币以下的小额通货，供日常零星交易与找零之用。辅币一般用较贱金属铸造，其所包含的实际价值低于其名义价值，为不足值的铸币。但国家以法令形式规定，在一定限额内，辅币可与本位币自由兑换，这就是辅币的有限法偿性。辅币不能自由铸造，只准国家铸造；而铸币收入为国家所有，是国家财政收入的重要来源。为防止辅币充斥市场，国家除规定辅币为有限法偿货币外，还规定用辅币向国家纳税不受数量限制，用辅币向政府兑换本位币不受数量限制。

在商品经济发展速度大大超过贵金属产量增长速度的情况下，金属铸币不能满足商品流通对流通手段和支付手段日益增长的需要，于是就出现了银行券和纸币。

银行券是在商业信用基础上，由银行发行的信用货币。最早的银行券出现于17世纪，用来替代商业票据。当商品经济发展到一定阶段后，由于信用交易产生了商业票据，一些持票人因急需现金而到银行要求贴现，银行就付给他们银行券。这样，银行券就通过银行放款的程序进入了流通领域。同时，银行券的发行应有信用保证（票据保证）和黄金保证。持券人可随时向发行银行兑换金属货币。但自1929—1933年的世界经济危机后，各国中央银行发行的银行券都不能兑现，它的流通已不再依靠银行信用，而是单纯靠国家政权的强制力量，从而使银行券纸币化。

纸币是银行和政府发行并依靠其信誉和国家权力强制流通的价值符号。现在的纸币，其前身就是可兑换的银行券。但纸币并不需要黄金准备，因此可以用来弥补财政赤字，因而就可能导致通货膨胀。

知识链接2-2

关于人民币主币与辅币的规定

《中华人民共和国中国人民银行法》第17条规定：“人民币的单位为元，人民币辅币单位为角、分。”

人民币有主币和辅币之分。

主币，又称本位币，是一国货币制度中的基本通货，它是国家法定的计价、结算货币单位。主币具有无限清偿能力，主要用于大宗商品交易和劳务供应的需要。主币在一国经济生活中起主导作用。

辅币，即辅助货币，是指本位币单位以下的小额货币，其辅助大面额货币的流通，供日常零星交易或找零之用。它的特点是面额小、流通频繁、磨损快，故多用铜、镍及其合金等贱金属铸造，也有些辅币是纸质的。辅币一般是有限清偿货币，即每次交付的辅币数量有一定限制，超过限额，收款方可以拒收。不少国家规定辅币和主币一样具有无限清偿的能力，我国采取了这种做法。

人民币除了有主币和辅币之分外，还有一种为纪念币。所谓纪念币，是国家为纪念国内外重大事件、重要历史人物或根据特殊需要，有选择、有控制发行的铸币。

资料来源：王强. 关于人民币主币与辅币的规定是什么［EB/OL］.［2018-3-26］. http：//www.chinalawedu.com/news/15700/169/2006/7/xi5560151653162760021620-0.htm.

3.货币发行准备制度

为了稳定货币，各国货币制度中都包含有准备制度的内容。准备制度是指一国货币发行的物质基础。在实行金本位制的条件下，准备制度主要是建立国家的黄金储备，这种黄金储备保存在中央银行或国库。

黄金储备主要有三项用途：第一，作为国际支付手段的准备金，也就是作为世界货币的准备金；第二，作为时而扩大、时而收缩的国内金属流通的准备金；第三，作为支付存款和兑换银行券的准备金。目前，各国均实行不兑现的信用货币流通制度，金银已退出货币流通领域，黄金准备的后两个作用已经消失。黄金作为国际支付准备金的作用依然存在，形式却发生了变化，已不再是像金本位制时期那样，按货币含金量用黄金作为最后弥补国际收支逆差的手段，而是当一个国家出现国际收支逆差时，可以在国际市场上抛售黄金，换取自由外汇，以平衡国际收支。

目前，各国中央银行发行的信用货币虽然不能再兑换黄金，但仍然保留着发行准备制度。各国准备制度不一致，但归纳起来，作为发行准备金的有黄金、国家债券、外汇等。

二、货币制度的演变

货币制度自产生以来，从其存在形态看，经历了银本位制、金银复本位制、金本位制、不兑现的信用货币制度四大类型。

（一）银本位制

银本位制是出现最早的货币制度，而且持续的时间也比较长。在银本位制中，白银是本位币的币材，银币具有无限法偿能力，可以自由铸造和熔化，其名义价值与实际价值相等。银本位分为银两本位与银币本位。银两本位是以白银的重量单位——两作为价格标准，实行银块流通的货币制度。银币本位则是以一定重量和成色的白银铸成一定形状的本位币，从而实行银币流通的货币制度。

在银本位制盛行的时代，大多数国家实行银币本位制，只有少数国家实行银两本位制。例如，我国于1910年宣布实行银本位制，但实际上是银圆和银两混用。这种情形一直持续到1933年，当时的国民党政府宣布“废两改圆”，实行银圆流通。

资本主义的发展使得大规模的贸易增多，白银的体积大但价值低，因此不能适应经济发展的客观需要。19世纪以后，随着生产白银的劳动生产率不断提高，白银的价值不断降低，金与银之间的比价大幅度波动，影响了经济的稳定发展。许多国家因此纷纷放弃了银本位制。

（二）金银复本位制

金银复本位制是指以金和银同时作为币材的货币制度。在这种制度下，金银两种铸币都是本位币，均可自由铸造，两种货币可以自由兑换，并且两种货币都是无限法偿货币。金银复本位制盛行于16—18世纪资本主义国家发展初期。这一时期，资本主义的商品生产和流通进一步扩大，交易额也不断增加。一方面，小额交易需要更多的白银；另一方面，越来越多的大额交易使黄金的需求量扩大。同时，黄金的供给量也由于人工开采的增加而增加，使金银复本位制代替银本位制成为可能。

复本位制按金银两种货币的不同关系又可分为平行本位制、双本位制和跛行本位制。

1.平行本位制

平行本位制是金银两种货币均各按其所含金属的实际价值任意流通的货币制度。国家对金银两种货币之间的交换比例不加固定，而由市场上自发形成的金银比价自行确定金币与银币的比价。但由于市场机制形成的金银比价因各种原因而变动频繁，造成交易的混乱，因而使这种平行本位制极不稳定。

2.双本位制

双本位制是指国家以法律形式规定金银两种货币的比价，两者按法定的比例流通。双本位制试图克服平行本位制下金币和银币比率频繁变动的缺陷，但实际上是事与愿违，这样反而造成了国家官方金银比价与市场自发形成的金银比价平行存在的局面，而相对于市场自发形成的比价，国家官方比价显然缺乏弹性，不能快速依照金银实际价值比进行调整。因此，当金币与银币的实际价值与名义价值相背离时，实际价值高于名义价值的货币（即良币）通常被收藏、熔化而退出流通领域，实际价值低于名义价值的货币（即劣币）则充斥市场，即所谓的“劣币驱逐良币”，这一规律又被称为“格雷欣法则”。因此，实际上，在某一时期，市场上只有一种货币在流通，很难有两种货币同时并行流通的情况。这也成了许多国家向金本位制转变的动因。

知识链接2-3

劣币驱逐良币

“劣币驱逐良币”是经济学中一个古老而又常见的现象。这一现象最早被16世纪英国的财政大臣格雷欣（1533—1603年）发现，故称之为“格雷欣法则”，即消费者保留、储存成色高的货币（贵金属含量高），使用成色低的货币进行市场交易、流通。

以上说的是铸币流通时代，在银和金同为本位货币的情况下，一国要为金币和银币之间规定价值比率，并按照这一比率无限制地自由买卖金银，金币和银币可以同时流通。由于金和银本身的价值是变动的，所以这种金属货币本身价值的变动与两者兑换比率相对保持不变就产生了“劣币驱逐良币”的现象，使复本位制无法实现。比如，金和银的兑换比率是1∶15，当银由于开采成本降低而导致其价值降低时，人们就会按上述比率用银兑换金，将其贮藏，最后使银充斥流通市场，排斥了金。这样，实际价值较高的“良币”就渐渐为人们所贮存而离开了流通市场，而实际价值较低的“劣币”却充斥市场，形成了“劣币驱逐良币”这一现象。

当然，“劣币驱逐良币”的现象不仅在铸币流通时代存在，在纸币流通中也有。大家都会把肮脏、破损的纸币或者不方便存放的硬币尽快花出去，而留下整齐、干净的货币。这种现象在现实生活中也比比皆是。

初看之下，大家会惊奇，这种“劣币驱逐良币”现象完全违反了自然界优胜劣汰的法则。其实，未必如此。人们在贮存良币、使用劣币时，就存在着优胜劣汰这一观念，即把劣币花出去，保留下良币。

而且这一现象的出现，也不是一定的。比如，某一市场上流通的基本上是劣币，于是在本市场内使用劣币就成了自然而然的事情。可当市场向外发展时，劣币就不再能够使用，因为别人不认可你的劣币，于是你只能拿良币去买卖。这时，优胜劣汰的法则又再次显现出来。所以，我们不能说“劣币驱逐良币”完全违反了自然界优胜劣汰的法则，至多只能说是优胜劣汰被限制在小范围内不显现。

换句话说，“劣币驱逐良币”（即“格雷欣法则”）的实现是有条件的：劣币和良币同时都为法定货币；两种货币有一定法定比率；两种货币的总和必须超过社会所需的货币量。其中，劣币和良币同时都为法定货币，也可以解释为这两种货币都必须被市场所认可，而且是在一定范围内的。

所以，“劣币驱逐良币”实际上是，货币制定者在制定货币时，无视市场规律而指定货币交换比例所产生的问题。要在没有法律强制干预的条件下解决“劣币驱逐良币”这一现象，只要保证市场货币定价的统一标准，供应与商品量匹配的货币，这种问题就不会发生。

资料来源：佚名. 劣币驱逐良币［EB/OL］.［2018-03-14］. http://3y.uu456.com/bp_0m3w18eelg62a888 ee6d_1.html.

3.跛行本位制

跛行本位制是指国家规定金币可自由铸造而银币不允许自由铸造，并且金币与银币可以按固定的比例兑换。实际上，银币已经降为金币的附属地位，因为银币的价值通过固定的比例与金币挂钩，而金币是可以自由铸造的，其价值与本身的金属价值是一致的。因此，从严格的意义上来说，跛行本位制只是复本位制向金本位制的过渡形式。

与银本位制相比，金银复本位制具有其先进之处：金银并用满足了当时生产扩大对通货的需求，金币与银币的价值高低不同，可以分别适用于批发交易和小额交易。但是金银复本位制是一种不稳定的货币制度，因为货币作为一般等价物是具有独占性和排他性的。随着黄金产量的增加和经济的发展，西方各资本主义国家先后过渡到金本位制。

（三）金本位制

金本位制又称“金单本位制”，它是以黄金作为本位货币的一种货币制度，主要有金币本位制、金块本位制和金汇兑本位制三种形式。

1.金币本位制

金币本位制是典型的金本位制。在这种制度下，国家法律规定以黄金作为货币金属，即以一定重量和成色的金铸币充当本位币。在金币本位制条件下，金铸币具有无限法偿能力。它具有以下三个特点：

（1）金币可以自由铸造和自由熔化，而其他铸币包括银铸币和铜镍币则限制铸造，从而保证了黄金在货币制度中处于主导地位。

（2）价值符号（包括辅币和银行券）可以自由兑换为金币，使各种价值符号能够代表一定数量的黄金进行流通，以避免出现通货膨胀现象。

（3）黄金可以自由地输出、输入国境。由于黄金可以在各国之间自由转移，从而保证了世界市场的统一和外汇汇率的相对稳定。

最早实行金币本位制的国家是英国。18世纪末至19世纪初，英国经济在迅速发展后首先过渡到金币本位制。英国政府于1816年颁布法令，正式采用金币本位制。之后，欧洲各国纷纷效仿。德国于1871—1873年实行金币本位制，丹麦、瑞典和挪威均于1873年开始实施。美国在经过巨大的努力仍无法克服金银复本位制的不稳定性后，于1900年也实施了金币本位制。

从历史上看，金币本位制对于各国商品经济的发展与世界市场的统一都起着重大的推动作用，其稳定的货币自动调节机制无疑是高效率的。但随着资本主义社会固有矛盾的加深和世界市场的进一步形成，金币本位制的基础受到了严重的威胁，并最终导致金币本位制的终结。首先，各资本主义国家的政治经济发展极不平衡，尤其是第一次世界大战之后，各资本主义国家之间的矛盾更加尖锐化，由于少数国家拥有大量的黄金储备，而只拥有少量黄金的国家在政策上限制黄金的输出，因此金币本位制实际上已经不复存在。其次，近代以来，资本主义经济迅速发展，对黄金的需求也日益增加，但黄金的开采量由于种种原因不可能相应地快速增加，使得供给满足不了需求。这在一定程度上也影响了金币本位制在资本主义社会的“前途”。因此，为解决上述困难，金块本位制和金汇兑本位制相继出现。

2.金块本位制

金块本位制是指国内不准铸造和流通金币，只发行代表一定黄金量的银行券（或纸币）来流通的制度。金块本位制虽然没有金币流通，但在名义上仍然为金本位制，并对货币规定含金量。在金块本位制的条件下，虽然不允许自由铸造金币，但允许黄金自由输入和输出，或外汇自由交易。银行券是流通界的主要通货，但不能直接兑换金币，只能有限度地兑换金块。英国在1925年规定银行券每次至少兑换400盎司黄金（合1 700英镑）；法国于1928年规定至少需21.5万法郎才能兑换黄金。这么高的兑换起点，实质上等于剥夺了绝大多数人的兑换权利，从而限制了黄金的兑换范围。实行金块本位制可节省黄金的使用，减少黄金准备，暂时缓解黄金短缺与商品经济发展之间的矛盾，可是并未从根本上解决问题。金块本位制实行的条件是保持国际收支平衡和拥有大量的平衡国际收支的黄金储备。一旦国际收支失衡，大量黄金外流或黄金储备不够支付，这种削弱了的金块本位制就难以维持。1930年以后，英国、法国、比利时、荷兰、瑞士等国在世界性经济危机的袭击下，先后放弃了这一制度。

3.金汇兑本位制

在金汇兑本位货币制度下，市场上没有金币流通，货币单位规定含金量，国内流通纸币或银行券，但它们在国内不能直接兑换黄金，只能换取外汇，这些外汇可以兑换黄金。实行金汇兑本位制的国家实际上是使本国货币依附在一些经济实力雄厚的外国货币上，处于附庸地位，从而使货币政策和经济都受这些实力强的国家所左右。同时，附庸国家向实力强的国家大量提取外汇准备或兑取黄金也会影响后者的币制稳定。

金汇兑本位制和金块本位制都是一种残缺不全的本位制，实行的时间不长，在1929—1933年世界性经济危机的冲击下都相继崩溃。从此，除个别国家外，资本主义世界都纷纷告别金本位制，从而实行不兑现的信用货币制度。

（四）不兑现的信用货币制度

不兑现的信用货币制度是指以不兑换黄金的纸币或银行券为本位币的货币制度。银行券开始是有黄金和信用双重保证的，可以兑换黄金或白银，但在金本位制全面崩溃以后，流通中的银行券不再兑换金银，这时，银行券已完全纸币化了。不兑现的信用货币——纸币，代替黄金成为本位币，黄金完全退出货币流通，这种现象叫作黄金的非货币化，具有非常重要的意义。政府不再只是经济运行的守夜人、旁观者，而是可以利用纸币发行、流量来调节干预经济的参与者、操纵者。第二次世界大战后，资本主义世界中只靠亚当·斯密的“看不见的手”来引导经济运行的国家几乎没有了。

不兑现的纸币一般是由中央银行发行，国家法律赋予其无限法偿能力。流通中使用的全部是不兑现的纸币，黄金已经不用于国内流通。由于纸币与黄金毫无联系，货币的发行一般根据国内的经济需要由中央银行控制。信用货币是银行对货币持有人的负债，通过银行放款程序投入到流通领域中。如果中央银行放松银根，信用货币投放过多，就可能出现通货膨胀，使物价上涨；如果中央银行紧缩银根，就可能出现通货紧缩，使物价下跌。可见信用货币流通量的多少能够影响经济的发展，在这种货币制度下，国家对银行信用的调节和管理尤为重要。因此，国家应对银行信用加以调控，以达到其政策目的，保证货币流通量适应经济发展的需要。

当代社会通行的信用货币本位制的历史很短，就其本身而言，仍有许多不完善之处，但是这种货币制度却创造了货币对经济调节的“弹性”作用，适应商品生产与交换的发展，显示了较为优越的特性，从而具有强大的生命力。

三、中国的货币制度

（一）中国的货币历史

四五千年以前，海贝在中国的新石器时代晚期就已经取得了实物货币的地位。在中国殷商时代的中晚期，已经有了原始的金属铸币——青铜仿制的海贝，这表明中国早期的铸币孕育于青铜时代，诞生于公元前14世纪—公元前11世纪，距今已有3 100多年的历史。在西周时代（公元前11世纪—公元前8世纪），青铜块成为中国普遍使用的一种称量货币。

春秋战国时代（公元前770—公元前221年），由于诸侯割据，逐步形成了区域性的货币。不同地区的铸币的器形、重量、文字标志、货币单位、合金成分都不一样。战国中期以后，秦国的主要货币是“半两”方孔圆钱。公元前221年，秦统一中国，秦始皇把他的货币制度推广到全国，于是货币也得到了统一。

西汉武帝时期，确立了法定铜钱重五铢的制度，并且第一次推行中央集权的政策，由上林三官负责铸钱。王莽篡权以后，推行大钱制度，于是在中国货币史上第一次出现了当千、当五千的大钱，并且恢复了布币、刀币等钱制。但它只是昙花一现，汉光武帝重建东汉政权以后，很快便恢复了五铢钱制。从此，五铢钱一直沿用到隋末唐初。

西汉是中国历史上使用黄金最多的时期，金币的器形仿照马蹄形状，故称为马蹄金和麟趾金。唐高祖武德四年开始铸行的开元通宝钱，开创了中国货币史上的宝货制时期，从此铸币不再以重量命名，彻底摆脱了称量货币的影响。

用年号作为钱铭，在中国货币史上最早出现于十六国时期的“汉兴”钱，即汉兴年间（338—343年）铸行的钱币。但年号钱真正盛行是唐宋以后的事情，到北宋淳化（990—994年）以后，一般情况下，每更换一次年号，便会改铸新钱。

宋朝（960—1279年）是中国古代铸币的巅峰时期，不仅铸币的数量最多、品种复杂，而且铸钱工艺技术的运用也达到了炉火纯青的程度。

中国在唐朝以前，白银的使用是很有限的。白银真正取得价值尺度的地位，是在明英宗正统年间。到清道光以后，才有了自铸的地方银元。光绪十五年广东试铸光绪元宝大龙图案的机制银元以后，各省才竞相仿制，广为流通。而银元作为真正统一的国币，是民国三年发行袁世凯头像的银元以后，到民国二十四年实行法币政策为止，只有20多年的时间。

元朝以后，中国铜铸币的制作趋向简单，而且钱币的名称也多以“通宝”命名。明朝中期以后，铜钱逐渐改为黄铜铸币，从此结束了青铜铸币的历史。

中国的古钱一直采用浇铸工艺，方孔圆钱的形制则一直沿用到清末民国初年。清光绪二十六年，在广东首先制造了新式的机制铜圆，很大程度上取代了方孔圆钱。机制铜圆只有短短30多年的历史。

中国的纸币产生于北宋时期，称为交子。北宋仁宗天圣元年（1023年），政府正式发行官交子，以取代私交子，这便是由政府发行的最早的纸币。早期的纸币，名目繁杂，制度也不规范，经过宋、金时期的实践之后，到元朝（1279—1368年），纸币成为中国的主要通货，这曾经对西方也有很大的影响。到明朝（1368—1644年），纸币名称统一为“大明通行宝钞”。清朝曾一度禁行纸币，到咸丰三年，因财政拮据，才又重新发行“大清宝钞”和“户部官票”。对于这些古代的纸币，钱币界统称为古钞。中国的新式纸币，出现于清光绪二十一年（1895年），即由北洋铁轨官路总局和台湾先后发行的银元票。光绪二十三年成立的中国通商银行是中国最早的银行，从此中国才有了银行发行的兑换券。1948年12月1日，中国人民银行成立，开始发行人民币，并于1979年开始发行贵金属纪念币，建立了较为完善的人民币发行体系。

（二）人民币制度

《中华人民共和国中国人民银行法》规定：“中华人民共和国的法定货币是人民币。”1948年12月1日中国人民银行成立时，开始发行第一套人民币；1955年3月1日开始发行第二套人民币；1962年4月20日开始发行第三套人民币；1987年4月27日开始发行第四套人民币；1999年10月1日开始发行第五套人民币。目前第一、二、三、四套人民币都已经停止流通，市场上流通的人民币为第五套人民币。

人民币在我国社会主义经济建设和人民生活中发挥了重要作用。人民币制度主要包括以下一些基本内容：

（1）人民币是我国的法定货币，以人民币支付我国境内一切公共的和私人的债务，任何单位和个人不得拒收。人民币没有法定含金量，也不能自由兑换黄金。

（2）人民币的单位是“元”，元是主币，辅币的名称是“角”和“分”，1元等于10角，1角等于10分。人民币的符号为“¥”，取“元”字的汉语拼音首位字母“Y”加一横而成。

（3）人民币由中国人民银行统一印制、发行。国务院每年在国民经济计划综合平衡的基础上，核准货币发行指标，并授权中国人民银行发行。

（4）禁止伪造、变造人民币；禁止出售、购买伪造或变造的人民币；禁止故意损毁人民币；禁止在宣传品、出版物或其他商品上非法使用人民币图样。

（5）任何单位和个人不得印制、发售代币票券以代替人民币在市场上流通。

（6）残缺、污损的人民币，按照中国人民银行的规定兑换，并由中国人民银行负责收回、销毁。

（7）中国人民银行设立人民币发行库，在其分支机构设立分库。分库调拨人民币发行基金，应当按照上级库的调拨命令办理。任何单位和个人不得违反规定，动用发行基金。

（8）对人民币的出入境实行限额管理。

上述内容均以法律法规的形式予以公布，加以规范实施。

（三）一国两制下的地区货币制度

1997年和1999年，中国香港和澳门相继回归祖国后，出现了人民币、港币、澳门币

“一国三币”的特有现象。

根据《中华人民共和国香港特别行政区基本法》和《中华人民共和国澳门特别行政区基本法》的规定，港币和澳门币分别是香港特别行政区和澳门特别行政区的法定货币。中国人民银行不在两地设立派出机构，而由中国香港特别行政区和中国澳门特别行政区政府及其有关机构制定和执行其货币政策。人民币和港币、澳门币，是在一个国家的不同社会经济制度区域内流通的三种货币，它们所隶属的货币管理当局各按自己的货币管理方法发行和管理货币。

1. 人民币制度

人民币是中国大陆的法定货币，以“元”为货币单位，辅币与主币一样，具有无限法偿能力。人民币由国家授权中国人民银行统一发行与管理。人民币是不兑现的信用货币，以现金和存款货币两种形式存在，现金由中国人民银行统一发行，存款货币由银行体系通过信贷等业务进入流通。

2. 中国香港地区货币制度

中国香港地区货币制度可以追溯到1866年前后，当时市面流通的有1元、半元等银元港币。1872年，当时的香港政府为防止银元外流，授权汇丰银行印发纸币，代替银元在市面上流通。最先发行的纸币是1元面额的港元，规定1港元纸币可随时兑换一枚银元。1935年，港英当局对货币体制进行了较大的改革，一方面跟随中国放弃银本位制；另一方面修正各银行发行纸币条例，设立外汇基金制，以作为发行纸币最有力的保证。根据1935年颁布的《1元券货币条例》，港英当局又发行了1元面额的纸币及辅币，辅币为铜镍合金的硬币；后来还发行了5元、2元、1元、5角、1角的硬币和1分的纸币。当时香港发行的港元可分为两类：一类是由汇丰银行和渣打银行发行的纸币；另一类是由港英当局发行的纸币、硬币。1994年5月1日，根据1985年中英双方达成的协议，中国银行在香港首次发行30亿港元，占香港现钞流通总量的4%，并逐步增加到60亿港元，1996年达到100亿港元。中国银行发行的一套纸币共有5种面额，未发行硬币。

3. 中国澳门地区货币制度

1553年，葡萄牙殖民者侵占澳门，当时澳门使用的货币是中国的银元和铜钱。1906年1月27日，由大西洋银行代表澳门政府首次在澳门发行纸币。1982年1月1日，大西洋银行成为正式发行机构。1994年8月23日，中国银行澳门分行宣布参与澳门钞票发行工作。1995年10月16日，中国银行在澳门正式发钞。1999年12月20日，在澳门回归当天，中国银行再次发行新版澳门钞票，一套纸币共有5种面额，图案未变，仅发行时间作了改动。

此外，中国台湾地区使用新台币。以上各种货币之间可以兑换，人民币与港币、澳门币之间以市场供求决定的汇率进行兑换，澳门币与港币直接挂钩，新台币主要与美元挂钩。未来一旦人民币实现了在资本项目下的完全自由兑换，“一国多币”的特殊现象就会逐步消失。

本章概要

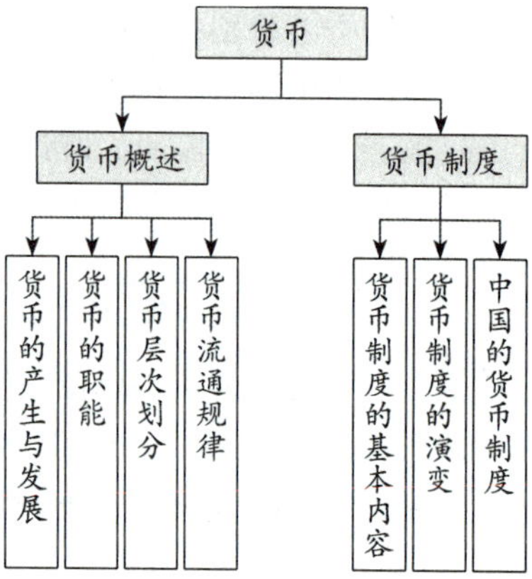

思考与练习

一、选择题

1.与货币的出现紧密相联的是（　　）。

A.金银的稀缺性　　B.交换产生与发展　　C.国家的强制力　　D.先哲的智慧

2.商品价值形式最终演变的结果是（　　）。

A.简单价值形式　　B.扩大价值形式　　C.一般价值形式　　D.货币价值形式

3.中国最早的铸币金属是（　　）。

A.铜　　B.银　　C.铁　　D.贝

4.在下列货币制度中，“劣币驱逐良币”的现象出现在（　　）。

A.金本位制　　B.银本位制　　C.金银复本位制　　D.金汇兑本位制

5.中华人民共和国货币制度建立于（　　）。

A.1948年　　B.1949年　　C.1950年　　D.1951年

6.货币的本质特征是充当（　　）。

A.特殊等价物　　B.一般等价物　　C.普通商品　　D.特殊商品

二、简答题

1.货币的职能有哪些？

2.我国现行的货币制度的内容有哪些？

3.什么是“劣币驱逐良币”？

第三章 信用

学习目标

通过学习，了解信用形式的基本内容和常见的信用工具，掌握利息与利率的基本含义。

导入案例

“一诺千金”的故事

西汉初年有一个叫季布的人，他特别讲信义，只要是他答应过的事，无论有多么困难，他一定会想方设法办到。当时还流传着一句谚语：“得黄金百（斤），不如得季布一诺（得到一百斤黄金，也不如得到季布的一个承诺）。”

后来，刘邦打败项羽当上了皇帝，开始搜捕项羽的部下。季布曾经是项羽的得力干将，所以刘邦下令，只要谁能将季布送到官府，就赏赐他一千两黄金。

但是，季布重信义，深得人心。人们宁愿冒着被诛灭三族的危险为他提供藏身之所，也不愿意为赏赐的一千两黄金而出卖他。

有个姓周的人得到了这个消息，秘密地将季布送到鲁地一户姓朱的人家。朱家很欣赏季布对朋友的信义，尽力将季布保护起来。不仅如此，他还专程到洛阳去找汝阴侯夏侯婴，请他解救季布。夏侯婴从小与刘邦很亲近，后来为刘邦建立汉王朝立下了汗马功劳。他也很欣赏季布的信义，在刘邦面前为季布说情，终于使刘邦赦免了季布。不久，刘邦还任命他做了河东太守。

后来人们就用“一诺千金”来形容一个人很讲信用，说话算数。

资料来源：佚名. 关于诚信的话题［EB/OL］.［2018-03-09］. http: //blog.sina.com.cn/s/blog_48f32e4d0100c 8jl.html.

在商品货币经济条件下，货币从商品中分离出来以后，充当价值尺度和流通手段的职能，当货币被人们用来偿还债务时，又发挥了支付手段的职能。通过使用货币建立起来的债权债务关系，是当代信用经济的一大基本特征，也是信用存在的基础。

第一节 信用概述

一、信用的概念与特征

（一）信用的概念

信用是指以偿还和付息为条件所形成的商品或货币的借贷关系，或债权债务关系。

作为经济范畴的信用，从形式上看，其是一种特殊的价值运动。具体而言：首先，信用不是无条件的价值转移，而是有条件的借贷行为，即需要还本付息；其次，信用是价值的单方面转移，商品或货币的所有者在贷出商品或货币时，并没有立即取得货币，他仅获得了一种承诺，即到期时借者将当初借入的货币偿还给贷者，并支付利息作为补偿。

信用是商品经济发展到一定阶段的必然产物。最早的信用活动为实物借贷，如种子、牲畜等。随着物物交换被以货币为媒介的商品流通所取代，信用形式日益多样化，其不仅存在于商品的信用购销中，而且更多地表现为货币的借贷。一方面，在某些人手中有多余的货币，需要寻找运用的场所；另一方面，有些人需要货币，但手中缺少，因而，客观上要求通过借贷活动进行货币的余缺调剂。商品经济越发展，货币余缺调剂的要求就会越多，信用逐步成为商品社会的一种普遍的经济活动。

知识链接 3-1

信用的三个基本构成要素

1.债权债务关系双方

任何信用的发生，必须至少有两方当事人：债权人与债务人。债权人为授信人，债务人为受信人。债权是将来收回价值的权利，债务则是将来偿还价值的义务。债权和债务是构成信用关系、组成信用这一经济现象的第一要素。离开了债权债务关系，就无所谓信用。

2.一定的时间间隔

信用关系不是买卖关系。买卖关系是一手交钱，一手交货，钱货两清，不存在时间间隔。信用关系则是一方提供一定的价值物或价值符号，另一方只能在一定的时期内归还价值物或价值符号，并加付一定的利息。因此，信用是价值在不同时间的相向运动，价值转移的时间间隔是构成货币单方面让渡与还本付息的基本条件，若无授受信用在时间上的适当配合，则信用活动难以正常进行。

3.信用工具

无信用工具即无凭证，口头协议尽管有简便、灵活的特点，但容易引起争端，安全性较差，难以维护债权人应有的权利。现代信用以授受信用的双方通过书面文件来确定债权债务关系。这种用于证明债权债务关系并具有法律效力的书面文件，称为信用工具。此外，信用工具还可在市场上转让，有较大的流通范围，有利于扩大信用规模，促进信用经济的发展。

资料来源：李山赓. 货币银行学［M］. 北京：北京理工大学出版社，2012.

（二）信用的特征

1. 期限性

信用关系是一种债权债务关系，商品或货币的所有者让渡其使用权是暂时的，有一定的期限。

2. 偿还性

商品或货币的使用权暂时让渡是以偿还为先决条件的。

3. 收益性

债权人在让渡商品或货币的使用权时，要求偿还，并且是有偿的，即债务人到期时必须向债权人还本付息。

4. 风险性

债务人得到的是商品或货币本身，而债权人仅持有所有权或债权凭证，到期能否得到偿还和付息，在很大程度上取决于债务人的信誉和能力。

二、信用形式

信用形式是信用活动的具体表现形式。

随着商品经济的发展，信用形式日趋多样化和复杂化。按不同的标准，信用形式可有不同的划分种类：按受信者的用途，可分为固定资产投资信用、流动资金信用、消费信用、财政信用和投机信用；按偿还期限，可分为短期信用、中期信用和长期信用；按受信者的性质，可分为公共信用和私人信用；按信用主体，可分为商业信用、银行信用、国家信用、消费信用、国际信用、合作信用、民间信用等。由于借贷当事人不同，借贷的目的和用途不同，信用的具体形式也就不同。

按照借贷关系中借者与贷者的不同，下面介绍几种主要的信用形式。

（一）商业信用

商业信用是指企业之间在商品交易中相互提供的信用，其基本形式是赊销商品和预付货款。

1. 商业信用的特点

商业信用具有如下特点：

（1）商业信用的债权债务人都是企业经营者。由于商业信用是以商品形式提供的信用，是在商品交易中产生的，因此，其债权债务人都是从事商品生产和流通活动的企业经营者。

（2）商业信用贷出的资本是商品资本。商业信用是一种直接信用，有利于加强企业之间的联系。企业赊销的商品是处在流通阶段、待实现价值的商品，一个企业把这些商品赊销给另一个企业时，商品资本贷出了，使用权发生了转移，由于商品的货款没有支付，形成了以货币形式存在的买卖双方的债权债务关系。

（3）商业信用的规模一般与产业资本动态是一致的。商业信用来源于社会再生产过程。经济繁荣，社会生产与商品流通规模扩大，商业信用规模也随之扩大；反之，则缩小。

2. 商业信用的局限性

商业信用的特征使其存在和发展有明显的局限性：

（1）商业信用规模受企业能提供的资本数量的限制。商业信用是在企业之间进行的，只能在它们之间对现有资本进行再分配，所以商业信用的最高界限是企业可贷出的商品资本。

（2）商业信用的供求有严格的方向性。商业信用是在商品交易中产生的，是以商品形式提供的，每种商品都有特定的使用价值，信用供给者提供的商品，必须是信用需求者所需要的商品。同时，只有商品的需求者才能向商品供给者预付货款。否则，商品供求没有一致性，就不能形成借贷关系。这就决定了商业信用在供求上具有严格的方向性。

（3）商业信用期限的局限性。商业信用提供的对象是企业再生产总资本的一部分，尚未独立于企业再生产之外，企业再生产需要连续进行，资本闲置时间很短，如果以商品形式贷出的资本不能及时归还，企业生产和流通就难以正常进行。企业为了使再生产连续进行，不能长期将资本借出，所以商业信用一般只适用于短期借贷。

案例分析 3-1

霍英东始创"卖楼花"，靠商业信用巧融资本

霍英东始创"卖楼花"筹集资金，创下了中国商业融资的一个经典案例。霍英东，原籍为广东省番禺县，是中国香港知名的富商之一。第二次世界大战结束后，中国香港人口激增，住房严重不足，加上工商业日渐兴旺，形成了对土地和楼宇的庞大需求。霍英东审时度势，认定香港房地产业势必大有发展，于是，在1953年年初，他拿出自己的120万港元，另外向银行贷款了160万港元，开始经营房地产业，成立了"立信置业有限公司"。

在那个年代，英国、美国、加拿大及中国香港地产商都是整幢房屋出售的，由一个公司拥有整幢地产楼宇，除非有巨额资金，一般很难购买到房屋，因而房屋不易脱手。刚开始，霍英东也和别人一样，自己花钱买旧楼，拆了后建成新楼逐层出售，从买地、规划、建楼，再到收租，资金周转期很长。这样当然可以稳妥地赚钱，可是由于资金少，发展就比较慢。他苦苦地思索改革房地产经营的方法，却没有结果。霍英东当时是向银行贷款建楼的，要付一分多的利息，如果建成了才卖，人家不买，利息承担不起，自己只好"跳楼"。

有一天，一位老邻居到工地上找他，说是要买楼。霍英东抱歉地告诉他，盖好的楼已经卖完了。邻居指着工地上正在盖的楼说："就这一幢，你卖一层给我好不好？"霍英东灵机一动，说："你能不能先付定金？"邻居笑着说："行，我先付定金，盖好后你把我指定的楼层给我，我就把钱交齐。"两人就这样成交了。这个偶然的事件，却使霍英东得到了启发。他立刻想到，他完全可以采取房产预售的方法，利用想购房者的定金来盖新房。这个办法不但能为他积累资金，更重要的是还能大大推动销售。

房产的价格是非常昂贵的，要想买一幢楼，就得准备好几万元的现金，一手交钱，一手接屋，少不得一角一分，拖不得一时一刻。当时只有少数有钱人才能买得起房产，所以房地产的经营也就不可能太兴旺。现在霍英东采取的房产预售的新办法，只要先交付10%的定金，就可以购得即将破土动工兴建的新楼。也就是说，要买一幢价值10万港元的新楼，只要付1万港元，就可以买到所有权，以后分期付款。这对于房地产商人来说，好处是显而易见的。他们可以利用购房者交付的定金去盖房屋，原来只够盖1幢楼的钱，现在就可以同时动手盖10幢楼，发展的速度大大加快。对于购买房产的人来说也是有利的。购买者先付一小笔钱就可以取得所有权，待到楼房建成时，很可能地价、房价都已上涨，

而已付定金的买方只要把房产卖掉，就有可能赚一大笔钱。因此，很快就有一批人变成了专门买卖楼房所有权的商人，这就是后来香港盛行的“炒楼花”。

霍英东把这叫作“房地产业的工业化”。这一创举使霍英东的房地产生意顿时大大兴隆起来，一举打破了香港房地产生意的最高纪录。当别的房地产商也学着实行这个办法时，霍英东已经赚到了巨额的财富。

资料来源：佚名. 商业信用融资案例分析［EB/OL］.［2018-03-05］. http：//wenku.baidu.com/view/c84a177a 02768e9951e73855.html.

问题：从霍英东“卖楼花”的案例中，可以看出间接融资具有哪些优点？在此案例中，个人信用起到什么作用？

（二）银行信用

银行信用是银行和各类金融机构以货币形式提供的信用。银行信用是一种间接信用。

银行信用是在商业信用基础上产生和发展起来的。银行一方面将社会再生产过程中游离出来的暂时闲置的货币资金筹集起来，形成巨额资金；另一方面，通过贷款方式将筹集的资金贷放出去，满足社会各界对资金的需求。银行通过信用活动调剂社会资金余缺，成了整个社会的信用中介。银行信用是现代经济中最主要的信用形式之一。

与商业信用相比，银行信用具有如下特点：

1. 银行信用以货币形态提供

货币作为商品交换的一般等价物，具有和其他一切商品相交换的能力，所以，银行可以向社会各部门提供信用，这就克服了商业信用在供求方向上的局限性。

2. 银行信用克服了商业信用在数量和期限上的局限性

银行以一小部分自有资金为基础，广泛筹集社会闲置资金，形成巨额的资金来源，然后，银行以筹集的资金向社会提供信用。这样，银行可以超过自有资金数量提供信用，使社会闲置资金重新进入再生产过程，补充企业资金。银行可以集小额资金形成巨额资金，可以将短期资金长期融通使用，这就克服了商业信用在数量和期限上的局限性。

3. 银行信用以银行和各类金融机构为媒介

银行和各类金融机构是社会的信用中介。从吸收存款的角度考察，银行是存款人的债务人；从发放贷款的角度考察，银行是借款人的债权人。在银行信用中，资金供求者之间并未直接发生债权债务关系，银行充当了信用中介。银行和各类金融机构的信用活动，将社会大量的直接融资转化为间接融资。由于银行与社会联系比较广泛，有较强的信用能力，特别是中央银行产生以后，银行的信誉提高、稳定性增强，银行信用成了现代经济中最主要的信用形式。

（三）国家信用

国家信用是国家（政府）以债务人身份筹集资金的一种信用形式。国家信用的债务人是国家（政府），债权人是购买国家债券的企业和居民等。国家发行的债券主要是公债和国库券。

国家信用的作用主要表现在：

1. 国家信用是调剂政府收支不平衡的手段

国家在一个财政年度内，经常会发生收支不平衡的现象，有时支大于收，有时收大于支。对于财政年度内收支暂时不平衡的问题，国家往往采取发行国库券的办法解决。

2. 国家信用是弥补财政赤字的重要手段

解决财政赤字的方法主要有增加税收、挤占银行信贷资金和借债。增加税收会影响社会生产和商品流通的正常进行，容易引起社会公众的不满。挤占银行信贷资金会导致通货膨胀。采用国家举债的方式弥补财政赤字的副作用较小。所以，许多国家都把发行国债作为弥补财政赤字的重要手段。

3. 国家信用是筹集巨额资金的重要手段

国家为了履行管理和发展经济等方面的基本职能，在发生战争、特大自然灾害和举办大规模新开发项目建设时，需要巨额资金。对这种巨额资金需求，许多国家通过国家信用来筹集。

4. 国家信用是调节经济的重要手段

随着国家信用的发展，一些国家中央银行通过买进卖出国家债券来调节整个社会的货币供应，借以影响市场资金供求，从而达到调节经济的目的。

（四）消费信用

消费信用是由工商企业、商业银行和其他金融机构以商品或货币的形式向消费者个人提供的一种信用。消费信用的产生旨在解决消费者个人支付能力不足的困难，通过消费信用使消费者需求提前实现，达到推销商品、促进生产的目的。

消费信用的主要形式有：

1. 分期付款

分期付款是指消费者在购买商品时，在支付一定数额的首期款后，与卖方签订分期支付剩余货款和利息的合同，按月（或年）支付剩余货款和利息，买方按合同分期付清本息后，商品的所有权由卖方转移给买方。这是最常见的消费信用形式。

2. 信用卡消费

信用卡消费是由银行和工商企业共同向消费者提供的消费信用形式。信用卡信用是一种延期付款的短期信用。消费者可以凭借信用卡在约定单位购买商品或支付劳务，销售单位定期与银行结账。同时，信用卡还可以在规定额度内向银行透支现金。

3. 消费信贷

消费信贷是指银行和非银行金融机构采用信用贷款或抵押贷款的方式，向消费者提供主要用于购买高档耐用消费品的信用方式。消费信贷的还款方式主要有到期一次偿还本息和分期偿还本息两种。

（五）民间信用

民间信用是指个人之间以货币或实物的形式互相提供的信用，又称为个人信用。个人信用在我国已经有几千年的历史。现在随着个体经济私营经济的不断发展和壮大，个人信用已经从单纯的生活消费领域转向生产经营领域，并有逐步发展和形成规模的态势。

民间信用主要有以下特点：

（1）主体一般是个体经营者和家庭（个人）消费者；

（2）客体逐步由以实物为主转向以货币资金为主；

（3）用途由生活消费逐步转向生活消费和生产消费并重；

（4）利率一般要高于银行同期贷款利率，有些甚至具有高利贷性质。

民间信用作为我国信用形式的补充，利弊并存，应加以正确引导。

知识链接 3-2

民间借贷风险的重要问题及案例

1.哪些民间借贷行为是不受法律保护的?

国家不会干涉合法的民间借贷行为，但为了保护正常的市场秩序，规定了下列民间借贷行为是不受法律保护的：(1) 民间借贷行为本身涉嫌非法集资的；(2) 借款人事先知道或者应当知道出借人违反金融秩序转借牟利的；(3) 出借人事先知道或者应当知道借款人用于违法犯罪活动的；(4) 借款违背社会公序良俗的，如因不正当男女关系引发的分手费、"找关系、托人情"引发的请托费、赌债等。

案例：明知借款用于贩毒，借贷行为不受保护

王某系毒贩，为筹措贩毒资金向张某借款2万元。张某明知王某借款系用于贩毒，仍与王某订立借款合同一份，约定借款期限10日，借款利率为日息3‰。后张某起诉王某，要求偿还借款。人民法院在依法查明事实后，认定民间借贷合同无效，驳回了张某的诉讼请求。

2.涉嫌非法集资犯罪的民间借贷案件，法院会如何处理?

案例：借贷行为涉嫌非法集资，借款合同被判无效

李某以非法转贷为目的，多次多笔向多人借款。王某明知李某借款用于非法转贷仍与李某签订借款合同，约定王某借给李某30万元，月息3%，借期半年。后李某因涉嫌犯非法吸收公众存款罪被刑事拘留。随后，相关刑事判决书认定，李某构成非法吸收公众存款罪。后王某向法院起诉，要求李某清偿本金及利息。人民法院经审查认定，借款合同损害了国家的金融管理秩序，涉及犯罪行为，应属于无效合同。

3.民间借贷的利率应当如何约定?

民间借贷的年利率原则上不能超过24%。未超过年利率24%部分的利息法院予以保护；超过年利率24%，但未超过年利率36%部分的利息，已给付的不能再要求对方返还，未给付的也不能再要求对方给付；超过年利率36%部分的利息约定无效，已给付的也可以要求对方返还。民间借贷中存在的"砍头息"是不受法律保护的。出借人在出借款项时，预先在本金中扣除的利息，不能计入借款本金，要求借款人返还。

案例：年利率24%及其以下属于"司法保护区"

张某作为借款人，向李某出具借条，约定借款20万元，月利息为5%，借款期限三个月，人民法院判决张某偿还李某借款20万元，利息按照月息2%支付。

资料来源：佚名. 10个民间借贷风险问题［EB/OL］.（2017-10-26）.http：//www.360doc.com/content/17/1026/19/31530813_698369605.shtml.

（六）国际信用

国际信用是国家间相互提供的信用。随着国际经济关系的发展，各类信用形式逐步扩展到世界范围，形成了国际信用。

与国内信用一样，国际信用也存在不同的形式，其中主要有：

1.国际商业信用

国际商业信用是指出口商以延期付款方式向进口商提供的信用。除国际贸易中的延期付款外，还有补偿贸易和来料加工两种形式。

补偿贸易：出口国企业向进口国企业提供厂房、机器设备、技术力量、专利、各种服务、人员培训或联合发展科研项目等。待项目实现或竣工投产后，进口国企业以该项目的产品或双方商定的其他办法，偿还出口国企业的各种投资。由于进口国企业归还欠款采用补偿办法，所以称其为补偿贸易。

来料加工：由出口国提供原材料、机器设备的零部件或部分生产设备等，在进口国企业加工生产商品，其成品归出口国企业所有，进口国企业赚取加工费。

2. 国际银行信用

国际银行信用是指进出口国和出口国双方银行为进出口商提供的信用。其主要形式是出口信贷。

出口信贷是银行对出口贸易所提供的信贷，主要有卖方信贷和买方信贷两种形式。卖方信贷是指出口方所在地银行向出口商提供的信贷，出口商对国外进口商提供延期付款销售。买方信贷是指由出口方所在地银行或其他金融机构向进口方所在地银行或进口商提供贷款。

3. 国际政府信用

国际政府信用是指国家政府间相互提供的信用。这种信用一般由政府和财政部门进行借贷，利率较低，期限较长，条件较优惠，具有友好往来的性质，但个别附有政治条件。

4. 国际金融机构信用

国际金融机构信用是指全球性或区域性国际金融机构为其成员方所提供的信用。国际金融机构贷款一般期限较长，利率较低，条件优惠，但审查较严格，一般用于成员方弥补暂时性国际收支不平衡、经济开发和基础设施建设。

三、信用工具

（一）信用工具的一般特征

1. 信用工具的概念

信用工具是证明债权债务关系的合法书面凭证。在早期的信用活动中，借贷双方仅凭口头协议或记账而发生信用关系，因无法律上的保障，极易引起纠纷，并且不易将债权和债务转让。信用工具的产生和发展克服了口头信用和记账的缺点，使信用活动更加顺畅和规范化，而且信用工具的流通转让促进了金融市场的形成。在现代经济中，人们融通资金往往需要借助信用工具，因此信用工具又被称为金融工具。金融工具对买进或持有者来说就是金融资产。

2. 信用工具的特征

信用工具种类繁多，但各种信用工具一般都具有以下四个特征：

（1）偿还性。偿还性是指信用工具的债务人按期还本付息的特征。信用工具一般都载明期限，债务人到期必须偿还信用凭证上记载的债务。但也存在例外，如股票的偿还是无期限的。

（2）流动性。流动性是指信用工具在短时间内转变为现金而在价值上又不受损失的能力，又称为变现能力。现金和活期存款是最具有流动性的，政府发行的国库券也具有较强的流动性，而其他信用工具要么不能随时变现，要么在变现时要蒙受损失。

（3）收益性。收益性是指信用工具（特别是有价证券）定期或不定期给持有者带来收益。例如，股票可获得股息收益，债券能获得债券利息，这是固定收入。另外，还可利用金融市场的行情变化，买卖信用工具，带来差价收入。

(4) 风险性。风险性是指投入的本金和预期收益遭受损失的可能性。风险主要来自两个方面：一是违约风险，即债务人不能按时履行契约、支付利息和偿还本金的风险。二是市场风险，即市场上信用工具价格下降可能带来的风险。

(二) 短期信用工具

1. 票据的含义和票据行为

票据是具有一定格式，载明金额和日期，到期由付款人对持票人或指定人无条件支付一定款项的信用凭证。

票据的行为一般有：出票、背书、承兑、保证、贴现等。

出票即签发票据，是创造票据的行为。签发票据形成债权与债务关系。

背书是指转让人为了将未到期的票据转让给别人而在票据的背面作转让签名、盖章表示负责的行为。背书人一经背书即为票据的债务人，背书人与出票人同样具有对票据的支付责任。若票据的出票人或承兑人不能按期支付款项，票据持有人有权向背书人要求付款。

承兑是指票据的付款人在票据上以文字表示“承认兑付”，承诺票据到期付款的行为。

贴现是指持票人以未到期的票据向银行兑取现款，银行扣除自贴现日至到期日的利息买进该票据的行为。贴现在形式上是票据买卖，但实际上是一种信用活动。

2. 票据的主要种类

(1) 汇票。汇票是指由出票人签发，付款人见票后或到期时，对收款人无条件支付款项的信用凭证。汇票按出票人不同，又可分为银行汇票和商业汇票。

银行汇票是指汇款人将款项交存当地银行，由银行签发给汇款人持往异地指定银行办理转账结算或向银行兑取现款的票据。

商业汇票是指由债权人发给债务人，命令其在一定时期内向指定的收款人或持票人支付一定款项的支付命令书。商业汇票一般有三个当事人：一是出票人（债权人），二是受票人或付款人（债务人），三是收款人或持票人（债权人的债权人）。由于商业汇票是由债权人发出的，所以必须经过票据的承兑手续才具有法律效力。在信用买卖中，由债务人承兑的汇票，称为商业承兑汇票；由银行受债务人委托承兑的汇票，称为银行承兑汇票。

(2) 本票。本票是指债务人对债权人签发的在一定时期内承诺付款的信用凭证。本票又分为银行本票和商业本票。在我国现行的票据制度中，只规定有银行本票。

银行本票是指申请人将款项交存银行，由银行签发给申请人凭以在同城范围内办理转账结算或支取现金的票据。

商业本票又叫商业期票，和商业汇票同是商业信用的信用工具，统称为商业票据。因为商业本票是债务人对债权人签发的，因此无须承兑。商业本票也可经背书后转让或向银行贴现。

(3) 支票。支票是指银行活期存款人通知银行从其账户上无条件支付一定金额给票面指定人或持票人的信用凭证。

支票按支付方式可分为现金支票和转账支票。现金支票可以用来支取现金，也可以用于办理转账结算。转账支票只能用于转账，不能提取现金。因其常常在票面上用两条平行线来表示，故又称为划线支票。

当存款人所签发的支票的票面金额超过其银行存款账户余额的时候，这种支票被称为空头支票。空头支票是不能兑付的。在我国，如签发空头支票，要给予结算制裁，通常按支票面额的一定比例处以罚款。

（三）长期信用工具

1.股票

股票是指股份公司签发的，证明股东按其所持股份享有权利和承担义务的所有权凭证。

2.债券

债券是指债务人向债权人承诺在一定时期内还本付息的债务凭证。债券一般分为政府债券、公司债券和金融债券。

政府债券是指政府为筹集资金而发行的债务凭证。它是一种国家信用工具，一般包括公债券、国库券和地方政府债券。

公司债券（企业债券）是指公司或企业向社会发行的承诺在一定时期内还本付息的债务凭证。

金融债券是指银行或其他金融机构作为债务人发行的债务凭证。金融债券是金融机构一种较为理想的筹集长期资金的信用工具。我国金融债券的期限一般为1～5年，利率略高于同等期限的定期存款。

第二节　利息与利率

一、利息

（一）利息的概念

利息是指借款者为取得货币资金的使用权，支付给贷款者超过借贷货币额的那一部分代价；或者说，是贷款者因暂时让渡货币资金的使用权，从借款者那里取得的超过借贷货币额的那一部分报酬。

决定利息额的基本因素是借贷货币额的多少、借贷时间的长短和利率的高低。因此，计算利息的公式可以表示为：

利息额=借贷货币额（本金）×借贷时间×利率

（二）利息的作用

1. 利息是银行吸收存款和聚集资金的重要手段

从企业角度来说，由于存款有利息，并促使企业减少不合理的资金占用，所以主动地把闲置的货币资金存入银行可增加企业的利息收入。从城乡居民的角度来说，增加储蓄存款，并按照存款期限的长短来获取利息收入，可使他们在经济上得到实惠。所以，依靠信用业务固有的经济办法，即对存款客户支付一定的利息，是银行聚集货币资金不可缺少的重要手段。

2. 利息是促进企业加强经济核算、提高资金使用效率的手段

在税收一定的情况下，借款多少、期限长短以及利息负担的轻重，对企业净利润的大小有直接影响。特别是在企业净利润的大小同企业和职工的物质利益相联系时，企业必然

要关心利息的支出。企业为了减少利息支出、增加净利润，就要争取少借款、借短款，并按期归还贷款，以避免罚息。利息的存在，对促进企业精打细算、合理使用资金、加速资金周转、减少资金占用具有不可估量的作用。

3. 利息是调整国家、银行、企业和个人等诸方面分配关系的工具

利息既然是银行参与分配产业利润的一种经济形式，就必然在调整国家、银行、企业和个人等经济利益关系方面起着重要的作用。例如，正确规定居民储蓄利率，不仅可以把闲置的货币资金动员到信贷系统中来，为国家积累更多的建设资金，还可以使储户在工资收入之外得到一份补充收入。正确规定企业贷款的利率，一方面可以使企业通过运用借入资金，扩大生产和流通，增加企业利润；另一方面通过支付贷款利息，可以使银行参与企业利润分配的要求得到实现。再如，银行保持适当水平的利差（贷款利率高于存款利率的差额），既可以使企业利息支出的负担尽可能做到合理，又可以保证银行有正常的收益，以调动银行经营的积极性。

4. 利息是调节资金供求和经济的一个重要手段

由于利率的变化直接影响着利益分配关系，所以，银行可以利用利率杠杆对经济活动进行一定程度的调节和引导，使国家计划和产业政策得以落实，宏观和微观经济活动在目标和方向上趋于一致。此外，中央银行根据宏观经济调节的需要，通过调整对商业银行再贷款的利率来影响商业银行货币创造能力，从而达到调节和控制资金供应量的目的。

5. 利息是银行实行经济核算和企业化经营的基础

我国的银行，除主要行使中央银行职能的中国人民银行外，各商业银行及其他金融机构都是办理货币信用业务的经济实体，因而都要实行经济核算，即以自己的业务收入抵付各项业务支出并取得盈利。银行贷款的利息收入多于支付存款利息的部分，再扣除银行的业务费用，剩余的部分便是银行利润。银行利润的一部分以税收形式上缴财政，成为国家预算收入的来源之一，另一部分用作扩大信贷资金和建立银行的发展基金等。所以，合理的存贷利差是促进商业银行改善经营管理、实行企业化经营的一个重要条件。

二、利率

（一）利率的表示

利息水平的高低是由利息率来表示的。利息率简称利率，是指一定时期取得的利息额同借贷货币额（本金）之间的比率。其用公式表示为：

$$利息率=\frac{一定时期取得的利息额}{一定时期借贷的货币额}\times 100\%$$

利息率通常以年利率、月利率和日利率来表示。年利率是以年为单位计算利息；月利率是以月为单位计算利息；日利率又叫“拆息”，是以日为单位计算利息。

月利率=年利率÷12

日利率=年利率÷360

在我国，不论年息、月息还是拆息，习惯上都用“厘”作单位，但实际差别却很大。例如，年息5厘，是指5%；月息5厘，是指0.5%；日息5厘，是指0.05%。国外一般习惯用年利率，而我国习惯用月利率。

（二）利率的影响因素

1. 平均利润率

利息来自于利润，是利润的一部分，因此，平均利润率就成了决定利息率的基本因素。在现代经济社会里，借款人借入货币的最终目的是追求高额利润。利润被分割为两部分：一部分是作为企业经营报酬的企业收入；另一部分是作为企业支付给货币所有者报酬的利息收入。借款人支付的利息额越多，利息率越高，当利息率高于平均利润率时，借款人会因无利可图而不愿借用货币资金，所以利息率只能低于平均利润率。平均利润率反映的是整个社会的平均利润水平。另外，货币所有者也不会无偿让渡货币资金的使用权，他们贷出货币的目的是充分利用这些暂时闲置的货币资金来获取一定的投资利润，因此，利息率也不可能等于零。所以，利息率只能在平均利润率和零之间波动。

2. 资本的供求状况

在商品经济条件下，借贷资本是一种特殊商品，利息是转让这种特殊商品的报酬，或者说是借贷资本的价格。借贷资本同普通商品一样要受价值规律的支配，其价格也一样要受供求状况的影响。当借贷资本供不应求时，利率会提高，贷款者可以得到较多的收益；反之，当借贷资本供大于求时，利率则会下跌，借款者可支付较少的利息，获得更多的利润。所以，资本供求状况是影响利率变动的一个重要因素，它决定着某一具体时刻利息率的高低。

3. 物价水平

虽然利息率与物价水平没有直接的必然联系，但是货币资金体现了与物价水平有直接联系的货币购买力。就借款者而言，由于物价上涨，货币贬值，如果名义利率不变，那么就等于实际利率下降了，归还时相当于减少了实际归还的货币量，于是他们便从中得到了好处；而对于贷款者来说，他们则受到了相应的损失。因此，物价水平在一定程度上影响着实际利率的水平，这也是制定利率时要考虑的一个因素。

4. 经济政策

由于利率变动对经济的影响很大，因此，各国政府已把利率作为对经济活动进行宏观调控的重要工具。各国政府根据本国经济发展的状况和货币政策的目标，通过中央银行制定的利息率来影响市场利率，调节资金供求，调整经济结构和经济发展速度。

5. 其他影响因素

除上述因素以外，国际市场的利率水平、银行的经营成本、传统习惯、法律规定和国际协定等，都是影响利率变动的因素，它们交错在一起影响着利率的变化。

案例分析 3-2

房贷利率变化对购房者的影响

事件：

从2017年1月至2018年6月，全国首套房房贷平均利率已连续17个月上涨创新高。根据融360最新发布的数据，2018年5月全国首套房贷款平均利率为5.6%，相当于基准利率的1.143倍，环比4月上升0.72%，同比上升18.39%，增长近两成。

据悉，目前大部分银行首套房贷利率执行的标准是在基准利率的基础上上浮10%~

20%，少数银行是在基准利率的基础上上浮30%。据媒体报道，中国光大银行在北京范围内将首套房贷利率上调至基准利率的1.3倍，而兴业银行的北京网点将首套房贷利率较基准利率也上浮了30%。

算账：

客户张某购买首套房，所购房屋总价200万元，首付100万元，剩余100万元申请银行按揭贷款，期限10年，选择等额本息还款法。

按2017年首套房贷利率基准（4.9%）计算，月供为10 557.72元，总偿还利息为266 926.41元。按银行首套房贷利率上浮20%（5.88%）计算，月供为11 041.88元，总偿还利息为325 026.17元。房贷利率上浮后，月供相差484.16元，总偿还利息比原来要多出58 099.76元。

资料来源：李凤荷. 房贷利率连续17个月上涨［EB/OL］.［2018-06-28］. http：//www.ccn.com.cn/html/henan/xiaofeiguancha/2018/0628/355213.html.

问题：通过以上案例，请思考：利率变化对人们的生产生活有哪些影响？利率有哪些种类？是什么影响了利率的变化？

（三）利率的种类

1.单利和复利

根据利率的计算方法不同，利率又分为单利和复利。

单利是指按本金计算的利息，即不将上期利息计入本金而产生的利息。

单利法计算比较简便，但这种计算方法没有考虑货币资金的时间价值。其计算公式如下：

$$C=P\cdot r\cdot n$$

$$S=P\cdot(1+r\cdot n)$$

式中，C为利息额，P为本金，r为利率，n为期限，S为本利和。

复利则是将上期利息计入本金，并在此基础上计算的利息。银行贷款大多采用单利计息，唯有透支时采用复利计息。

复利法的特点是考虑货币资金的时间价值，不仅对本金计算利息，而且对利息也计算利息，计算相对复杂。其计算公式如下：

$$S=P\cdot(1+r)^n$$

$$C=S-P$$

假如一笔10 000元的贷款，贷款期限为3年，年利率为8%。

按单利计算，贷款利息总共为2 400元（10 000×8%×3）。

按复利计算，贷款3年的利息总共为2 597.12元。其计算方法如下：

第1年年末的利息为：10 000×8%=800（元）

第2年年末的利息为：（10 000+800）×8%=864（元）

第3年年末的利息为：（10 000+800+864）×8%=933.12（元）

贷款3年的利息总共为：800+864+933.12=2 597.12（元）

由此可见，同样一笔3年期10 000元的贷款，采用单利和复利两种不同的计息方法，利息金额将相差197.12元。

2. 名义利率和实际利率

实际利率是指物价不变从而货币购买力不变条件下的利率；名义利率则是指包含了通货膨胀因素的利率。

名义利率与实际利率的关系是，名义利率等于实际利率加上通货膨胀率，可用公式表示如下：

$$i=i_r+p$$

式中，i为名义利率，i_r为实际利率，p为通货膨胀率。

假如在1年里，利率上升至8%，而通货膨胀率却达到10%，那么，在这一年内的实际利率只有-2%，计算过程如下：

$$i_r=8\%-10\%=-2\%$$

即使年终债权人获得了按年利率8%计算的利息，但以不变价格计算，却损失了2%的利息。因此，实际利率越低，借款人借钱的愿望越强烈，而贷款人则越不愿意贷出资金。

实际利率对经济起实质性影响，但在经济管理中，通常能够操作的只是名义利率。

划分名义利率与实际利率的意义在于，它为分析通货膨胀下的利率变动及其影响提供了依据与工具，便利了利率杠杆操作。

根据名义利率与实际利率的比较，实际利率呈现以下三种情况：

（1）当名义利率高于通货膨胀率时，实际利率为正利率；

（2）当名义利率等于通货膨胀率时，实际利率为零；

（3）当名义利率低于通货膨胀率时，实际利率为负利率。

在当今世界的现实经济生活中，物价一成不变的情况极为少见，物价不断上涨似乎成为一种普遍的趋势，因此，区分并认真计算名义利率和实际利率几乎对每一个经济部门都有着重要意义与实际作用。在不同的实际利率状况下，借贷双方和企业会有不同的经济行为。一般而言，正利率同零利率和负利率对经济的调节作用是互逆的，只有正利率才符合价值规律的要求。

3. 基准利率和市场利率

基准利率是金融市场上具有普遍参照作用的利率，其他利率水平或金融资产价格均可依据这一基准利率水平来确定。只要了解这种关键性利率水平的变化趋势，就可以了解全部利率体系的变化趋势，基准利率是利率市场化的重要前提之一。在利率市场化条件下，融资者衡量融资成本、投资者计算投资收益，客观上需要一个普遍公认的基准利率水平作参考，基准利率是利率市场化形成的核心。

基准利率必须具备以下几个基本特征：

（1）市场化。基准利率必须是由市场供求关系决定的，而且不仅要能反映实际市场供求状况，还要能反映市场对未来的预期。

（2）基础性。基准利率在利率体系、金融产品价格体系中处于基础性地位，它与其他金融市场的利率或金融资产的价格具有较强的关联性。

（3）传递性。基准利率所反映的市场信号，或者中央银行通过基准利率所发出的调控信号，能有效地传递到其他金融市场和金融产品价格上。

在市场经济中，基准利率是指通过市场机制形成的无风险利率，利率中用于补偿机会成本的部分往往用无风险利率表示。其他任何利率都是在基准利率的基础上加上一定的风险溢价得出的。在现实生活中并不存在绝对无风险的投资，所以也无绝对的无风险利率。各国在货币政策的实践中，通常以同业拆借利率或国债回购利率充当基准利率。全球最著名的基准利率有伦敦同业拆借利率（Libor）和美国联邦基准利率（FFR）。所谓美国联邦基准利率是指美国同业拆借市场利率。

市场利率是由资金市场上供求关系决定的利率，中央银行不加以直接控制。

4.长期利率和短期利率

一般来说，一年期以下的信用行为被称为短期信用，相应的利率即为短期利率；一年期以上的信用行为通常被称为长期信用，相应的利率则为长期利率。

在金融市场上，短期利率与长期利率一般同时升降，短期利率波动的幅度往往大于长期利率。就金融工具而言，短期金融工具的收益率一般低于长期金融工具的收益率。

在短期利率与长期利率中，又各有长短不同期限之分。总的来说，较长期的利率一般高于较短期的利率。但在不同种类的信用行为之间，由于有种种不同的信用条件，对利率水平的高低则不能简单地进行对比。

5.固定利率与浮动利率

固定利率是指在整个借贷期限内，利息按借贷双方事先约定的利率计算，而不随市场上货币资金供求状况而变化。实行固定利率，对于借贷双方准确计算成本与收益十分方便，是传统采用的方式。

这种计息方式的特点是简单易行，适用于借贷期限较短或市场利率变化不大的情况。但当借贷期限较长、市场利率波动较大时，则不宜采用固定利率，因为固定利率一经双方协定，就不能单方面变更。在此期间，通货膨胀的作用和市场上借贷资本供求状况的变化，会使借贷双方都可能承担利率波动的风险，因此，在借贷期限较长、市场利率波动频繁的时期，借贷双方往往倾向于采用浮动利率。

浮动利率是指在借贷期限内，随市场利率的变化情况而定期进行调整的利率。实行浮动利率，必须首先在贷款协议中做出明确规定，然后根据市场利率的变化情况，每半年调整一次。这种计息方法比较麻烦，多用于较长期的借贷及国际金融市场。

浮动利率能够灵活反映市场上资金供求的状况，更好地发挥利率的调节作用；同时，由于浮动利率可以随时予以调整，有利于减少利率波动所造成的风险，从而克服固定利率的缺陷。但由于浮动利率变化不定，使借贷成本的计算和考核相对复杂，且可能加重借款人的负担。

6.优惠利率和惩罚利率

根据借款人的资信程度，利率可分为优惠利率和惩罚利率。

优惠利率低于同类贷款利率，是银行竞争的一种手段。对于资信状况良好的大企业，银行在贷款时一般采用优惠利率以稳定客户的来源。我国银行在发放政策性贷款时，也采用优惠利率，如外贸出口贷款、扶持老少边穷地区贷款等均采用优惠利率。

惩罚利率高于同类正常贷款利率，是对那些超过贷款限额、透支额度及偿还期限的贷款所规定的特殊利率。惩罚利率是银行对企业违约的一种制约手段。

7.年利率、月利率和日利率

根据计算利息的期限单位，利率可划分为年利率、月利率和日利率。

年利率以年为计算单位，以百分之几来表示，按年利率计算的利息为年息。

拓展阅读3-1

中国的利率市场化改革

月利率以月为计算单位，以千分之几来表示，按月利率计算的利息为月息。

日利率以日为计算单位，以万分之几来表示，按日利率计算的利息为日息，日息按每月30天计算。

假如一笔10 000元的贷款，月利率为8‰，那么，这笔贷款的月息为80元，年息为960元。

本章概要

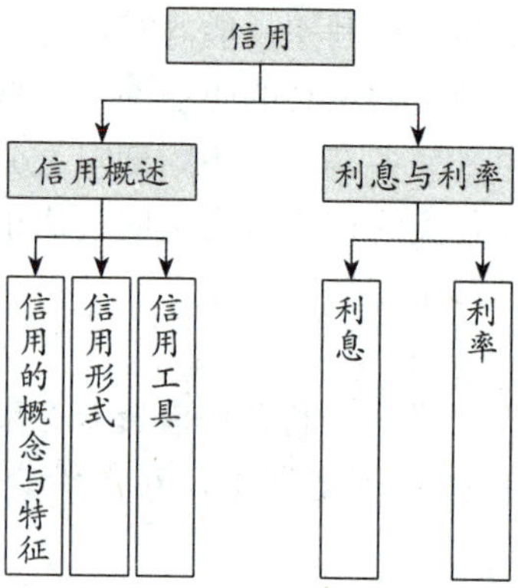

思考与练习

一、选择题

1. 商业信用是企业之间由于（　　）而相互提供的信用。

A. 生产联系　　B. 产品调剂　　C. 物质交换　　D. 商品交易

2. 信用的基本特征是（　　）。

A. 无条件的价值单方面让渡　　B. 以偿还为条件的价值单方面转移

C. 无偿的赠与或援助　　D. 平等的价值交换

3. 以金融机构为媒介的信用是（　　）。

A. 银行信用　　B. 消费信用　　C. 商业信用　　D. 国家信用

4. 工商企业之间以赊销方式提供的信用是（　　）。

A. 商业信用　　B. 银行信用　　C. 消费信用　　D. 国家信用

5. 个人获得住房贷款属于（　　）。

A. 商业信用　　B. 消费信用　　C. 国家信用　　D. 补偿贸易

6. 国家信用的主要工具是（　　）。

A. 政府债券　　B. 银行贷款　　C. 银行透支　　D. 发行银行券

7. 当银行存款的名义利率和物价变动率一致时，储户到期提取的本利和会（　　）。

A. 升值　　B. 贬值

C. 保值　　D. 升值或贬值的幅度不定

8. 我国习惯上将年息、月息、拆息都以“厘”为单位，但实际含义却不同，若年息6

厘、月息4厘、拆息2厘，则分别是指（ ）。

A.年利率为6%，月利率为0.04%，日利率为0.2%

B.年利率为0.6%，月利率为0.4%，日利率为0.02%

C.年利率为0.6%，月利率为0.04%，日利率为2%

D.年利率为6%，月利率为0.4%，日利率为0.02%

二、简答题

1.信用形式主要有哪些？

2.列举几种常见的消费信用。

3.什么是汇票？常见的汇票有哪些种类？

4.利率的影响因素有哪些？

第四章 金融机构

学习目标

掌握金融机构的含义及其性质与职能，了解我国金融机构体系的基本构成，了解非银行金融机构的构成和基本业务。

导入案例

2018年全球银行品牌500强

英国品牌评估机构Brand Finance发布2018年度“全球银行品牌价值500强排行榜”，中国工商银行蝉联榜首，中国建设银行名列第二位，排名第三位的是美国的富国银行。前十大银行品牌中，中国占据四席，美国有五个银行品牌，欧洲只有汇丰银行进入了前十名。

中国银行品牌总体表现强劲。中国内地共有15家银行进入百强榜，依次为：中国工商银行（总榜排名1）、中国建设银行（总榜排名2）、中国银行（总榜排名4）、中国农业银行（总榜排名6）、招商银行（总榜排名第11）、浦发银行（总榜排名第13）、交通银行（总榜排名15）、兴业银行（总榜排名20）、中信银行（总榜排名24）、中国民生银行（总榜排名29）、平安银行（总榜排名42）、中国光大银行（总榜排名44）、华夏银行（总榜排名69）、北京银行（总榜排名80）、上海银行（总榜排名97）。

放眼500强榜单，出现了不少城商行以及农商行的身影。比如，排名124位的南京银行、排名133位的宁波银行、排名134位的江苏银行、排名137位的重庆农村商业银行、排名203位的广州农商银行、排名306位的天津农商银行、排名308位的青岛银行、排名447位的汉口银行均进入500强。共43家中国内地银行进入500强。排名在100～500位的中国银行机构，多数品牌价值逐年攀升。

“全球银行品牌价值500强排行榜”采取现金流折现方法，通过分析财务数据等方式评估银行的市场影响力，通过设立不同银行的品牌折现率等步骤测算出各银行的品牌价值。入围的银行有商业银行，也有投资银行（证券公司）。2018年全球银行品牌价值500强排行榜TOP10见表4-1。

表 4-1 2018 年全球银行品牌价值 500 强排行榜 TOP10

排名	品牌	总部所在地	品牌价值/年增长率
1	中国工商银行（Industrial and Commercial Bank of China）	中国	591.89 亿美元/+24%
2	中国建设银行（China Construction Bank）	中国	567.89 亿美元/+37%
3	富国银行（Wells Fargo Bank）	美国	440.98 亿美元/+6%
4	中国银行（Bank of China）	中国	417.50 亿美元/+34%
5	大通银行（Chase Bank）	美国	388.42 亿美元/+15%
6	中国农业银行（Agricultural Bank Of China）	中国	373.21 亿美元/+31%
7	美国银行（Bank of America）	美国	332.89 亿美元/+10%
8	花旗银行（Citibank）	美国	307.83 亿美元/+11%
9	汇丰银行（HSBC）	英国	183.05 亿美元/-12%
10	摩根银行（J.P.Morgan）	美国	176.51 亿美元/+12%

资料来源：佚名. 2018 全球银行品牌 500 强 [EB/OL]. [2018-02-12]. http: //www.china-10.com/news/498442.html.

结合上述案例思考：你知道哪些金融机构？其主要作用是什么？本章将会介绍更多金融机构的类型。

第一节 金融机构及其分类

一、金融机构的概念、性质与功能

（一）金融机构的概念

金融机构的含义有广义和狭义之分。

一般狭义的金融机构是指金融活动的中介机构，即在间接融资领域中作为资金余缺双方交易的媒介，专门从事货币、信贷活动的机构，主要包括银行和其他从事存、贷款业务的金融机构。该类金融机构与货币的发行和信用的创造联系密切，主要是中央银行和商业银行等金融机构。

广义的金融机构则是指所有从事金融活动的机构，包括直接融资领域中的金融机构（如证券公司）、间接融资领域中的金融机构（如商业银行）和各种提供金融服务的机构。

（二）金融机构的性质

金融机构是一种以追逐利润为目标的特殊的金融企业。它所经营的对象是一种特殊的商品——货币资金。

金融机构与一般经济单位之间既有共性，又有特殊性。共性主要表现为其具备普通企业的基本要素，如有一定的自有资本，向社会提供特定的商品和服务，必须依法经营、独立核算、自负盈亏、照章纳税等。

其特殊性主要表现在以下三点：

（1）经营关系与活动原则不同。金融机构与客户个人之间主要是货币资金的借贷或投资关系，其经济活动遵循信用原则。

（2）经营对象与经营内容不同。金融机构的经营对象是货币资金这种特殊的商品，经营内容则是货币的收付、借贷以及与货币运动有关的或与之相联系的各种金融服务。

（3）经营风险及影响程度不同。与一般企业不同，金融机构因其业务大多是以还本付息为条件的货币信用业务，故其风险主要表现为信用风险、挤兑风险、利率风险、汇率风险等。

（三）金融机构的功能

1. 信用中介

信用中介功能是金融机构最基本的功能。

通过金融机构的负债业务，把社会上的各种闲置货币资金集中起来（支付利息），再通过资产业务把它投向各个部门（收取利息）。这些利差收入是金融机构重要的利润来源。

2. 支付中介

金融机构在为客户办理货币收支及其他与货币收支有关的业务时发挥支付中介的功能。例如，通过存款在账户之间的转移，代理客户兑付现款等成为企业、团体和个人的货币保管者、出纳者和支付代理人。支付中介职能的发挥大大减少了现金的使用，节约了社会流通费用，加速了结算过程和货币资金的周转，促进了再生产的扩大。

3. 信用创造

信用创造功能是在信用中介和支付中介的基础上产生的，是银行这种金融机构的特殊职能。它主要是通过贷款和投资活动创造存款货币，扩大信用规模。其过程表现为金融机构利用其所吸收的存款发放贷款，在支票流通和转账结算的基础上，贷款又转换为存款。由于存款不提取现金或不完全提取现金，所以这种情况就增加了银行资金的来源，最后在整个银行体系中形成比基础货币多出数倍的派生存款。

4. 金融服务

金融服务功能是在社会分工越来越细、现代服务业迅速发展的基础上产生的，也是现代社会从各个方面向金融业提出的更高的服务要求。例如，企业要求银行代发工资，代理支付各种费用，提供投资咨询服务、征信调查服务等。金融服务功能就是银行通过开展广泛的金融服务来扩展自己的资产负债业务，为客户提供多方面的服务。

二、金融机构的分类

（一）按资金来源形式划分

按资金来源形式划分，金融机构可分为存款类金融机构和非存款类金融机构。存款类金融机构是指通过吸收个人和企业单位存款的方式筹集资金，通过贷款、投资等方式运用资金的金融机构。它主要包括各商业银行、信用合作社等。非存款类金融机构是指通过自行发行证券或接受某些社会组织或公众的契约性缴款及投资等筹措资金并进行长期性投资的金融机构，如保险公司、证券公司、养老基金等。

存款类金融机构和非存款类金融机构的主要区别在于存款类金融机构可吸收公众存款，而非存款类金融机构不可以吸收公众存款。

（二）按业务形式划分

按业务形式划分，金融机构可分为银行类金融机构和非银行类金融机构。银行是金融机构体系的主体，以银行为中心，把金融机构分为银行类金融机构和非银行类金融机构是最为常见的一种分类方法。

银行类金融机构是指专门或主要经营货币信用业务的金融机构，主要通过吸收存款，发放贷款，办理结算、汇兑等业务，在整个社会范围内融通资金，充当信用中介。银行类金融机构在金融机构体系中处于支配地位，是现代金融机构体系的主体部分。

非银行类金融机构是主要经营某种特定方式的金融业务的金融机构，但不能称之为银行。这类金融机构包括保险公司、信用合作社、消费信用机构、信托公司、证券公司、租赁公司、财务公司等。它们在整个金融机构体系中是非常重要的组成部分，其发展状况是衡量一国金融机构体系是否成熟的重要标志之一。

（三）按业务目标划分

按业务目标划分，金融机构可分为管理性金融机构、商业性金融机构、政策性金融机构和合作性金融机构。管理性金融机构是代表政府对金融业进行监督管理的金融机构，如中国人民银行、中国银行保险监督管理委员会、中国证券监督管理委员会和国家外汇管理局等。

商业性金融机构是按照现代企业制度改造和组建起来的，以营利为目的的金融机构，如商业银行、证券公司、商业性保险公司等。

政策性金融机构是指由政府发起并出资成立，为贯彻和配合政府特定的经济政策和意图而进行金融活动的金融机构，如我国的国家开发银行、中国农业发展银行、中国进出口银行和中国出口信用保险公司等。

合作性金融机构是按照国际通行的合作制原则，以股金为资本，以入股者为主要服务对象，以基本金融业务为经营内容而形成的金融合作组织，如信用合作社、储蓄信贷协会等。

（四）按业务活动覆盖的地域范围划分

按业务活动覆盖的地域范围划分，金融机构可分为国际金融机构和国内金融机构。国际金融机构是指世界多数国家的政府之间通过签署国际条约或协定而建立的从事国际金融业务、协调国际金融关系、维系国际货币和信用体系正常运作的超国家金融机构。国际金融机构按照业务活动覆盖的范围大小，又分为全球性国际金融机构、区域性国际金融机构和半区域性国际金融机构。

国内金融机构是指其业务活动范围仅局限于该国家和地区的金融机构，可分为全国性金融机构和地方性金融机构。

第二节 我国的金融机构体系

一、我国现行的金融机构体系

我国（除港、澳、台地区）现行的金融机构体系是以中央银行为核心，以国有商业银行和政策性银行为主体，多种金融机构同时并存、分工协作的金融组织体系。

（一）中国人民银行

1. 中国人民银行的性质

中国人民银行是我国的中央银行，是在国务院领导下制定和实施货币政策，对金融业实施监管的国家机关。

1984年以前，中国人民银行既办理个人及企事业单位的存款、发放工商企业贷款等商业银行业务，又制定和执行金融货币政策，办理发行货币、资金清算、经理国库等中央银行业务，同时又是国务院管理全国金融业的主管机关。之后，国务院决定，从1984年1月起，中国人民银行专门行使中央银行职能，不再对企业和个人办理信贷业务，集中力量研究和做好全国金融的宏观决策，加强信贷资金管理，保持货币稳定，管理全国的金融业。

中国人民银行履行下列职责：依法制定和执行货币政策；发行人民币，管理人民币流通；按照规定审批、监督管理金融机构；按照规定监督管理金融市场；发布有关金融监督管理和业务的命令和规章；持有、管理、经营国家外汇储备、黄金储备；经理国库；维护支付、清算系统的正常运行；负责金融业的统计、调查、分析和预测；代表国家从事有关的国际金融活动和履行国务院规定的其他职责。

2. 中国人民银行的职能

中国人民银行作为我国的中央银行，就其职能而言，主要体现在以下三个方面：

（1）作为发行的银行，中国人民银行垄断货币发行权。人民币作为我国唯一的法定货币，由中国人民银行集中统一发行。人民币的发行，有严格的法定程序，整个发行工作是通过中国人民银行专设的发行库与各商业银行业务库之间的调拨来进行的。中国人民银行垄断货币发行具有以下重要意义：第一，有利于国家对货币流通的管理，使货币流通量与国民经济发展保持适当的比例，以保证通货的稳定；第二，有利于中央银行增强自身的经济实力，控制社会资金供应量，调节金融机构的信用活动；第三，有利于国家货币金融政策的推行，实现国家宏观调控的目标；第四，有利于商品在全国范围流通，借以建立全国统一的商品市场。

（2）作为政府的银行，肩负着维护金融体系安全的重任。中国人民银行的主要职能是：代理国库，为政府开立各种账户，经办政府财政预算收支的划拨与清算业务，履行国库出纳职能；代理国债发行及还本付息事宜；作为政府的国际金融活动代表；作为政府的经济、金融顾问和参谋，参与国家宏观经济的决策；根据政府的授权，监督管理全国的金融业，维护国家金融体系的安全、稳定和正常运行。

（3）作为银行的银行，对商业银行的业务起着领导作用。中国人民银行主要有以下职能：一是为商业银行和其他金融机构开立存款账户，接受它们的存款，包括法定准备金存款与超额准备金存款。二是为商业银行和其他金融机构办理融通资金业务，成为它们的“最后贷款人”。当商业银行等金融机构出现资金不足或周转困难时，可向中国人民银行申请短期贷款和再贴现。三是主持全国的清算事宜，各家银行及有关金融机构相互间应收应付的票据通过中国人民银行的票据交换所进行清算。

中国人民银行的机构分为总行、分行、中心支行。目前，全国有9家中国人民银行分行，2个营业管理部。中国人民银行在北京和重庆成立了营业管理部，在天津、沈阳、上海、南京、济南、武汉、广州、成都、西安设立了分行，在石家庄、太原、呼和浩特、长春等城市设立了中心支行。

（二）金融监管机构

1. 中国银行业监督管理委员会[①]

中国银行业监督管理委员会，简称中国银监会，成立于2003年4月25日，是国务院直属正部级事业单位。根据国务院授权，统一监督管理银行、金融资产管理公司、信托投资公司及其他存款类金融机构，维护银行业的合法、稳健运行。

银监会的主要职责是：①依照法律、行政法规制定并发布对银行业金融机构及其业务活动监督管理的规章、制度；②依照法律、行政法规规定的条件和程序，审查批准银行业金融机构的设立、变更、终止以及业务范围；③对银行业金融机构的董事和高级管理人员实行任职资格管理；④对银行业自律组织的活动进行指导和监督；⑤对银行业金融机构的业务活动及其风险状况进行非现场监管，建立银行业金融机构监督管理信息系统，分析、评价银行业金融机构的风险状况；⑥负责统一编制全国银行业金融机构的统计数据、报表，并按照国家有关规定予以公布；⑦对银行业金融机构实行并表监督管理；⑧会同有关部门建立银行业突发事件处置制度，制定银行业突发事件处置预案，明确处置机构和人员及其职责、处置措施和处置程序，及时、有效地处置银行业突发事件；⑨开展与银行业监督管理有关的国际交流、合作活动等。

2. 中国保险监督管理委员会[②]

中国保险监督管理委员会，简称中国保监会，成立于1998年11月18日，是国务院直属事业单位，中国商业保险的主管机关。根据国务院授权履行行政管理职能，依照法律、法规统一监督管理全国保险市场，维护保险业的合法、稳健运行。中国保险监督管理委员会的主要任务是：①拟定有关商业保险的政策法规和行业规则；②依法对保险企业的经营活动进行监督管理和业务指导，依法查处保险企业违法违规行为，保护被保险人的利益；③维护保险市场秩序，培育和发展保险市场，完善保险市场体系，推进保险改革，促进保险企业公平竞争；④建立保险业风险的评价与预警系统，防范和化解保险业风险，促进保险企业稳健经营与业务的健康发展。

3. 中国证券监督管理委员会

中国证券监督管理委员会，简称中国证监会，为国务院直属正部级事业单位，依照法律、法规和国务院授权，统一监督管理全国证券期货市场，维护证券期货市场秩序，保障其合法运行。

中国证监会的主要职能是：①建立统一的证券期货监管体系，按规定对证券期货监管机构实行垂直管理；②加强对证券期货业的监管，强化对证券期货交易所、上市公司、证券期货经营机构、证券投资基金管理公司、证券期货投资咨询机构和从事证券期货中介业务的其他机构的监管，提高信息披露质量；③加强对证券期货市场金融风险的防范和化解工作；④负责组织拟订有关证券市场的法律、法规草案，研究制定有关证券市场的方针、政策和规章，制定证券市场发展规划和年度计划，指导、协调、监督和检查各地区、各有

---

① 2018年3月，国务院组建中国银行保险监督管理委员会，不再保留中国银行业监督管理委员会。请参见“4. 中国银行保险监督管理委员会”的具体内容。

② 2018年3月，国务院组建中国银行保险监督管理委员会，不再保留中国保险监督管理委员会。请参见“4. 中国银行保险监督管理委员会”的具体内容。

关部门与证券市场有关的事项，对期货市场试点工作进行指导、规划和协调；⑤统一监管证券业等。

4. 中国银行保险监督管理委员会

2018年3月，根据第十三届全国人民代表大会第一次会议批准的国务院机构改革方案，将中国银行业监督管理委员会和中国保险监督管理委员会的职责整合，组建中国银行保险监督管理委员会；将中国银行业监督管理委员会拟订银行业、保险业重要法律法规草案的职责划入中国人民银行，不再保留中国银行业监督管理委员会；将中国保险监督管理委员会审慎监管基本制度的职责划入中国人民银行；不再保留中国保险监督管理委员会。

（三）政策性银行

1994年，为了适应经济发展的需要，本着政策性金融和商业性金融相分离的原则，我国相继设立了三家政策性银行，即国家开发银行、中国进出口银行和中国农业发展银行。这三家政策性银行在从事金融活动中，均贯彻“不与商业性金融机构竞争、自主经营与保本微利”的基本原则。政策性银行是由政府创办的，不以营利为目的，而是以贯彻国家产业政策和区域发展政策为目的的金融机构。

政策性银行的资金来源主要依靠财政拨付和发行政策性金融债券。它们根据政府的决策和意向专门从事政策性金融业务，并根据具体分工的不同，服务于特定的领域。国家开发银行是一家以国家重点建设为主要投融资对象的政策性银行，向国家基础设施、基础产业和支柱产业的大中型基本建设项目和技术改造项目等政策项目发放贷款及贴息业务。中国进出口银行是执行国家产业政策和外贸政策，主要为扩大我国机电产品和成套设备等资本性货物的出口提供政策性金融服务。中国农业发展银行是按照国家相关政策，主要为农业基本建设、农副产品、农业发展等提供资金支持。

依照2018年2月中国银行监督管理委员会发布的《2017年银行业金融机构法人名单》，国家开发银行被重新定义为“开发性金融机构”。所谓开发性金融机构，是政策性金融机构的深化和发展，以国家信用为基础，以市场业绩为支柱，通过融资贯彻国家政策，实现政府的发展目标，简单地说，就是既开展政策性金融业务，又开展商业性金融业务的金融机构。开发性金融机构是政策性金融机构的深化和发展。

我国三大政策性银行的标识见图4-1。

图4-1　我国三大政策性银行的标识

（四）商业银行

商业银行是我国金融体系的主体，现正朝着多样化的业务方向发展。依照中国银行监督管理委员会的分类方法，我国的商业银行可分为大型商业银行、邮政储蓄银行、股份制商业银行、城市商业银行、农村商业银行、外资或合资商业银行等类型。

知识链接 4-1

银行机构知多少

2018年2月9日，中国银监会公布了中国银行业金融机构法人名单。截至2017年底，中国银行业金融机构法人共4 549家，即银监会批准持牌经营的总行级机构有4 549家。其中，开发性金融机构1家、政策性银行2家、国有大型商业银行5家、邮储银行1家、股份制商业银行12家、城市商业银行134家、农村商业银行1 262家、民营银行17家、住房储蓄银行1家、金融资产管理公司4家、农村合作银行33家、农村信用社965家、村镇银行1 562家、贷款公司13家、农村资金互助社48家、外资法人银行39家、信托公司68家、金融租赁公司69家、企业集团财务公司247家、汽车金融公司25家、消费金融公司22家、货币经纪公司5家、其他金融机构14家。

从以上数据可见我国银行业金融机构数量之多，规模之庞大。各类性质的银行业金融机构组成了相互联系、分工协作的统一体，在金融市场的各个领域内发挥着积极的金融功能，构成了我国金融机构体系中不可或缺的一部分，促进了我国金融市场的稳健发展，在国民经济建设中发挥着重要的作用。

我国各类银行机构资产占银行机构总资产的份额见图4-2。

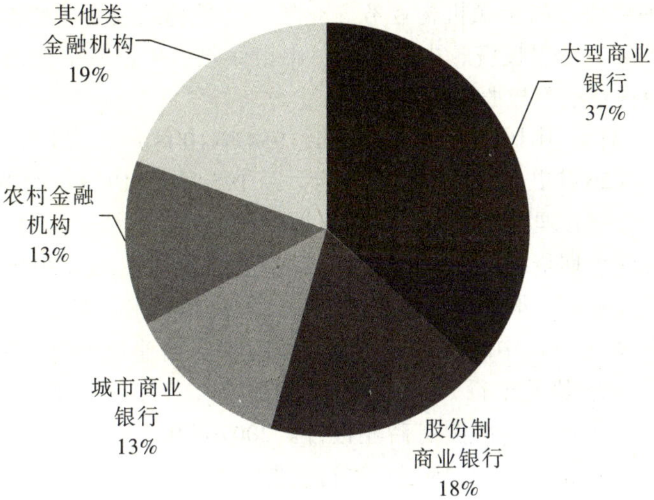

图4-2 我国各类银行机构资产占银行机构总资产的份额

数据来源：作者根据相关资料整理。

1. 国有大型商业银行

依照中国银行监督管理委员会公布的分类方法，国有大型商业银行包括：中国银行、中国建设银行、中国工商银行、中国农业银行、交通银行。其中中国银行、中国建设银行、中国工商银行、中国农业银行由中国专业银行演变而来，交通银行是我国第一家全国性的股份制商业银行。截止到2010年，五家银行均已完成了股份制改革，成为上市公司，且由国家（财政部、中央汇金公司）为第一大股东。国有大型商业银行在资产规模及市场份额上，在我国银行体系中占有绝对优势地位，在世界大型银行的排序中也处于较为前列的位置。

（1）中国农业银行。中国农业银行，前身最早可追溯至1951年成立的农业合作银行，是在新中国时期成立的第一家专业银行。1979年2月再次恢复成立后，成为在农村经济领域占主导地位的国有专业银行。1994年中国农业发展银行分设，1996年农村信用社与农行脱离行政隶属关系，中国农业银行开始向国有独资商业银行转变。2009年1月15日，中国农业银行由国有独资商业银行整体改制为股份有限公司，并在2010年完成“A+H”两地上市。中国农业银行网点遍布城乡，在新加坡、中国香港设有分行，在伦敦、东京、纽约、法兰克福、首尔设有代表处。其业务领域已由最初的农业信贷、结算业务，发展成为品种齐全，本外币结合，能够办理国际、国内通行的各类金融业务。

（2）中国银行。中国银行经孙中山先生批准，于1912年2月5日正式成立，是持续经营超过百年的银行，也是中国国际化和多元化程度最高的银行。新中国成立之前，先后行使中央银行、国际汇兑银行、国际贸易专业银行职能；1949—1993年，中国银行由原中国人民银行一个分支部门、国家金融管理机逐渐转变为中国人民银行监管之下的国家外汇外贸专业银行，1994年和1995年，中国银行先后成为香港地区、澳门地区发钞银行。2004年8月26日，经国务院、银监会批准，中国银行以汇金公司独家发起的方式，整体改建为中国银行股份有限公司。2006年6月1日和7月5日，中国银行股份有限公司分别在香港联合交易所和上海证券交易所成功上市。目前中国银行主营包括公司、个人金融、资金业务、资金国际业务和金融机构业务等业务。其机构遍及中国内地及54个国家和地区，旗下有中银国际、中银投资、中银基金、中银保险、中银航空租赁、中银消费金融、中银金融商务、中银香港等控股金融机构。

（3）中国建设银行。中国建设银行成立于1954年10月1日，最初行名为中国人民建设银行，1996年3月26日更名为中国建设银行。从1954年到1978年的20多年间，中国建设银行主要承担了集中办理国家基本建设预算拨款和企业自筹资金拨付，监督资金合理使用，对施工企业发放短期贷款，办理基本业务结算业务的职责。从20世纪70年代末80年代初开始，中国建设银行在承继原有职能的同时，不断拓展银行职能，业务涵盖各类商业银行业务。2004年9月15日中国建设银行将由国有独资商业银行改制为国家控股的股份制商业银行（简称中国建设银行）。2005年12月27日，其在香港联合交易所挂牌上市，是首家实现公开发行上市的中国国有商业银行。2007年9月25日，中国建设银行在上海证券交易所成功挂牌上市。目前中国建设银行主要经营领域包括公司银行业务、个人银行业务和资金业务，在中国香港、中国台湾、墨尔本等地设有分行，拥有建信基金、建信租赁、建信信托、建信人寿、中德住房储蓄银行、建行亚洲、建行伦敦、建行俄罗斯、建行迪拜、建银国际等多家子公司，为客户提供全面的金融服务。

（4）中国工商银行。1984年1月1日，中国工商银行成立。我国改革开放后重建农业银行，分设中国银行、中国建设银行，拉开了金融组织体制改革序幕，中国工商银行的成立为这项改革画上了句号。中国工商银行的正式诞生，是新中国中央银行制度得以确立、国家专业银行体系最终形成的一个标志性事件。中国工商银行成立后在各项业务取得了长足发展，成长为中国第一大银行。2005年10月25日，中国工商银行股份有限公司成立。2006年10月27日，中国工商银行同步登陆A股和H股市场，成为首家实现在A股和H股同步上市的银行。中国工商银行向全球578.4万公司客户和5.3亿个人客户提供广泛的金融产品和服务。连年在《银行家》全球1 000家大银行和美国《福布斯》全球企业2 000强中取得佳绩。

（5）交通银行。交通银行始建于1908年，是近代中国成立最早并存续的商业银行之一。1987年4月1日，重新组建后的交通银行正式对外营业，成为中国第一家全国性的国有股份制商业银行。交通银行分别于2005年、2007年先后在香港联合交易所和上海证券交易所上市，是第一家在境外上市的国有控股大型商业银行。截至2017年，交通银行已在16个国家和地区设立了20家分（子）行及代表处。

2.邮政储蓄银行

邮政储蓄机构是指与人民生活有紧密联系的邮政机构，在办理各类邮件投递和汇兑等业务的同时，办理以个人为服务对象，以经办储蓄和个人汇兑等负债、结算业务为主的金融机构。新中国成立后，在我国曾有邮政储金汇业局。1986年2月起，邮政储金汇业局在全国开办了邮政储蓄业务。中国邮政储金汇业局是经国务院和中国人民银行批准，对邮电部原来的邮政储金汇业局改组而成的邮政金融机构，它实行自主经营、自负盈亏、自担风险、自求平衡。其行政上受邮电部的领导，业务上受中国人民银行的监督。它不能办理与银行机构相同的如发放贷款这类业务。邮政储金汇业局吸收的存款，除按规定缴纳存款准备金和留足备付金外，其余部分转存中国人民银行统一使用，不得经营国债和国家政策性金融债券。

2006年6月，中国银监会批准筹建中国邮政储蓄银行。2007年3月，中国邮政储蓄银行正式挂牌，是在改革邮政储蓄管理体制的基础上组建的国有商业银行。中国邮政储蓄银行承继国家邮政局、中国邮政集团公司经营的邮政金融业务及因此而形成的资产和负债，并将继续从事原经营范围和业务许可文件批准、核准的业务。2016年8月27日，中国邮政储蓄银行80亿美元香港IPO获批。2016年9月28日，中国邮政储蓄银行在香港联交所主板成功上市。

3. 股份制商业银行

随着金融体制改革的不短深化，我国陆续组建成立了一批股份制商业银行。截止到2017年，我国共有12家股份制商业分行，分别为：招商银行、上海浦东发展银行、中信银行、中国光大银行、华夏银行、中国民生银行、广东发展银行、兴业银行、平安银行、浙商银行、恒丰银行、渤海银行。

这些商业银行按照国际通行规则和市场原则开展各项银行业活动，高效决策，灵活经营，公司治理结构不断完善，逐步建立了科学的管理机制和市场化的管理模式。

从业务活动范围来看，股份制商业银行在初建时有全国性和区域性之分。但随着我国金融改革的深化，区域性股份制商业银行的业务已经超出原来指定的地域范围。例如，招商银行、上海浦东发展银行、广东发展银行等商业银行的经营性分支机构分布全国。

尽管股份制商业银行在资产规模、机构数量和人员总数等方面相较于国有大型商业银行还有较大差距，但其资本、资产和利润的增长速度却已经开始超过国有大型商业银行，表现出较强的经营活力、强劲的增长势头，成为我国商业银行体系中一支富有活力的生力军，成为银行业乃至国民经济发展不可缺少的重要组成部分。

4. 城市商业银行

城市商业银行是我国金融监管机构对原信用社清产核资的基础上，通过吸收地方财政、企业入股组建而成的。从20世纪80年代初到90年代，全国各地的城市信用社发展到了5 000多家。但城市信用社在经营中却背离了合作制原则，实际上办成了地方性小商业银行。同时，其存在规模小、资金成本高、股东结构不合理、内控体质不健全等问题，导致其经营风险日益凸显。为了从根本上解决城市信用社的风险问题，国务院于1995年决定在城市信用社的基础上组建城市商业银行。城市商业银行的定位是：服务地方经济、服务中小企业、服务城市居民。从1995年第一家城市商业银行深圳市商业银行开业以来，城市商业银行以其快速扩张的能力在市场上抢占了一席之地。经过不断发展，城市商业银行已经逐渐成熟，为我国银行业改革作出了成功尝试。目前城市商业银行正处于新的发展阶段，相当多的城市商业银行已经完成了股份制改革，并通过各种途径逐步消化历史上的不良资产，降低不良贷款率，转变经营模式，在当地占有了相当大的市场份额。其中，更是出现了北京银行、上海银行和南京银行这样发展迅速，已经跻身于全球银行500强行列的优秀银行。

5. 农村商业银行

我国的农村商业银行源于原农村信用社的股份制改造，是在原农村信用社的基础上，由民营银行、股份公司、有限责任公司、自然人出资组成的地方股份制银行，是为地方经济服务的一级法人的地方性商业银行。自2001年11月第一家农村商业银行——张家港农村商业银行正式成立伊始，我国农村商业银行在中国金融舞台上开始了艰苦的历程。我国农村商业银行作为国内农村金融机构的代表，自创立以来，经历了体制、机制的蜕变，凭借灵活的机制和高效的决策获得了自己的生存发展空间，同时也对促进经济的发展、金融改革，尤其是支持新农村建设和地方中小银行的发展壮大起了极其重要的作用。

当前，我国农村商业银行进入加速发展阶段，不但地方银行IPO迎来破题之年，农信社改制之路也正快步前行。在银监会全力推动之下，各地组建农村商业银行的步伐明显提速。而重庆农商行的赴港成功上市以及多家农商行齐现上市申请名单，也表明了我国农商行良好的发展势头。

6. 外资或合资商业银行

随着我国加入WTO和金融机构的对外开放，我国开始引进外资金融机构。我国对外资金融机构的引进主要采取了三种形式：一是允许其在我国设立代表处；二是允许其设立业务机构（分行或分公司）；三是允许其与我国金融机构设立中外合资金融机构。

外资银行的陆续进入，有利于引进外国银行的资本和先进的管理经验，但同时也加剧了金融业的竞争。这既为国内金融业的发展提供了机遇，也对其提出了挑战。国内金融机构只有转换经营机制、提高管理水平，才能适应市场、接受挑战。

在我国主要的外资银行有花旗银行、渣打银行、汇丰银行等。

（五）非银行金融机构

非银行金融机构是我国金融体系的有机组成部分。目前，我国主要的非银行金融机构有以下几种：

1. 保险公司

保险公司是经营保险和再保险业务的金融机构。其主要任务是：组织和集聚保险基金，建立社会经济补偿制度，保持生产和人民生活的稳定，增进社会福利；经营国内外保险和再保险业务，以及与保险业务有关的投资活动，促进社会生产、商品流通和对外贸易的发展。目前，我国国内保险市场上正式营业的中外保险公司已有40多家。图4-3是国内常见的几家保险公司的标识。

图 4-3　国内常见的保险公司的标识

2. 信托投资公司

信托投资公司是经营信托投资业务的金融机构。我国的信托投资公司有三种类型：国有商业银行附属的信托投资公司；全国性的信托投资公司，如中国国际信托投资公司和上海爱建信托投资有限责任公司等；地方性信托投资公司，是地方政府为促进本地区和国外的经济技术合作而在大中城市建立的信托投资公司。信托投资公司的业务范围包括：吸收信托存款；经营委托贷款与投资及信托贷款与投资；从事融资性租赁；办理担保与代理业务；经营有价证券的发行和买卖以及在境外发行外币有价证券；筹措境外外币借款；经营外汇信托投资业务等。

3. 证券公司

证券公司是专门从事有价证券买卖及相关业务的金融机构。其主要业务有：推销政府债券、企业债券和股票，代理和自营买卖已上市流通的各类有价证券，参与企业收购、兼并，充当企业财务顾问等。图 4-4 是常见的几家证券公司的标识。

图 4-4　常见的证券公司的标识

4. 财务公司

我国的财务公司多为企业集团内部集资而成。其宗旨和任务是为本企业集团内部集资或融通资金，一般不得在企业集团外部吸收存款。财务公司在业务上受中国人民银行领导和管理，在行政上则隶属于各企业集团。其主要业务有：人民币存款、贷款、投资业务；信托和融资性租赁业务；发行和代理发行有价证券等。

5. 金融租赁公司

我国的金融租赁公司起始于20世纪80年代。其主要业务有：用于生产、科研、办公、交通运输等动产、不动产的租赁、转租赁、回租租赁业务；前述租赁业务所涉及的标的物的购买业务；出租物和抵偿租金产品的处理业务；向金融机构借款及其他融资业务；吸收特定项目下的信托存款；租赁项目下的流动资金贷款业务；外汇及其他业务。

（六）中国银行业协会

中国银行业协会是由中华人民共和国境内注册的各商业银行、政策性银行自愿结成的非营利性社会团体，经中国人民银行批准并在民政部门登记注册，是我国银行业的自律组织。中国银行业协会及其业务接受中国人民银行的指导、监督和民政部的管理。中国银行业协会的成立，解决了银行同业之间的约束和自律问题，进一步完善了我国金融监管体制和银行业的运行环境，标志着中国银行业自我约束、自我管理的进一步成熟，标志着有序竞争的金融市场环境的进一步完善。

二、我国香港地区的金融机构和体系

（一）香港金融管理局

香港没有中央银行，中央银行的一些基本职能由香港金融管理局承担。香港金融管理局是1993年由外汇基金管理局和银行监理处合并而成的政府金融管理机构。其主要职责是：负责制定及执行金融政策；监管货币及外汇市场的运作，并在需要时调节货币市场运作，以维持市场稳定；管理外汇基金的资产，发展香港的金融市场；管理公债市场，监督银行业条例下认可的机构。

（二）香港三家发钞银行

香港金融管理局的上述职能与一般中央银行的职能大致相符，但与一般中央银行不同的是其不发行货币。香港货币即港元，是由政府通过法律授权商业银行发行的。目前，发行港元的三家银行是汇丰银行、渣打银行和中国银行，其发钞量占市场流通量的比例分别为80%、15%和5%。

（三）香港银行公会

香港银行公会是由香港政府专门立法成立的组织。香港政府的许多政策意图都是通过银行公会组织向社会披露，并将若干事务交由银行公会处理，利用银行公会加强银行业自身调节和自律，从而达到协助监管的目的。

（四）银行三级制

1981年，香港政府当局对金融体制进行改革，对《银行业条例》和《接受存款公司条例》进行了修改，确立了持牌银行、持牌接受存款公司和注册接受存款公司三级制的构架，并对三级机构分别制定了明确的标准、限制和业务的划分，从而建立起三级银行体制。

1990年，香港政府对上述体制进行了改革，把持牌接受存款公司改为有限制持牌银行，把注册接受存款公司改为接受存款公司，并提高了对三级机构的最低实收资本金的要求。持牌银行的最低实收资本为1.5亿港元；有限制持牌银行的最低实收资本为1亿港元；接受存款公司的最低实收资本为2 500万港元。对最低资本金的规定，使接受存款公司中实力较强者升格为有限制持牌银行，较弱者被淘汰。这次改革使得各类存款机构的分类更合理，有利于对银行业的统一监管和银行体系的稳定。

持牌银行是全面经营银行业务的商业银行，它由两类银行组成：一类是外资银行和由外国银行持股达25%以上的本地银行；另一类是本地华资银行和中国银行集团。持牌银行是香港唯一可以经营企业往来账户和储蓄账户业务的正规银行。

有限制持牌银行具有商业银行的性质，主要从事投资银行及资本市场业务，并可接受任何期限的公众存款，但存款额不得少于50万港元。至于所定的利率，有限制持牌银行不受任何限制。

接受存款公司多是银行的附属机构，且很多公司规模都不大。接受存款公司可办理10万港元以上的期限超过3个月的存款，利率不受限制，不办理活期储蓄和短期（少于3个月）存款业务。基于资金规模的考虑，这些公司主要从事消费融资和提供住房贷款。

此外，香港还有众多的非银行金融机构，主要是保险公司，包括人寿保险公司、财产及灾害保险公司、政府保险公司等，以及证券公司、期货交易所会员公司、单位信托、养老基金和信用合作社等。

第三节　商业银行

一、商业银行及其组织形式

（一）商业银行的性质和地位

1. 商业银行是企业

商业银行具备现代企业的全部基本特征，无论是经营目标还是经营原则，都与现代企业一样，以获取利润作为其经营的目的。商业银行一方面吸收社会闲置货币资金，另一方面又以贷款或投资的形式将货币资金投放于社会再生产，并从中取得利息和收益。

2. 商业银行是金融企业

商业银行在经营对象上不同于一般企业，是以金融资产和金融负债为经营对象。也就是说，商业银行经营的是特殊的商品，即货币和货币资本，而不是以使用价值形态存在的普通商品。

3. 商业银行是一类特殊的金融企业

商业银行与其他各种专业银行及非银行金融机构相比，业务更综合，功能更齐全，为客户提供几乎所有的金融服务，被称为“金融百货公司”。在金融体系中，其经济实力占绝对地位。而且，商业银行是唯一可以经营活期存款的金融企业，具有信用创造能力，强烈地影响着货币供应量。因而，商业银行就成为中央银行监管的主要对象。

（二）商业银行的类型和组织形式

1. 商业银行的类型

在西方各国，商业银行的发展基本遵循两大主流模式，即职能分工型商业银行和综合型商业银行。

（1）职能分工型商业银行。职能分工型商业银行又称分离型商业银行，是指主要从事短期性金融业务的商业银行，以经营工商企业短期存放款和提供结算服务为基本业务，与其他金融机构有明确的分工。在历史上，英国、美国、日本等国曾长期采用此模式。但自20世纪70年代以来，伴随着金融自由化和金融创新的浪潮，商业银行传统的分工界限已被突破，开始趋向全能化、综合化经营。

（2）综合型商业银行。综合型商业银行又称全能型商业银行，是指可以经营长短期资金融通以及其他所有金融业务的商业银行。德国、瑞士、奥地利等国长期采用这种模式，其中以德国尤为典型。采用这一模式的优点主要有：一是能向客户提供全面的、综合的服务；二是可以调剂银行各项业务盈亏，通过业务多元化分散风险，从而有利于银行的经营稳定；三是可以增强与客户的全面联系；四是有利于提高商业银行的综合竞争力。

2. 商业银行的组织形式

一个国家商业银行的组织形式，受该国社会经济环境、经济发展程度及政治、法律制度的影响。目前各国商业银行制度有以下几种：

（1）单元制。单元制又称为单一银行制，是指银行业务完全由一个独立的银行机构经营，而不设立或不允许设立任何分支机构的银行组织制度。这种制度以美国为代表，其银行法一般禁止或限制银行开设分支行。

单元制的优点在于：不易产生垄断，从而能提高银行服务质量；独家银行经营成本相对较低；独家银行与当地经济关系密切，主观和客观上都能促进当地经济的发展。随着经济的发展和地区经济联系的加强，金融业竞争加剧，以单元制为特征的美国银行的组织制度也发生了巨大变化，其发展趋势是银行分支机构增多，银行分支网络化。

（2）分支行制。分支行制又称为多元制，是法律上允许商业银行在国内外设立分支机构的一种银行组织制度。目前，世界上大多数国家的商业银行都采用这种制度，比较典型的是英国。

实行分支行制的商业银行总行一般设在大城市，在市内、国内及国外普遍设立分支行。其优点是：银行规模可按业务发展而扩充，便于实现规模经济效益；各分支行之间能相互调度资金，提高资金使用效率；投资和放款分散于各地，符合风险分散的经营原则，银行安全性大大提高；商业银行数额相对较少，为中央银行实现货币政策目标、调控金融提供了有利条件。

（3）控股银行制。控股银行制又称为集团银行制，是指由某集团成立股权公司，再由该公司收购或控制两家以上银行的银行组织制度。这种股权公司既可以由非银行的大型企业组建，也可由大银行组建。被控制和收购的银行在法律上完全独立，但业务经营权受股权公司控制。这种形式在美国最为流行。由于美国许多州都通过立法禁止或限制银行开设分支行，因此，实行银行持股公司制可以规避对设立分支行的种种限制。其优点是：比小银行更有效率，可以降低成本；持股公司可为银行更有效地集中资金；持股公司下属企业集中经营非银行业务产品和服务，多种经营增加了银行的盈利。

（4）连锁银行制。连锁银行制是一种联合制，它不需要成立股权公司，而是由某一个人或集团购买两家或两家以上的独立银行的多数股份，从而取得对这些银行控制权的一种银行组织制度。这些银行在法律上保持独立，但其经营决策权却由某人或集团控制和操纵。连锁银行制流行于美国中西部。银行持股公司制和连锁银行制的共同之处是通过控股方式实现对银行的控制，所不同的是连锁银行制在形式上并不存在控制集团。

（5）代理银行制。代理银行制也称为往来银行制，是指银行间签订代理协议，委托对方银行代办指定业务的一种银行组织制度。被委托的银行为委托代理行，相互间的关系则为委托代理关系。代理银行制在国际上非常普遍，代理制最为发达的是美国。

二、商业银行的业务

商业银行经营的业务很多，按客户的国别不同，可分为国内业务和国际业务；按经营业务间的相互联系，可分为基本业务和派生业务；按经营业务的性质，可分为负债业务、资产业务和中间业务。负债业务和资产业务合称为信用业务，中间业务则属于服务性业务。

（一）负债业务

商业银行是经营货币资金的企业，负债业务是商业银行最基本和最主要的业务。商业银行通过负债业务来筹集资金，这是商业银行经营的基础。负债规模决定商业银行的资产规模。负债业务主要包括资本金和吸入资金两类。资本金是银行的自有资本，吸入资金又有存款和借款之分，其中存款业务最为重要。

1. 资本金

资本金是商业银行开业、经营和发展的前提条件。商业银行作为金融企业，和其他工商企业一样，必须具备一定数额的自有资本。商业银行拥有的资本越雄厚，越能得到存款人的信任并吸收更多的存款。

由于银行的组织形式不同，银行资本金的来源也有所不同。凡由国家组织的商业银行，其资本金主要来自政府财政拨付的信贷基金；凡是以公司形式组织的商业银行，其资本金来自股份资本、储备资本及未分配利润。当然，银行资本金也可能来自个人资本或合伙资本。

由于商业银行是专门从事货币信用活动的金融机构，作为信用中介机构和信用创造机构，决定了它所拥有的自有资本在全部资金来源中所占的比重较小。2010 年的《巴塞尔协议Ⅲ》规定，银行的资本充足率不得低于 8%，核心资本充足率不得低于 6%。商业银行的自有资本一般包括普通资本、优先资本和其他资本。普通资本是商业银行自有资本中最基本的形式，包括普通股、资本盈余和未分配利润等。优先资本是在股息分配和资产清偿上先于普通资本的资本，包括优先股、资本性票据和资本性债券以及可转换债券等。其他资本是指商业银行普通资本和优先资本以外的资本，通常包括资本损失准备金、贷款损失准备金和证券损失准备金等。这些准备金都是商业银行为了应付各种意外事件，按一定比例从税前利润中提取的，当资本金不足或者发生损失时，用于进行补偿的准备金。

严格意义上而言，商业银行的自有资本并不是商业银行的负债，而是股东产权，但它是商业银行资金来源的重要组成部分。一方面，资本金作为商业银行承受资产风险损失的物质基础，为商业银行债权人的利益提供保障；另一方面，它构成了提高商业银行竞争能力的物质保证。

2. 存款

存款是商业银行负债业务中最重要的业务，是商业银行经营资金的主要来源，是商业银行全部经营中起支配作用的基本部分。银行资本金主要发挥信用保证的作用，而存款负债业务则体现商业银行的经营水平、信贷规模和竞争能力。商业银行存款的种类很多，按照不同的标准可作不同的划分。大多数商业银行是按提取方式来划分存款种类的。

（1）活期存款。它是相对于定期存款而言的，是储户不需要预先通知便可随时提取或支取利息的存款。这种存款主要是为满足客户支取方便、运用灵活的需要，同时也是客户取得银行放款和债务的重要条件。活期存款是受政府、企业和个人欢迎的存款形式。

活期存款是商业银行的重要资金来源，也是商业银行创造信用的重要条件。但是，由于活期存款的流动性比较大、存取频繁、手续复杂、风险较大，并需要提供许多相关的服务，如存取服务、转账服务、提现服务和支票服务等，因此成本比较高。尽管如此，经营活期存款对商业银行来说还是有许多有利之处：银行可以运用活期存款的稳定余额，不需支付较高的利息；支票多用于转账而不是提现，因此，银行可以周转使用，进行信用扩张，创造派生存款；还可以扩大与客户的信用联系，争取客户，增加存款，扩大放款。各国中央银行对商业银行吸收的活期存款，一般都规定较高的存款准备金率。

（2）定期存款。它是商业银行的又一重要资金来源。与活期存款不同，这是一种与储户预先约定期限，一般到期才能支取的存款。定期存款的特征是：银行与客户之间有约定的义务，客户不能随时支取。在提前支取的情况下，银行有不同的处罚措施。另外，由于期限确定，定期存款支付的利息比其他存款高。定期存款期限通常为3个月、6个月和1年，也有3年、5年甚至更长时间的，其利率随期限的长短而不同。由于定期存款存期固定且期限较长，从而为商业银行提供了稳定的资金来源，有利于商业银行的长期放款和投资。定期存款所要求的存款准备金率低于活期存款，且定期存款业务手续简便、风险小。

（3）储蓄存款。储蓄存款多是个人为积蓄货币和取得利息收入而开立的存款账户。这种存款通常由银行发给储户存折，作为存款和提款的凭证，不能据此签发支票，支用时只能提取现金或先转入储户的活期存款账户。储蓄存款通常限于个人和非营利性组织。储蓄存款的利率比活期存款的利率高，但比其他类型存款的利率低。

3. 借款

借款又称非存款性负债，是指商业银行通过金融市场或直接向中央银行融通的资金。由于存款水平的波动，使商业银行非常注重非存款性来源，或弥补法定准备金的暂时不足，或应付紧急提款之用。

（1）向中央银行借款。商业银行为解决临时性或季节性的资金需要，可以通过再贴现、再抵押和再贷款的方式向中央银行借款。再贴现是指商业银行持对客户贴现得来的未到期的商业票据，向中央银行再次贴现取得资金融通。再抵押是指商业银行将自己对客户承做的抵押贷款向中央银行再次抵押，以获得资金周转。充当抵押物的可以是商业票据、银行承兑汇票和政府债券等。再贷款是指中央银行向商业银行的贷款，可以是信用贷款，也可以是抵押贷款。一般说来，中央银行对再贷款的控制比再贴现更严，条件也更苛刻。

向中央银行借款的利率对银行贷款的利率水平有很大的制约作用，从而成为中央银行调节和控制银行信用规模的手段。

（2）同业拆借。同业拆借是指商业银行向往来银行或通过同业拆借市场向其他金融机构借入短期性资金而形成的银行借款负债。一般情况下，银行同业拆借是通过各自在中央银行的存款账户进行的，实际上是超额准备金的调剂，因此，银行同业拆借的资金又称中央银行基金，在美国称为联邦基金。同业借款在方式上比向中央银行借款灵活，手续也比较简单，有利于商业银行吸收资金和满足流动性需要。同业拆借市场是一种利率与资金供求关系十分敏感的市场，其利率往往被作为货币市场利率的标志。此外，商业银行在资金紧张、周转不畅的情况下，也可通过转贴现、转抵押的方式向其他银行借入资金。

（3）回购协议。回购协议作为商业银行的一种借款方式，是指商业银行以出售政府债券或其他证券的方式暂时性地从客户处获得闲置资金，同时订立协议，约定在将来某一日再购回等量证券偿付客户的一种交易方式。其通常的做法是，双方同意按相同的价格出售和回购证券，回购时，其金额为本金加双方约定的利息金额。另一种定价方法是，把回购价格定得高于原出售价格，其差额就是合同收益率。回购协议期限短，交易证券又是政府发行的证券，因而是安全可靠的短期融资。

（4）发行金融债券。这是商业银行为筹集比较稳定的信贷资金或特定用途贷款的资金，通过向社会公开发行银行债券而形成的一种借款负债。发行金融债券是银行的一项特殊负债。金融债券、固定利率或浮动利率的定期存单及本票等都是商业银行常用的市场借款工具。银行通过发行金融债券等筹集的资金无须向中央银行缴存存款准备金，因而得到的实际可用资金多于同等数量的存款资金。此外，市场借款的期限根据银行的需要确定，债权人不能要求提前清偿，其稳定性比定期存款好。市场借款成为商业银行吸收长期资金的重要工具，它具有相当的灵活性。商业银行除了在国内市场上取得借款外，还经常从国际金融市场借款以弥补资金的不足。

此外，商业银行在为客户提供非现金结算服务以及在同业往来过程中，还可以临时占有客户的资金，作为自己的资金来源。

（二）资产业务

商业银行的资产业务是指商业银行运用其经营资金从事各种信用活动的业务，主要有现金资产、信贷业务和投资业务三种形式。

1. 现金资产

商业银行吸收存款后要保持部分现金，现金资产为银行的一线准备，主要包括在中央银行的存款、库存现金、存放同业的存款和托收未达款。现金资产具有完全的流动性，但无收益。为维持银行业务，必须作收益上的牺牲，这是保持银行安全的第一道防线。但现金资产持有量过多，则不符合银行的盈利原则。

2. 信贷业务

银行的信贷业务是指银行的贷款业务和贴现业务，是商业银行主要的传统业务。

（1）贷款业务。在商业银行资金运用中，贷款不仅是重要的盈利资产之一，而且也是银行扩大影响、树立良好形象的重要手段。通过向信用可靠的借款人发放贷款，不仅能建立和加强与客户的关系，还能增强银行出售其他金融服务的能力。根据不同期限、不同条件以及不同用途，贷款可以分为不同的种类。例如，按贷款期限不同，贷款可分为短期、中期和长期贷款；按贷款条件不同，贷款可分为信用贷款、抵押贷款和担保贷款；按用途不同，贷款可分为工商企业贷款、不动产贷款、消费者贷款和证券贷款等。

（2）贴现业务。贴现业务在形式上是票据的买卖，但实际上是一种特殊形式的放款。票据贴现，是指贷款人以购买借款人未到期商业票据的方式发放的贷款。银行买进票据，等于通过贴现间接地给票据持有人发放了一笔贷款。从形式上看，贴现是银行买入借款人手中的票据，但实质上是银行为出票人预付票款，即借款人以票据作抵押向银行融通资金，等票据到期，银行再向票据债务人收回垫付的资金。因此，票据贴现是一种特殊形式的担保贷款。可贴现的票据大致有：银行承兑汇票、商业承兑汇票、商业本票、银行票据和政府债券等。

3. 投资业务

商业银行的投资业务是指银行购买有价证券的活动，是商业银行一项重要的资产业务，是银行收入的主要来源之一。商业银行购买的有价证券包括债券（国库券、公债券、公司债券）和股票。但对股票的购入，一般国家都加以限制或禁止。目前，各国商业银行的有价证券投资主要用于购买政府的债券。我国的商业银行投资品种主要有：政府债券、金融债券、企业债券或公司债券。

银行投资的目的是获取收益，同时也作为二线准备，增加银行资产的流动性，实现资产的多样化，降低风险。当贷款需求减弱或贷款收益率较低、风险较大时，把一部分资金转到投资上，是商业银行维持盈利水平的重要途径，同时也使商业银行资产组合多样化，有利于降低经营风险。另外，由于政府债券和其他流动性较强的有价证券可以在几乎不受损失的情况下及时抛售出去，换回现金，所以投资于有价证券，比增加库存现金和在中央银行存款更能维持流动性。

（三）中间业务

中间业务是指商业银行不需动用自己的资金，而是利用银行设置的机构网点、技术手段和信息网络，代客户办理收款、付款和其他委托事项，收取手续费的业务。现代商业银行运用金融营销手段，不断开拓中间业务的新领域，从而使中间业务收入成为银行利润的重要组成部分。这些业务主要有以下几种：

1. 转账结算

转账结算又称非现金结算和划拨清算。它是指银行为那些用收取或签发书面的收款或付款凭证代替现金流通来完成货币收支行为的企业、单位或个人提供技术性中介服务，用划转客户存款余额的办法来实现货币收付的业务活动，是商业银行主要的中间业务之一。结算业务是从商业银行的存款业务中衍生出来的一种业务，它是由商品交易、劳务供应、资金调拨、款项往来等发生的货币收付行为以及债券的清算所引起的。

我国商业银行结算的基本原则主要是遵循中国人民银行出台的《银行结算办法》，具体如下：

（1）恪守信用，履约付款。这条原则的规定，主要是确定结算当事人，包括出票人、付款人、收款人等的权利和义务。

（2）谁的钱进谁的账，由谁支配。这一原则是为保护客户的资金所有权（使用权）和客户对资金的自由支配权而确定的。

（3）银行不垫款。银行在办理结算过程中处于支付中介地位，只负责把付款单位账户上的款项划转到收款人账户，以实现商品交易等经济活动的清算，银行不承担替任何单位垫付任何款项的责任。

2. 信托业务

信托业务是指银行以受托人的身份，接受客户委托代为管理、营运、处理有关钱财的业务活动，它是商业银行重要的中间业务。信托不同于代理，在信托关系中，托管财产的财产权即财产的占有、管理、经营和处理权，其从委托人转到受托人，而代理则不涉及财产权的转移。

根据信托内容，信托可以分为财产管理信托和资金信托两大类。一般信托专业公司两类皆可经营，以前者为主；银行的信托部以经营资金信托业务为主，并且必须与银行的其他业务完全分开，会计上相互独立。我国现实行分业管理，商业银行不允许经营信托业务。

3. 租赁业务

租赁是指资产的所有权和使用权之间的一种借贷关系，即由所有者（出租人）垫付资金购买设备租给使用者（承租人）使用，并按期以租金形式收回资金。我国银行业从20世纪70年代末开始经营融资性租赁业务，主要由信托部经营。目前，由于实行分业经营，商业银行信托部取消了，所以该业务也被终止了。

4. 保管箱业务

银行诞生后，把单纯保管货币扩展为可代保管一切物品。出租保险箱是银行为顾客保管物品的较好形式，它安全可靠、保密性好、租金低廉。银行设置了大小不同的保险箱供客户用以保管贵重物品、重要文件和现金等。

5. 咨询服务业务

商业银行凭借广泛的信息来源、资深的专家和现代化设备的优势，向政府、企业或个人提供咨询服务，包括财务分析、验资、资信调查、商情调查、金融情报等，既可满足客户需要，又加强了银行与客户的密切联系，为银行扩大经营规模、增强竞争力创造了条件。

（四）表外业务

表外业务是指商业银行所从事的，按照现行的会计准则不计入资产负债表内，不形成现实资产负债，但能增加银行收益的业务。它是有风险的经营活动，共有以下三种类型：

1. 担保类业务

担保类业务是指商业银行接受客户的委托对第三方承担责任的业务，包括担保（保函）、备用信用证、跟单信用证、承兑等。

2. 承诺类业务

承诺类业务是指商业银行在未来某一日期按照事先约定的条件向客户提供约定的信用业务，包括贷款承诺等。

3. 金融衍生交易类业务

金融衍生交易类业务是指商业银行为满足客户保值或自身头寸管理等需要而进行的货币和利率的远期、掉期、期货、期权等衍生交易业务。

三、商业银行的经营管理

（一）商业银行的经营原则

1. 安全性

安全性原则是指商业银行在经营过程中使银行资产、收入、信誉以及所有经营生存条件免遭损失，保证银行的稳健经营与发展的经营理念。银行资产的风险主要来自两个方面：一是市场风险，具体有利率风险、汇率风险等；二是信用风险或违约风险，即由于借款人拖欠，使借款本息不能按时足额收回的可能性。各风险的发生，都会给银行资产造成不同程度的损失，轻者发生亏损，重者则会使银行倒闭。所以，银行首先要坚持安全性原则。

2. 流动性

流动性原则是指商业银行在经营过程中拥有以不损失价值为前提的变现能力。银行的流动性具体体现在资产和负债两个方面。资产的流动性是指银行资产在不发生损失的条件下迅速变现的能力；负债的流动性是指银行能以较低的成本随时获得所需资金的能力。流动性问题实际上就是银行的清偿力问题。银行要保持绝对的清偿力是不现实的，这与银行追求利润的目标是矛盾的，因而商业银行经营所追求的是相对清偿力，这就需要维持银行资产与负债的某种平衡。

3. 盈利性

盈利性原则是指商业银行的经营以获取最大利润为动机的原则。盈利性是推动商业银行改进服务、开拓业务和改善经营管理的内在动力。

商业银行经营的安全性、流动性和盈利性这三个原则，既有统一的一面，又有矛盾的一面。从总体上说，安全性与流动性是正相关的，流动性较强的资产，一般风险较小，安全性也就较高；而安全性、流动性与盈利性往往是矛盾的，流动性较强、安全性较好，盈利性也就较低；而盈利性较高的资产，往往流动性较差且风险较大。这就要求处理和协调好这三者之间的关系，在这三者之间寻求一种平衡，即最大限度地兼顾安全性、流动性和盈利性各自的要求。

（二）商业银行的资产负债管理

1. 资产负债管理的概念

资产负债管理就是商业银行在业务营运过程中，按照客观经济规律，运用科学的管理体系和管理手段，对经营的各类资产与负债进行的计划、控制与调节，使之在总量上均衡、结构上优化，从而实现流动性、安全性和盈利性之间的协调平衡，以达到自我控制、自我约束、自我发展的目的。它是一种以多种比例为控制手段，资产管理与负债管理并重的管理制度。

2. 资产负债管理的理论

资产负债管理，在西方商业银行已经历了几百年的历史，随着商业银行发展的各个历史时期经营条件的变化，逐步形成了比较系统、科学的银行经营理论，主要包括资产管理理论、负债管理理论和资产负债综合管理理论。

（1）资产管理理论。在商业银行产生以后的相当长的时期内，银行信奉资产管理理论，认为银行的资金来源主要是存款，利润来源主要在于资产业务，银行能够主动加以管理的也是资产业务，而负债则取决于客户是否愿意来存款，银行是被动的。因此，银行经营管理的重点在资产方面，着重于如何恰当地安排资产结构和在资产上如何协调盈利性、安全性和流动性的关系。

资产管理的主要内容：一是贷款资产的管理，包括贷款种类的设置与管理、贷款流动性管理、贷款风险管理和贷款盈利性管理；二是现金资产的管理；三是证券资产的管理。

（2）负债管理理论。20世纪60年代以前，资产管理理论支配着商业银行的经营管理。60年代以后，商业银行业务经营管理的重心发生了变化。负债管理理论认为，银行可以主动管理负债，通过积极竞争来争取活期存款、定期存款和储蓄存款，以及向货币市场、中央银行借款来影响资金来源。负债管理理论的核心思想是，负债不是既定的，而是可以由银行加以扩张的，对于资金来源，银行是可以控制的。目前，国外商业银行对外借款的主要方式有以下几种：一是发行大额可转让定期存单；二是向中央银行借款；三是向同业拆借；四是向国际货币市场借款。

负债管理的主要内容包括：一是对存款负债的管理；二是对资本金的管理；三是对借入资金及其他负债的管理。

（3）资产负债综合管理理论。资产负债综合管理理论是银行经营管理理论的一次大转变，发生在20世纪70年代末。其基本思想是：从资产和负债两方面综合考虑，加以对照并进行分析，根据银行经营环境的变化，以及资产与负债之间的内在联系，协调各种不同的资产与负债，在利率、期限、风险和流动性等方面进行搭配，作出最优化的组合，实现盈利性、安全性和流动性的要求。

资产负债综合管理，对商业银行管理产生了积极的影响。银行运用现代化管理方法和技术手段，以资产负债各科目之间的"对称性原则"为基础，促进银行资产与负债在规模、结构上的协调，缓和了负债经营中产生的"借短放长"等矛盾，增强了单个银行抵御风险的能力，使银行业务管理日趋完善，决策更具科学性。

3. 资产负债管理的方法

（1）资金汇集法。这种方法不考虑各种资金来源的性质，而是把各项负债集中起来，按银行的经营需要进行分配。分配时首先考虑资金的流动性。

（2）资产分配法。银行在选择资产种类时，首先考虑负债结构的特点，按法定准备金比率的高低和资金周转速度来划分负债的种类，并确定相应的资金投向，把资金来源波动较大的资金分配到流动性较强的短期资产上，把资金来源稳定性较高的资金安排到长期资产运用上。

（3）缺口管理法。缺口大体分为两类：第一类是以利率匹配形成的缺口；第二类是以期限匹配形成的缺口。银行可通过扩大或缩小缺口的幅度，来调整资产和负债的组合和规模。

（三）我国商业银行资产负债比例管理

随着金融改革的深入和金融市场的发展，资产负债管理越来越受到重视。中国人民银行为了加强对商业银行实行资产负债比例管理，颁发了《关于对商业银行实行资产负债比例管理的通知》，规定了商业银行实行资产负债比例管理的暂行监控指标，具体如下：

1. 资本充足率

资本总额与加权风险资产总额的比例不得低于8%。其中，核心资本，包括资本金、未分配利润等不低于4%；附属资本不得超过核心资本的100%。

2. 存贷比例

各项贷款与各项存款之比不超过75%。

3. 中长期贷款比例

1年期以上（含1年期）的中长期贷款与1年期以内的存款之比不得超过120%。

4. 资产流动性比例

流动性资产与各项流动性负债的比例不得低于25%。流动性资产、负债均以1个月为限。

5. 备付金比例

在中央银行的备付金存款和库存现金与各项存款之比不得低于5%～7%。

6. 单个贷款比例

对同一借款客户的贷款余额与银行资本余额的比例不得超过15%；对最大10家客户发放的贷款总额不得超过银行资本总额的50%。

7. 拆借资金比例

拆入资金余额与各项存款余额之比不得超过4%；拆出资金余额与各项存款余额之比不得超过8%。

8. 对股东贷款比例

对股东提供的贷款余额不得超过该股东已缴纳股金的100%，贷款条件不得优于其他客户的同类贷款。

9. 贷款质量指标

逾期贷款余额与各项贷款余额之比不得超过8%，呆滞贷款不得超过5%，呆账贷款不得超过2%。

当然，大力推行资产负债比例管理，逐步淡化以至最终取消规模控制。实行国际上通行的资产负债管理，还必须具备一系列条件，如政策性与商业性业务的分离；企业实行自主经营，利率实现市场化；银行自我管理制度的完善等。

四、商业银行的信用扩张与收缩

（一）商业银行信用创造的前提条件

1. 部分准备金制度

部分准备金制度又称存款法定准备金制度，即国家以法律形式规定存款机构的存款，必须按一定比例，以现金和在中央银行存款形式留有准备的制度。对于吸收进来的存款，银行必须按一定比例提取存款准备金，其余部分可用于放款。如果是100%的全额准备金制度，则根本排除了银行用所吸收的存款去发放贷款的可能性，银行就没有了创造存款的能力。部分准备金制度的建立，是银行信用创造能力的基础，对一定数量的存款来说，准备金比例越大，银行可用于贷款的资金就越少；准备金比例越小，银行可用于贷款的资金就越多。

2. 非现金结算制度

非现金结算也称转账结算。在现代信用制度下，银行向客户贷款是通过增加客户在银行存款账户的余额进行的，客户则是通过签发支票来完成其支付行为的。因此，银行在增加贷款和投资的同时，也增加了贷款额，即创造了派生存款。如果不存在非现金结算，银行就不能用转账方式发放贷款，一切贷款都必须付现，则无派生存款，银行也就没有创造信用的可能。

（二）原始存款和派生存款

商业银行的存款有原始存款和派生存款之分。派生存款是相对于原始存款而言的，这两种存款在银行贷款规模的决定和对社会货币供应量的影响方面发挥着不同的作用。原始存款即银行的最初存款，它是指商业银行接受客户的现金而直接形成的存款。派生存款是指商业银行以原始存款为基础，通过放款、贴现和投资等业务引申出来的存款，又称衍生存款或引申存款。简而言之，派生存款是由银行本身发放贷款而创造出来的存款。

原始存款和派生存款的主要区别如下：

1. 来源不同

原始存款是基础货币的一部分，而基础货币是通过中央银行资产业务注入流通的，因此，原始存款来源于中央银行。派生存款是直接由商业银行资产业务创造出来的，来源于商业银行，因此，中央银行对派生存款的控制是间接的。

2. 与基础货币的关系不同

原始存款是基础货币的一部分，它的增减只是流通中现金货币与存款货币的互为转变，并不引起社会货币供应量的变化。而派生存款是基础货币的增量，它的增减变动直接影响社会的货币供应量。

3. 地位不同

原始存款决定派生存款，派生存款处于被决定的地位。

4. 与商业银行准备金的关系不同

原始存款的变化，使银行的准备金相应发生变化；而派生存款的变化却与准备金无关。

（三）商业银行信用扩张的过程

为了说明商业银行体系如何创造信用，我们假定：第一，银行体系由中央银行及多家商业银行组成；第二，活期存款的法定准备金率为20%；第三，客户将其一切货币收入都存入银行体系；第四，准备金由库存现金及在中央银行的存款组成；第五，各商业银行只保留法定准备金而不持有超额准备，其余均用于贷款或投资。

假设客户甲向中央银行出售证券获得10 000元，并以活期存款的形式存入A银行。由于法定准备金率为20%，A银行只需以2 000元（10 000×20%）作为准备金，其余的8 000元全部贷出。

假定A银行将8 000元贷给客户乙，乙以借到的8 000元全部用来向C购买商品，C将收到的8 000元存入B银行。B银行在接受C的8 000元活期存款后，以20%的比率保留1 600元（8 000×20%）准备金，而将其余的6 400元全部贷出去。

假定B银行将6 400元贷给客户丙，而丙又将其全部用来购买D的商品，D将收到的6 400元全部以活期存款的形式存入C银行，C银行依法保留1 280元（6 400×20%）作为准备金，其余的5 120元全部贷出。C银行将5 120元贷给丁，丁又用于购买……这个过程可以无限地继续下去。在这个过程中，每家银行都在创造存款，法定准备金的增加过程等于最初的原始存款增加额。这也意味着由原始存款增加引发的存款扩张过程实际上也是这笔原始存款全部转化为法定准备金的过程。

若以R表示原始存款，D表示经过派生的存款总额，r（0<r<1）代表法定准备金率，则：

$$D = \frac{R}{r}$$

将以上数据代入公式，得：

$$D = \frac{10\,000}{20\%} = 50\,000(元)$$

派生存款额=D−R=50 000−10 000=40 000（元）

（四）商业银行信用收缩的过程

信用的收缩与信用扩张正好相反。假设法定准备金率还是20%，并假设银行系统没有超额准备。A银行的客户甲向中央银行购买10 000元证券，动用在A银行的10 000元存款，结果A银行的准备金和活期存款各减少10 000元，使其准备金率下降，低于法定准备金率。为此，A银行必须设法收缩贷款来恢复到法定准备金率。由于A银行对甲的10 000元存款仅仅保持了2 000元准备金，所以现在缺少储备8 000元。假定A银行向客户乙收回贷款8 000元，这样，资产方面贷款减少了8 000元，而准备金增加了8 000元，准备金比率则恢复到20%的法定比率。

假定A银行准备金所增加的8 000元是客户乙从B银行提款偿还A银行贷款形成的，并且B银行也没有超额准备，那么B银行也将减少贷款来达到法定准备金要求。这样，与存款扩张的过程是相对称的，经过各银行的辗转提存后，存款将以几何级数减少。这样，最初存款和准备金的减少额即10 000元，将导致存款减少50 000元，相当于最初减少额的5倍（$\frac{1}{r}=\frac{1}{0.2}$）。一般将这里的$\frac{1}{r}$称为存款乘数，可用K表示。

（五）存款乘数

通过以上分析可以看出，存款的变动和储备的变动显然存在着一种乘数或倍数关系，这种倍数关系就是存款乘数。因改变法定准备金率使活期存款得以扩张或紧缩所产生的这种倍数效应，就是乘数作用。其公式为：

$$K=\frac{1}{r}$$

在以上分析中，我们只考虑了法定准备金这一因素，但实际上还有其他漏出因素，具体如下：

1. 现金漏损

假设客户将所有货币收入都存入银行而不在手中保留现金，但事实上由于种种原因，他不会将所有收入都存入银行。漏损出来的现金，即公众保持在手中的现金将不会参与存款的创造。如果以h表示每1元活期存款中公众作为现金提取的比例，则活期存款乘数公式扩展为：

$$K=\frac{1}{r+h}$$

现金漏损比率h的大小取决于公众使用现金的习惯，同时受多种经济条件影响，如利率升高，人们会少持现金多存款，因而会降低h。

2. 超额准备

银行为保持流动性，经常持有超额准备以避免向央行借款或被迫出售短期证券，或用于在大面额可转让存单（CD）市场购买存单。不过，银行为了实现利润最大化，其持有的超额准备通常很少。假如e是每1元存款中银行持有超额准备的比例，那么活期存款乘数为：

$$K=\frac{1}{r+e+h}$$

超额准备率会使存款乘数的值降低，银行保留的超额准备不进入存款创造过程。超额准备对利率因素很敏感，在利率升高时，银行以大量超额准备发放贷款和投资，因而e较低；在利率降低时，银行就不愿意贷出所有超额准备，因而e较高。

3. 活期存款变为定期存款

随着活期存款的增加，其中有一些将转变为定期存款。由于法律规定，对非个人定期存款也要持有准备金，因此，如果活期存款转化为定期存款的比率为t，rt是定期存款的法定准备金率，那么1元活期存款中就有t×rt作为法定准备漏出，从而存款乘数进一步扩展为：

$$K=\frac{1}{r+e+h+t\times rt}$$

第四节　中央银行

一、中央银行的产生及类型

（一）中央银行产生的历史必然性

中央银行是在商业银行的基础上产生和发展起来的。从商业银行发展为中央银行，经历了一个较长的历史演变过程，它是经济发展的客观要求和必然结果。这种客观要求体现在以下几个方面：

1. 统一发行银行券和纸币的需要

随着银行业的发展，出现了一些发行银行券的银行。但随着发行银行的增加，市场流通的银行券日益增多和复杂化，于是出现了两个问题：一是由于经济危机日益频繁，破产的银行无法保证自己发行的银行券兑现，从而引起了经济上的混乱；二是限于各银行本身的财力和信用，发行的银行券不仅数量有限，而且流通的范围较窄，不能适应商品生产和商品流通发展对货币的需求。因此，在客观上，其需要一个具有权威性且资本雄厚的大银行来集中发行货币，并能在全国范围内流通和保证兑现，以克服分散发行造成的混乱局面。

2. 统一进行票据交换和清算的需要

随着信用的迅速发展和银行业务的不断扩大，银行每天收付的票据大量增加，各银行之间的债权债务关系也日趋纷繁复杂。然而，由于没有一个统一的、公正的票据清算机构，银行间债权债务的清算变得困难重重。因此，在客观上，其要求建立一个全国统一的、有权威的、公正的清算中心，以便解决商业银行间的票据交换与清算问题。

3. 商业银行要求有一个“最后贷款人”的需要

随着生产的发展和流通的扩大，对贷款的要求不仅数量增多了，而且期限也延长了。商业银行如果仅用自己吸收的存款进行放款，则远远不能满足社会经济发展的需要，而增加银行券的发行，则要受到种种限制，同业拆借也只能解决小额的临时困难。另外，存款过多地用于放款，会削弱银行的清偿能力，影响银行经营的安全与稳定，特别是在经济危机爆发之际，许多银行往往由于支付能力不足，发生挤兑以致破产的情况。于是，有必要适当集中各家银行的一部分现金准备，当某家银行发生资金周转困难时，可予以必要的支持。这在客观上就要求有一个商业银行的“最后贷款人”为其充当后台，以保证在其发生困难时，给予贷款支持。

4. 统一进行金融监管的需要

金融活动的正常进行关系到整个经济的顺利发展。随着金融业的发展，机构日益增多，其业务范围日趋扩大，同业之间的竞争日渐激烈，政府需要有一个统一的、有权威的金融机构来加强对全国金融机构和金融市场的管理与监督，以规范和调节其业务活动，并代表国家处理有关国际金融事务。

（二）中央银行的发展

1. 中央银行的初创阶段

17世纪中叶至1843年是中央银行的初创时期。公认最早的全面发挥中央银行作用的是1694年设立的英格兰银行，该银行被世界公认为近代中央银行的鼻祖。在初创阶段，中央银行的特点是尚未完全垄断货币发行权，并非专一行使中央银行职能。

2. 中央银行的成长阶段

1844年至20世纪30年代是中央银行的成长完善时期。1844年，英国国会通过了《皮尔条例》，规定英格兰银行是唯一的货币发行银行，将英格兰银行分成发行部和银行部两个部分，发行纸币与银行业务分开，银行业务不干预货币发行，从此奠定了现代中央银行组织的模式。随着英格兰银行地位的提高，许多商业银行把自己现金准备的一部分存入英格兰银行，商业银行之间的债权债务关系通过英格兰银行划拨清算。这样，英格兰银行就逐步确立其中央银行的地位，成为中央银行的典范，其他国家纷纷效仿。至1900年，主要的西方国家都设立了中央银行。

美国的中央银行成立稍晚，直至1907年发生金融危机后，美国政府才意识到中央银行的重要性，遂于1913年通过了《联邦储备法案》，确立了中央银行制度。

第一次世界大战以后，主要资本主义国家先后放弃了金本位制。由于金融恐慌，货币制度混乱，各国面临着重建货币制度的问题。这时，大多数国家开始意识到建立中央银行对稳定金融、活跃经济的重要性。特别是1920年的布鲁塞尔国际经济会议决定，凡是还未成立中央银行的国家，应尽快成立中央银行；已经成立中央银行的国家，要进一步发挥中央银行的作用，强化中央银行的职责和地位。此后，除少数国家外，世界上绝大多数国家都先后组建了中央银行。

3. 中央银行的成熟阶段

第二次世界大战以后是中央银行的成熟时期。这一时期，发达国家的中央银行掀起了国有化浪潮，并不断增强中央银行的独立性；大部分发展中国家也纷纷建立起国有资本形式的中央银行制度，以推动金融自由化发展。特别是20世纪80年代以后，重视货币政策、减少政府干预、保持中央银行独立性的呼声越来越高，以至于国际货币基金组织也把中央银行独立性问题作为健全中央银行制度的重要问题向其会员提了出来。

我国的中央银行是中国人民银行。它于1948年12月1日在石家庄成立，于1983年9月17日国务院发布《关于中国人民银行专门行使中央银行职能的决定》后才开始专门行使中央银行的职能。在此之前，它一直兼营商业银行的部分业务。

（三）中央银行的性质

中央银行虽然是从商业银行发展演变而来，但一旦取得中央银行的资格，其性质就随之改变。中央银行是国家赋予其制定和执行货币金融政策，对一国金融活动进行宏观调控和管理监督的特殊的金融机构。

1. 中央银行是国家机构的一个组成部分

中央银行主要是代表国家制定和执行统一的货币金融政策，管理和监督全国金融机构的活动，其领导人由政府任命。当今各国的中央银行，不管其资本构成如何，实际上都是国家行政管理机构的一个组成部分，处于本国金融活动的主导地位，是最高的货币金融管理机构。

2. 不以营利为目的

中央银行虽然也从事货币信用业务，但其经营不是为了营利，而是为了维护国家货币与金融制度的稳定，如防止通货膨胀和金融危机、保障充分就业、促进经济增长、平衡国际收支等。

3. 不经营普通银行业务

中央银行原则上不经营一般商业银行业务。因为中央银行在一国金融体系中处于特殊地位，享有许多特权，而且还承担着控制全国货币信用、对商业银行实施监管的职责，所以，中央银行不与社会上的企业、单位和个人发生存贷、结算业务，只与政府或商业银行等金融机构发生资金往来。

（四）中央银行制度的类型

1. 单一型中央银行制

单一型中央银行制是指全国只设一家中央银行作为政府的金融管理机构，全面行使中央银行职能并领导全国金融事业。其特点是：权力集中，职能齐全，分支机构较多，总行通常设在首都。目前，世界上大多数国家都实行这种类型的中央银行制度，我国也是如此，其中较典型的国家有英国、法国、日本、印度等。

2. 联邦的中央银行制

联邦的中央银行制是指政府在中央和地方两级同时设立中央银行机构，并按规定分别行使金融管理的职能。其特点是：权力相对分散，分支机构不多。一般来说，实行联邦制的国家，或者那些地方自治权力较大、地区性利益较强的国家，较多地实行这种银行制度，其中最典型的是美国。在美国，中央银行称为联邦储备系统。在联邦一级，设立联邦储备委员会作为联邦储备系统的最高决策机构；在地方一级，美国将50个州和一个直属区（哥伦比亚特区）划分为12个联邦储备区，每一个储备区设立一家联邦储备银行，并在其下设立为数不多的几家分行。

3. 跨国中央银行制

跨国中央银行制是指两个以上主权国家共同拥有一家中央银行，并跨国界行使中央银行的各种职能。跨国中央银行制总是与一定的货币联盟相联系。例如，1999年开始运行的欧洲中央银行就是一家独立的超国家的金融机构，负责制定和执行欧元区的货币政策，掌管欧元的发行。

4. 准中央银行制

准中央银行制是指某些国家或地区不设立通常意义上的完整的中央银行，只是由政府授权一家或几家商业银行行使部分中央银行的职能。其特点是：这类机构一般只有货币发行权，或为政府提供某些金融服务。新加坡、马尔代夫、利比里亚等国家和中国香港地区实行这种中央银行制度。在中国香港，设立银行监理处（1993年4月起改称为金融管理局）和银行咨询委员会对金融机构进行监督管理；由汇丰、渣打和中国银行发行货币；通过汇丰银行和银行公会贯彻当局的货币金融政策；票据结算所则一直由汇丰银行负责管理。

二、中央银行的职能及主要业务

（一）中央银行的职能

1. 发行的银行

所谓发行的银行，是指国家赋予中央银行集中与垄断货币发行的特权，成为国家唯一的货币发行机构。

目前，世界上几乎所有的国家都由中央银行发行货币。统一货币发行与流通是货币正常有序流通和币值稳定的保证。中央银行垄断货币发行是中央银行发挥其职能作用的基础。统一货币发行使中央银行通过对发行货币量的控制来调节流通中的基础货币量，并以此调控商业银行创造信用的能力。独占货币发行权是中央银行实施金融宏观调控的必要条件。

2. 银行的银行

所谓银行的银行，是指中央银行把商业银行等金融机构作为自己的客户，为其办理“存、放、汇”等货币信用业务。中央银行在为金融机构提供服务的同时，对商业银行和其他金融机构的活动施加影响，以达到调控宏观经济的目的。这一职能具体表现在：

（1）集中存款准备金。为保障存款人的资金安全，通常以法律的形式规定商业银行和其他存款机构必须按存款的一定比例向中央银行缴存存款准备金，以保证商业银行和其他金融机构具备最低限度的支付能力。通常对商业银行等金融机构所吸收的存款确定一个提存的法定比例，或者分别就不同种类的存款确定几个比例，从而确定应缴存存款准备金的数额。

缴存存款准备金有助于保障存款人的资金安全以及银行等金融机构本身的安全；有利于中央银行调节货币信用，控制货币供应量；此外，还为商业银行之间进行非现金清算创造了条件。集中统一保管商业银行存款准备金制度，是现代中央银行制度的一项极其重要的内容。

（2）最后贷款人。当商业银行资金周转不灵时，可以向中央银行融通资金，中央银行成为全国银行业的最后贷款人。中央银行主要通过两种途径为商业银行充当最后贷款人：一是票据再贴现，即商业银行将企业向自己贴现的票据（如国库券、短期商业票据等）再向中央银行贴现以获取资金；二是票据再抵押，即商业银行将持有的票据抵押给中央银行获取贷款。

（3）组织全国性的清算。中央银行通过票据交换为各商业银行之间应收应付票据进行清算，使中央银行成为银行业的票据清算中心。商业银行按规定在中央银行开立存款账户缴存存款准备金，各金融机构之间可利用在中央银行的存款账户进行资金清算，从而加快了资金流转速度，节约了货币流通成本。

3. 政府的银行

政府的银行，是指中央银行为政府提供服务，是政府管理国家金融的专门机构。其具体体现在以下几个方面：

（1）代理国库。国家财政收支一般不另设机构经办具体业务，而是交由中央银行代理，主要包括按国家预算要求代收国库库款、拨付财政支出、向财政部门反映预算收支执行情况等。

（2）代理发行政府债券。中央银行代理发行政府债券，办理债券到期还本付息。

（3）为政府融通资金。在政府财政收支出现失衡、收不抵支时，中央银行具有为政府融通资金以解决政府临时资金需要的义务。中央银行对政府融资的方式主要有两种：一是为弥补财政收支暂时不平衡或财政长期赤字，直接向政府提供贷款（为防止财政赤字过度扩大造成恶性通货膨胀，许多国家明确规定，应尽量避免发行货币来弥补财政赤字）；二是中央银行直接在一级市场购买政府债券。

（4）代国家持有和经营管理国际储备。国际储备包括外汇、黄金、在国际货币基金组织中的储备头寸、国际货币基金组织分配的尚未动用的特别提款权等。第一，对储备资金总量进行调控，使之与国内货币发行和国际贸易等所需的支付相适应；第二，对储备资产结构特别是外汇资产结构进行调节；第三，对储备资产进行经营和管理，负责储备资产的保值和增值；第四，保持国际收支平衡和汇率基本稳定。

（5）代表政府管理和监督全国的金融活动。中央银行代表政府制定货币金融政策，加强对金融市场、金融机构的监督和管理。一是制定金融市场及金融业务管理的相关政策法令，维护国内金融体系的安全和稳定；二是对金融机构的经营管理进行日常的检查监督，维护银行业的公平、有效竞争；三是管理和调控金融市场，创造健全高效的金融运行环境。

（6）代表政府参加国际金融活动。中央银行代表政府进行金融事务的协调与磋商，积极促进国际金融领域的合作与发展。参与国际金融重大决策，代表本国政府与外国中央银行进行两国金融、贸易事项的谈判、协调与磋商，代表政府签订国际金融协定，管理与本国有关的国际资本流动，办理政府间的金融事务往来及清算，办理外汇收支清算和拨付等国际金融事务。

此外，中央银行处于社会资金运动的核心，能够掌握全国经济金融活动的基本信息，为政府的经济决策提供支持，并向社会公众发布金融及经济信息。

（二）中央银行的主要业务

中央银行要履行自己的职能，就必须经营一定的业务。不过，中央银行的业务活动与商业银行有明显的不同，即不以营利为目的，不与一般金融机构争利，最大限度地保持其资产的流动性。其具体业务可归纳为负债业务、资产业务和中间业务三大类。

1. 负债业务

中央银行的负债业务主要包括货币发行、代理国库、集中管理存款准备金等业务。

（1）货币发行业务。中央银行发行的货币主要是通过对商业银行及其他金融机构提供贷款，接受商业票据的再贴现，在公开市场上购买有价证券，以及收兑黄金、白银、外汇等方式投入流通的。货币是一种债务凭证，它是发行人即中央银行对货币持有者的一种负债。不过，这种负债业务有其特殊的清偿方式，在不兑现信用货币流通的条件下，持有者的债权只能通过购买商品和劳务去实现，而不再通过向发行人兑换金银的方式去实现。所以，现代货币发行，对发行人来说，一方面是负债业务，另一方面是一种净收益。谁发行货币，谁就拥有这种净收益；货币越多，收益也就越大。

（2）代理国库业务。在通常情况下，政府都要赋予中央银行代理国库的职责，财政预算的收入和支出都由中央银行代理。同时，那些依靠国家财政拨款的行政事业单位、机关团体、部队、学校的存款，也由中央银行办理。中央银行在代理国库中形成的财政金库存款，成为它的重要资金来源之一，并且这种存款通常是无息的。所以，中央银行代理国库不仅可以积聚大量资金，还可以降低其总的筹资成本。

（3）集中管理存款准备金业务。中央银行集中的准备金存款，包括法定准备金存款和超额准备金存款（含备付金）两部分，它们是中央银行资金来源的重要组成部分。开展这项业务的意义在于：一方面可以集中各家银行及其他金融机构自存的准备金，充分发挥资金作用，以满足社会对资金的需要；另一方面可以控制银行及其他金融机构的放款规模，对宏观经济进行调节。

2. 资产业务

中央银行的资产业务主要有贷款、再贴现、有价证券买卖、黄金外汇储备等。

（1）贷款业务。中央银行的贷款业务是其资金运用的重要途径之一。中央银行对商业银行和其他金融机构的贷款，目的在于解决它们短期资金不足。而中央银行对政府的贷款，各国中央银行法都有较严格的限制。

（2）再贴现业务。再贴现是商业银行为了弥补自有资金的不足，将其由贴现所取得的未到期票据，请求中央银行再办理贴现的经济行为，也称重贴现。对中央银行而言，接受再贴现即为买进已经贴现的商业票据，这是中央银行向商业银行融通资金的主要方式之一，也是中央银行实现宏观调控的一项重要业务。

（3）有价证券买卖业务。它是指中央银行在金融市场上公开买卖有价证券的一项业务，其目的不在于营利，而是为了调剂资金，可以起到稳定金融局势、调节货币流通的作用。

（4）黄金外汇储备业务。各国中央银行基于稳定货币流通和发展国际交往的需要，通常要保留一定数量的金银和外汇储备。而保留金银和外汇储备就必然要占用中央银行的资金，储备数量的增减（买卖）即为中央银行的资产业务之一。

3. 中间业务

中央银行的中间业务主要是资金清算业务，它是中央银行金融服务职能的具体反映。其具体有三项，即集中办理票据交换、结清交换差额和办理异地资金转移。

（1）集中办理票据交换。同城或同一地区商业银行之间的票据交换业务通常是在票据交换所进行的。而票据交换所作为各银行之间清算应收应付款项的集中场所，是中央银行的重要业务部门之一。中央银行集中办理票据交换，大大提高了票据清算效率，加速了资金周转。

（2）结清交换差额。各清算银行即参加票据交换所交换票据的银行或金融机构，均在中央银行开设活期存款账户，存有一定数额的备付金，票据交换出现的应收或应付的差额，通过在中央银行的存款账户间的划转即可完成。

（3）办理异地资金转移。异地银行间远距离资金的划拨，各国均由中央银行统一办理。只是由于各国使用的票据和银行组织的方式有所不同，异地资金转移的具体做法也不一样。概括起来，有以下两种做法：一种是先由各商业银行通过内部联行系统划转，最后由其总行通过中央银行办理转账清算；另一种是把不同银行的异地票据统一集中送到中央银行总行，一并办理轧差转账。

本章概要

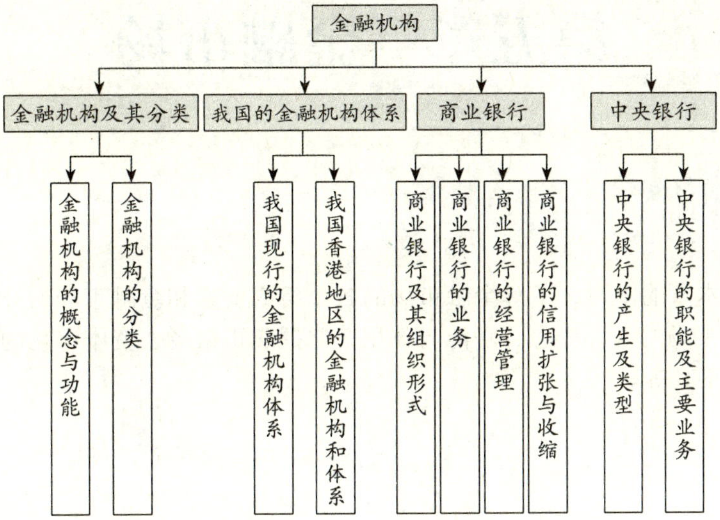

思考与练习

一、选择题

1. 下列不属于中国人民银行具体职责的是（　　）。

A. 发行人民币　　B. 给企业发放贷款　　C. 经理国库　　D. 审批金融机构

2. 中国人民银行专门行使中央银行职能是在（　　）年。

A.1983　　B.1984　　C.1985　　D.1986

3. 下列不属于我国商业银行业务范围的是（　　）。

A. 发行金融债券　　B. 监管其他金融机构

C. 买卖政府债券　　D. 买卖外汇

4. 我国在（　　）年建立了第一家政策性银行。

A.1992　　B.1993　　C.1994　　D.1995

5. 我国财务公司在行政上隶属于（　　）。

A. 政府部门　　B. 中国人民银行　　C. 各企业集团　　D. 商业银行

二、简答题

1. 金融机构有哪些功能？

2. 商业银行的业务主要有哪些？

3. 简述资产负债管理理论。

4. 中央银行的职能与业务是什么？

5. 简述我国现行的金融体系的构成。

第五章　金融市场

学习目标

通过本章的学习，了解金融市场的各个组成要素和金融市场的分类，熟练掌握金融市场的基本概念、功能与作用，掌握货币市场、资本市场的内涵及其主要金融工具等。

导入案例

世界金融市场中心——纽约

第二次世界大战后，纽约国际金融中心的地位得以确立和加强。美国凭借其在战争时期膨胀起来的强大经济和金融实力，建立了以美元为中心的资本主义货币体系，使美元成为世界最主要的储备货币和国际清算货币。西方资本主义国家和发展中国家的外汇储备中的大部分是美元资产并存放在美国，由纽约联邦储备银行代为保管。世界各地的美元买卖，包括欧洲美元、亚洲美元市场的交易都必须在美国进行，通过纽约的商业银行办理清算，因此纽约成为世界美元交易的清算中心。此外，美国外汇管制较松，资金调动比较自由，许多大型商业银行、储蓄银行、投资银行、证券交易所及保险公司等金融机构云集纽约，众多的外国银行也在纽约设有分支机构，这些都为纽约金融市场的进一步发展创造了条件，加强了它在国际金融领域中的地位。

纽约金融市场按交易对象划分，主要包括外汇市场、货币市场和资本市场。纽约外汇市场是美国，也是世界上最主要的外汇市场之一。纽约外汇市场并没有固定的交易场所，所有的外汇交易都是通过电话、电报和电传等通信设备，在纽约的商业银行与外汇市场经纪人之间进行的。这种联络组成了纽约银行间的外汇市场。纽约大银行与世界各地外汇市场可以24小时保持联系，国际套汇活动几乎可以立即完成。纽约货币市场即纽约短期资金的借贷市场，是国际主要货币市场中交易量最大的一个，除纽约本地的金融机构、工商业和私人在这里进行交易外，每天还有大量短期资金从美国及世界各地流进和流出。和外汇市场一样，纽约货币市场也没有固定的场所，交易都是供求双方直接或通过经纪人进行的。纽约资本市场是世界最大的经营中长期借贷资金的资本市场。其可分为债券市场和股票市场。美国有10多家证券交易所按证券交易法注册并被列为全国性的交易所，其中纽约证券交易所、NASDAQ和美国证券交易所这三家最大的交易所均设立在纽约。

资料来源：佚名. 纽约金融市场［EB/OL］.［2012-02-13］. http：//www.doc88.com/p-790379526584.html.

通过上述案例思考：我国上海建立国际金融中心可以从中学到哪些经验？我国金融市场跟美国金融市场相比还存在哪些差距？让我们带着这些问题走进金融市场。

第一节 金融市场概述

高效配置资源是一国经济发展的重要保证。在所有资源中，资金的地位最为重要，所以，高效率地合理配置资金对一国经济的发展具有十分重要的意义。金融市场是实现资金融通的场所，通过参与金融市场活动，各经济主体实现调剂资金余缺的目的，也使资金配置更加合理。

一、金融市场与金融工具

金融市场是资金供求双方借助金融工具进行各种货币资金交易活动的市场，是以金融资产为交易对象而形成的供求关系及其机制的总和。具体来讲，金融市场泛指资金供求双方运用各种金融工具，通过各种形式进行的金融性交易活动，包括金融机构与客户之间、各金融机构之间、资金供求双方所有以货币资金为交易对象的金融活动，如存款、贷款、票据抵押与贴现、金融信托与租赁、保险，以及证券发行、承销与买卖，黄金外汇交易等。

金融市场有三个层次的内容：第一，金融市场是金融资产进行交易的一个有形和无形的场所，有形的场所如证券交易所，无形的场所如外汇交易员通过电信网络构成的看不见的市场进行资金的调拨；第二，金融市场反映了金融资产的供应者和需求者之间所形成的供求关系，揭示了资金从集中到传递的过程；第三，金融市场包含了金融资产交易过程中所产生的各种运行机制，其中最主要的是价格（包括利率、汇率及各种证券的价格）机制，它揭示了金融资产的定价过程，说明了市场的各个参与者如何通过这些定价过程合理地分配风险和收益。

金融工具，又称交易工具，是指在金融市场中可交易的金融资产。它是证明债权债务关系并据以进行货币资金交易的合法凭证，是货币资金或金融资产借以转让的工具，也是用来证明融资双方权利义务的契约。人们可以利用这些工具在市场中，尤其是在不同的金融市场中发挥不同的作用，以期实现不同的目的。不同形式的金融工具有不同的金融风险。金融工具分为两大类：现金类金融工具和衍生类金融工具，现金类金融工具又分为证券类和其他现金类（如贷款、存款）金融工具，衍生类金融工具又分为交易所交易的金融衍生品和柜台（OTC）金融衍生品。另外，金融工具也可以根据财产类型分为债务型金融工具和所有权型金融工具。

二、金融市场的构成要素

与其他市场一样，金融市场也具备交易主体、交易客体（金融工具）、交易中介和市场监管机构等构成要素。

1.金融市场交易主体

金融市场交易主体主要包括参与交易的个人、企业、政府和金融机构。这些主体按是否专门从事金融活动，可以分为不专门从事金融活动的主体与专门从事金融活动的主体两大类。不专门从事金融活动的主体主要由个人、企业和政府部门构成，它们参与金融市场的目的是满足自身在资金供求方面的需要，在它们之间发生的金融交易是直接金融。专门从事金融活动的主体主要由以从事专门金融活动为业的机构组成，这类机构被称之为金融机构，包括各类银行、保险公司、证券公司、财务公司、信托公司等，通过它们实现的金融交易称为间接金融。

2. 金融市场交易客体

金融市场交易客体是指金融市场交易对象或交易标的物，也就是经常说的金融工具。金融工具的种类繁多、内容复杂，具有不同的市场功能，根据其产生的基础不同，可以分为基础性金融工具和衍生性金融工具两大类。基础性金融工具主要包括货币、票据、债券、股票等类型；衍生性金融工具主要包括远期合约、期货合约、互换合约及期权合约，它们是从基础性金融工具派生出来的，其价值取决于作为标的物的资产价值。

3. 金融市场交易中介

金融市场交易中介是指那些在金融市场上充当交易媒介，从事交易或促使交易完成的组织、机构或个人，收取交易佣金是其参与金融活动的主要原因。金融市场中介可分为两类：一类是金融市场交易商，如货币经纪人、证券经纪人、证券承销商、外汇经纪人等；另一类则是机构中介或组织中介，如证券交易所、投资银行等。金融机构在金融市场上具有双重身份，其既是参与者或投资主体，又是交易中介。

4. 金融市场监管机构

金融监管机构是根据法律规定对一国的金融体系进行监督管理的机构。金融市场监管包括金融市场监督和金融市场管理两层含义。金融市场管理一般是指国家根据有关金融市场法律、法规，规范金融市场交易行为，以达到引导金融市场健康有序运行并稳定发展的目的。金融市场监督则是为了实现上述目的，对金融市场进行全面监测、分析，发现问题并及时整治，使市场交易主体遵纪守法，严格遵循市场管理的过程。金融市场监督与金融市场管理相互补充、紧密联系。

由什么机构来负责对金融市场进行监管往往和一国的金融监管体制有关。在我国，“一行三会”，即中国人民银行、银监会、证监会和保监会，构成了金融业分业监管的格局。

三、金融市场的功能

金融市场的功能是指金融市场本身的机能以及对经济的能动作用。金融市场是统一市场体系的一个重要组成部分，属于要素市场。它与消费品市场、生产资料市场、劳动力市场、技术市场、信息市场、房地产市场、旅游服务市场等各类市场相互联系，相互依存，共同形成了统一市场的有机整体。在整个市场体系中，金融市场是最基本的组成部分之一，是联系其他市场的纽带。在现代市场经济中，无论是消费资料、生产资料的买卖，还是技术和劳动力的流动等，各种市场的交易活动都要通过货币的流通和资金的运动来实现，都离不开金融市场的密切配合。从这个意义上说，金融市场的发展对整个市场体系的发展起着举足轻重的作用。这种作用主要表现在以下方面：

1. 聚集资金的功能

金融市场聚集资金有两种途径：一是将分散、沉淀于居民手中的消费性货币聚集起来转化为生产性货币，为经济发展提供资金来源；二是把分散、闲置于各企业的不能形成投资规模的小额生产资金聚集起来，形成具有一定投资能力的大额资金，促进经济发展。

2.促进资金有效分配的功能

金融市场通过严格监管、规范运作，提供相对充分的信息，可以及时发现公正的市场价格，在竞争的基础上把资金配置给效率好的企业和经营能力强的经理层，同时淘汰劣质企业和能力差的经营者，从而促进社会资金的有效利用。

3.促进有效投资的功能

不同的投资者暂时闲置的资金性质不同，投资需求也不相同。金融市场多种投资商品和投资形式，使投资者有了更多的选择余地，能满足不同的投资需求，以便控制风险，获取相应的收益。

4.宏观调控的功能

金融市场是国家宏观经济调控的基本工具，中央银行各种货币政策必须通过市场来具体实施和检验，其直接的作用结果是引起货币流量和流向的变动，从而影响国民经济的各个部门，导致国民经济局部或整体变动，达到国家宏观调控经济的目的。

四、金融市场的类型

在金融市场上交易的金融工具种类繁多，根据金融工具交易的性质、对象、时间、期限等内在要素的不同，可将金融市场分为不同的类型，各种类型的金融市场构成了完整的金融市场体系。

（一）按市场中交易标的物不同进行划分

按市场中交易标的物不同，金融市场可分为货币市场、资本市场、外汇市场与黄金市场。

（1）货币市场，是指以期限在1年以下的金融资产为交易标的物的短期金融市场，是金融市场的重要组成部分。由于该市场所容纳的金融工具主要是政府、银行及工商企业发行的短期信用工具，具有期限短、流动性强和风险小的特点，在货币供应量层次划分上被置于现金货币和存款货币之后，被称为准货币，所以将该市场称为货币市场。

（2）资本市场（Capital Market），是指期限在1年以上的金融资产交易的市场，也叫作长期金融市场或长期资金市场。因为在长期金融活动中，其涉及资金期限长、风险大、具有长期较稳定收入，类似于资本投入，故称为资本市场。全面地看，资本市场包括两大部分，即银行中长期存贷款市场和有价证券市场。

（3）外汇市场按其含义有广义和狭义之分。狭义的外汇市场指的是银行间的外汇交易，包括同一市场各银行间的交易、中央银行与外汇银行间以及各国中央银行之间的外汇交易活动，通常被称为外汇批发市场（Wholesale Market）；广义的外汇市场是指由各国中央银行、外汇银行、外汇经纪人及客户组成的外汇买卖、经营活动的总和，包括上述的批发市场以及银行同企业、个人间买卖外汇的零售市场（Retail Market）。

（4）黄金市场是专门集中进行黄金买卖的交易中心或场所。黄金市场的运作与其他投资市场及股票市场类似，买卖每天都在进行，黄金的价格由供求关系决定。和货币不同，因其价值高，是一种独立的资源而不受限于任何国家，所以，黄金长久以来一直是一种投资工具。人们常会在经济通货膨胀时储备黄金，社会动荡和战争也会促使人们储备黄金。黄金市场是一个全球性的市场。目前世界上最主要的黄金市场在伦敦、苏黎世、纽约、中国香港等地。伦敦和纽约是世界上最大的两个黄金交易市场所在地，伦敦黄金市场的价格会对世界黄金行情产生一定的影响。进行黄金交易的有世界各国的公司、银行和私人以及各国官方机构。黄金交易的去向主要是工业用金、私人贮藏、官方储备、投机商谋利等。

（二）按中介特征进行划分

按中介特征，金融市场可分为直接金融市场与间接金融市场。直接金融市场是指资金短缺者直接从资金盈余者那里融通资金的市场，一般指的是通过发行债券和股票方式在金融市场上筹集资金的融资市场。间接金融市场则是通过银行等信用中介机构作为媒介来进行资金融通的市场。

直接融资与间接融资的区别主要在于融资过程中资金的需求者与资金的供给者是否直接形成债权债务关系。在有金融中介机构参与的情况下，判断是否直接融资的标志在于该中介机构在这次融资行为中是否与资金的需求者和资金的供给者分别形成了各自独立的债权债务关系，凡是债权债务关系中的一方是金融机构的，一般习惯上将其当作间接融资。图5-1展示的是金融市场的运作机理。

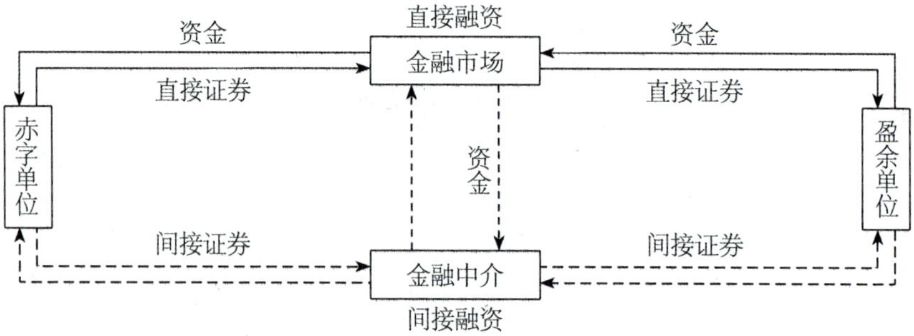

图5-1　金融市场的运作机理

（三）按发行和流通特征进行划分

按发行和流通特征，金融市场可分为初级市场、二级市场、第三市场与第四市场。资金需求者将金融资产首次出售给公众时所形成的交易市场称为初级市场（发行市场或一级市场）。初级市场是二级市场的基础和前提，没有初级市场就没有二级市场；二级市场是初级市场存在与发展的重要条件之一，无论从流动性上还是从价格的确定上，初级市场都要受到二级市场的影响。

此外，在发达的市场经济国家还存在着第三市场和第四市场，它们实际上都是场外市场的一部分。第三市场是原来在交易所上市的证券移到场外进行交易所形成的市场。第三市场的交易相对于交易所交易来说，具有限制更少、成本更低的优点。第四市场是投资者和证券的出卖者直接交易形成的市场。其形成的主要原因是机构投资者在证券交易中所占的比例越来越大，他们之间的买卖数额很大，因此希望避开经纪人直接进行交易，从而降低成本。

（四）其他形式的划分

金融市场还可按以下几种形式进行界定：

按成交与定价的方式，金融市场可分为公开市场与议价市场。公开市场指的是金融资产的交易价格通过众多的买方和卖方公开竞价而形成的市场。在议价市场上，金融资产的定价与成交是通过私下协商或面对面讨价还价的方式进行的。

按有无固定场所，金融市场可分为有形市场与无形市场。有形市场即有固定交易场所的市场，一般指的是证券交易所等固定的交易场地。而无形市场则是在证券交易所外进行金融资产交易的总称，它们一般通过现代化的通信工具在各金融机构、证券商及投资者之间进行。

按交割方式，金融市场可分为现货市场与衍生市场。所谓交割，是指在证券清算时，卖方向买方交付证券，而买方向卖方交付价款。现货市场实际上是指即期交易的市场，是金融市场上最普遍的一种交易方式。衍生市场是各种衍生金融工具进行交易的市场。所谓衍生金融工具，是指由原生性金融商品或基础性金融工具创造出的新型金融工具。

按其作用的地域范围，金融市场又可分为国内金融市场与国际金融市场。国内金融市场是指金融交易的作用范围仅限于一国之内的市场，它除了包括全国性的以本币计价的金融资产交易市场之外，还包括一国范围内的地方性金融市场。国际金融市场则是金融资产的交易跨越国界进行而形成的市场，是进行金融资产国际交易的场所。

拓展阅读5-1

中国金融市场发展迅速，但国际化较为落后

第二节 货币市场

货币市场是1年期以内的短期金融工具交易所形成的供求关系及其运行机制的总和。货币市场的活动主要是为了保持资金的流动性，以便随时可以获得现实的货币。一个有效率的货币市场应该是一个具有广度、深度和弹性的市场，其市场容量大，信息流动迅速，交易成本低，交易活跃且持续，能吸引众多的投资者和投机者参与。

一、货币市场的主要特点

货币市场具有以下几个特点：

第一，交易期限短。交易期限短是货币市场交易对象最基本的特征。最短的交易期限只有半天，最长的不超过1年，大多在3～6个月。

第二，流动性强。较强的流动性这个特点来源于交易的期限短。期限短的交易对象随时可以在市场上转换成现金而使其接近货币，故被称为货币市场。如商业票据因为其期限短，可以随时拿到银行贴现，变为现金；短期国库券可以在市场出售，期限短，利率、价格比较稳定，几乎无损失所以流动性强。

第三，交易额大。货币市场上大多数交易额都比较大，个人投资者很难直接参与市场交易。参与者一般有中央银行、商业银行、贴现公司、证券商、其他金融组织等。

第四，风险相对较低。货币市场交易对象的期限短，不确定因素相对较少，加上变现的时间间隔较短，很容易被短期交易者接受。虽然短期收益非常有限，但其价格平稳，参与交易的双方遭受损失的可能性很小，因此风险很低。

二、货币市场的功能

（一）短期资金融通功能

市场经济条件下的各种经济行为会产生资金盈余者和资金短缺者。按时间划分，资金余缺可分为1年期以上的长期性资金余缺和1年期以内的短期性资金余缺两大类。相对于满足中长期投资性资金需求的资本市场，货币市场为季节性、临时性资金的融通提供服务。短期的临时性、季节性资金不足是日常频繁的经济行为造成的，是微观经济行为主体最基本，也是最经常的资金需求。短期资金融通功能是货币市场的一个基本功能。

（二）管理功能

货币市场的管理功能主要是指通过其业务活动的开展，促使微观经济行为主体加强自身管理，提高经营水平和盈利能力。

首先，同业拆借市场、证券回购市场等有利于商业银行业务经营水平的提高和利润最大化目标的实现。同业拆借和证券回购是商业银行在货币市场上融通短期资金的主要渠道。充分发达的同业拆借市场和证券回购市场可以适时有度地调节商业银行准备金的盈余和短缺，使商业银行无须为了应付提取或兑现而保有大量的超额准备金，从而使各种可以取得高收益的资产得以充分运用，可谓“一举两得”。为此，商业银行要运用科学的方法进行资金的流动性管理，使商业银行的资产负债管理跃上一个新的台阶。

其次，票据市场有利于企业加强经营管理，提高自身信用水平。票据市场从票据行为上可以分为票据发行市场、票据承兑市场、票据贴现市场；从签发主体上可以分为普通企业票据和银行票据。不同信用等级的主体所签发和承兑的票据在权利义务关系上有明显的区别，只有信誉优良、经营业绩良好的主体才有资格签发票据，并在发行、承兑、贴现各环节得到社会的认可和接受。所以，试图从票据市场上获得短期资金来源的企业必须是信誉优良的企业，而只有管理科学、效益优良的企业才符合这样的条件。

（三）政策传导功能

一国中央银行制定和实施的货币政策主要包括再贴现政策、法定存款准备金政策、公开市场业务等，中央银行运用这些货币政策来影响市场利率和调节货币供应量以实现宏观经济调控目标，在这个过程中货币市场发挥了基础性作用。

1.同业拆借市场是传导中央银行货币政策的重要渠道

中央银行通过同业拆借市场对同业拆借利率和商业银行超额准备金施加影响。首先，同业拆借利率是市场利率体系中对中央银行的货币政策反应最为敏感和直接的利率之一，也是其他市场利率的基础利率。国际上已形成在同业拆借利率的基础上加减协议幅度来确定利率的方法，尤其是伦敦同业拆借利率更成为国际上通用的基础利率。中央银行通过货币政策工具的操作来影响同业拆借利率，继而影响整个市场利率体系，从而达到调节货币供应量和宏观经济的目的。其次，就超额准备而言，发达的同业拆借市场会促使商业银行的超额准备维持在一个稳定的水平，这显然给中央银行控制货币供应量创造了良好的条件。

2.票据市场为中央银行提供了宏观调控的载体和渠道

首先，再贴现政策必须在票据市场实施。一般情况下，中央银行通过调整再贴现率，来影响贴现利率和商业银行贷款利率，进而影响货币供应量。其次，多种多样的票据是中央银行进行公开市场业务操作的工具之一，中央银行通过买进或卖出票据来投放或回笼货币，可以灵活地调节货币供应量，以实现货币政策的最终目标。

3.国库券等短期债券是中央银行进行公开市场业务操作的主要工具

公开市场业务与存款准备金政策和再贴现政策相比具有明显优势，它使中央银行处于主动地位，其规模根据宏观经济的需要可大可小，交易方法和步骤可以随意安排，不会对货币供给产生很大的冲击。同时，其操作具有隐蔽性，不会改变人们的心理预期，因此易于达到理想的效果。开展公开市场业务操作需要中央银行具有相当规模、种类齐全的多种有价证券。其中，国债尤其是短期国债是主要品种，因为国债信用优良、流动性强，能适应公开市场业务操作的需要。

（四）促进资本市场尤其是证券市场发展

货币市场和资本市场作为金融市场的核心组成部分，前者是后者规范运作和发展的物质基础。首先，发达的货币市场为资本市场提供了稳定充裕的资金来源。从资金供给角度看，资金盈余方提供的资金层次是由短期到长期、由临时性到投资性的，因此货币市场在资金供给者和资本市场之间搭建了一个“资金池”，资本市场的参加者必不可少的短期资金可以从货币市场得到满足，而从资本市场退出的资金也能在货币市场找到出路。其次，货币市场的良性发展减少了由于资金供求变化对资本市场的冲击。货币市场的存在，使从长期市场退下来的资金有了出路，减少短期游资对资本市场的冲击力，最大可能地抑制了投机活动。因此，只有货币市场发展健全了，金融市场上的资金才能得到合理的配置。从世界上大多数发达国家金融市场的发展历程中可以总结出，“先货币市场，后资本市场”是金融市场发展的基本规律。

三、货币市场的类型及主要业务

货币市场就其结构而言，可分为同业拆借市场、银行承兑汇票及贴现市场、商业票据市场、大额可转让定期存单市场、回购市场、短期政府债券市场、货币市场、共同基金市场等若干个子市场。

（一）同业拆借市场

同业拆借市场是指银行之间、其他金融机构之间以及银行与其他金融机构之间进行短期、临时性资金拆除拆入的市场。同业拆借市场的主要交易种类有两种：一种是头寸拆借。这是指金融机构之间为了轧平头寸、补足法定准备金或减少超额准备金进行的短期资金融通活动，一般为日拆。头寸拆借一般是在票据交换清算时进行。二是同业借款。这是指金融机构之间因临时性或季节性的资金余缺而进行的相互融通调级，以灵活调度资金。

同业拆借市场具有以下特点：

（1）融资期限较短。最初多为一日或几日的资金临时调剂，最长不超过1个月，是为了解决头寸临时不足或头寸临时多余所进行的资金融通。

（2）对进入市场的主体有严格的限制。进入同业拆借市场必须符合中央银行所规定的进入同业拆借市场的条件和审批程序。

（3）同业拆借基本上是信用拆借。交易额较大，而且一般不需要担保或抵押，完全是一种信用资金借贷式交易。双方都以自己的信用担保，严格遵守交易协议。

（4）拆借利率市场化。同业拆借市场上的利率一般由拆借双方协商决定，而拆借双方又都是经营货币资产的金融机构，所以同业拆借利率最能反映市场资金供求状况。各种借贷活动、金融工具在确定利率时，通常都将同业拆借利率视为市场利率信号，并以此作为各自确定利率的依据。中央银行也将同业拆借利率的变动作为确定和调整货币政策工具的重要依据。在国际货币市场上，伦敦银行同业拆借利率（LIBOR）、新加坡银行同业拆借利率（SIBOR）和中国香港银行同业拆借利率（HIBOR）被公认为典型的、有代表性的同业拆借利率。

拓展阅读5-2

银行同业拆借利率与“钱荒”

（二）回购市场

回购市场是指通过回购协议（Repurchase Agreement）进行短期资金融通交易的市场，

产生于20世纪60年代末。所谓回购协议，是指证券卖方在出售证券的同时与证券的购买方签订协议，约定在一定期限后按约定价格购回所卖出证券，从而获得及时可用资金的一种交易行为。这样，证券出售者暂时获得了一笔可支配的资金，证券的购买者则从证券的买卖差价或利息支付中获得一笔收入。从本质上说，回购协议是一种抵押贷款，其抵押品是卖出的证券。

回购协议中的出售方大多为银行或证券商，购买方则主要是一些大企业，后者往往以这种方式来使自己在银行账户上出现的暂时性余额得到有效的利用。回购协议的期限大多很短，很多只有一个营业日，但是由于数额巨大，购买者的收入也很可观。

（三）票据市场

票据市场（Paper Market）指的是在商品交易和资金往来过程中产生的以汇票、本票和支票的发行、担保、承兑、贴现、转贴现、再贴现来实现短期资金融通的市场，是货币市场的重要组成部分。

票据市场是短期资金融通的主要场所，是直接联系产业资本和金融资本的枢纽。作为一个子市场，在整个货币体系中，票据市场是货币市场的最基础、交易主体最广泛的组成部分。票据市场可以把“无形”的信用变为“有形”，把不能流动的挂账信用变为具有高度流动性的票据信用。票据市场的存在与发展不仅为票据的普及推广提供了充分的流动性，还集中了交易信息，极大地降低了交易费用，使票据更易为人所接受。这个市场突出的特点是：期限短、数额小、交易灵活、参与者众多、风险易于控制。

1.票据承兑市场

所谓承兑，简单地说就是承诺兑付，是付款人在远期汇票上签章表示承诺将来在汇票到期时承担付款义务的一种行为。承兑汇票按承兑人不同，可分为银行承兑汇票与商业承兑汇票两种。

银行承兑汇票是由在承兑银行开立存款账户的存款人出票，向开户银行申请并经银行审查同意承兑的，保证在指定日期无条件支付确定的金额给收款人或持票人的票据。对出票人签发的商业汇票进行承兑是银行基于对出票人资信的认可而给予的信用支持。

商业承兑汇票是出票人签发的，委托付款人在指定日期无条件支付确定的金额给收款人或者持票人的票据。商业承兑汇票是由工商企业承兑的远期汇票，商业承兑汇票按交易双方约定，一般由销货企业或购货企业签发，由购货企业承兑。

2.票据贴现市场

一般而言，票据贴现可以分为三种，分别是贴现、转贴现和再贴现。

贴现也叫直贴，是指企业将未到期的承兑汇票转卖给银行，从而获得融资的一种方式。贴现价格由票面金额和贴现率决定，贴现后票据归贴现银行所有。

转贴现是指贴现银行将未到期的已贴现商业汇票再以贴现方式向其他银行转让的票据行为。

再贴现是指贴现银行持未到期的已贴现汇票向中国人民银行的贴现，通过转让汇票取得人民银行再贷款的行为。再贴现是中央银行的一种信用业务，是中央银行为执行货币政策而运用的一种货币政策工具。

票据贴现、转贴现和再贴现虽然本质上都是将未到期的承兑汇票转让以获取资金，但在对象上有所差异：贴现本质上是银行面向企业的授信业务；转贴现是银行与银行间的票据融资行为；再贴现是银行与央行之间的票据融资行为。

银行承兑汇票样例和电子银行承兑汇票样例如图5-2和5-3所示。

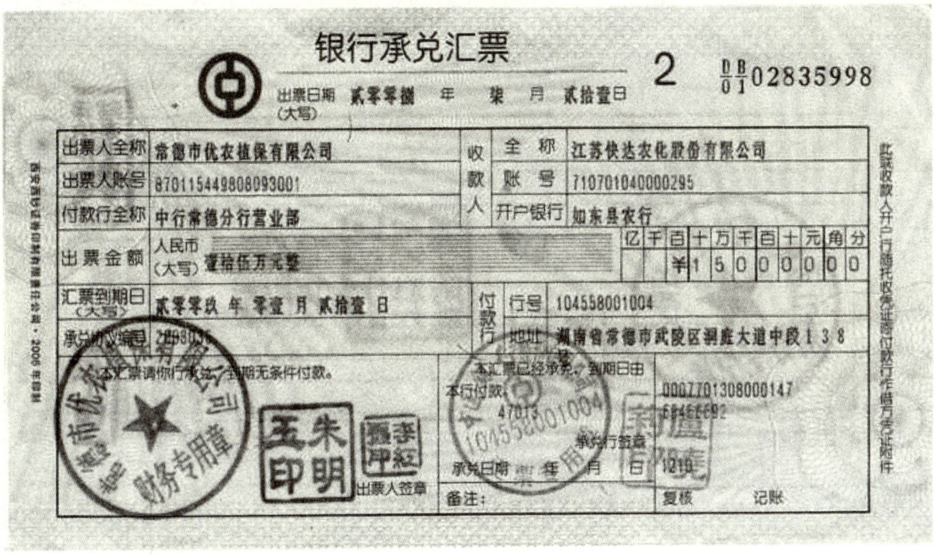

银行承兑汇票　2　DB 01 02835998

出票日期（大写）贰零零捌 年 柒 月 贰拾壹日

出票人全称	常德市优农植保有限公司	收款人	全　称	江苏快达农化股份有限公司
出票人账号	870115449808093001		账　号	710701040000295
付款行全称	中行常德分行营业部		开户银行	如东县农行
出票金额	人民币（大写）壹拾伍万元整		亿千百十万千百十元角分	￥1 5 0 0 0 0 0 0
汇票到期日（大写）	贰零零玖 年 零壹 月 贰拾壹 日	付款行	行号	104558001004
承兑协议编号			地址	湖南省常德市武陵区洞庭大道中段138号

本汇票请你行承兑，到期无条件付款。

出票人签章

本汇票已经承兑，到期日由本行付款。

承兑行签章

承兑日期　年　月　日

备注：

复核　记账

此联收款人开户行随托收凭证寄付款行作借方凭证附件

图5-2　银行承兑汇票样例

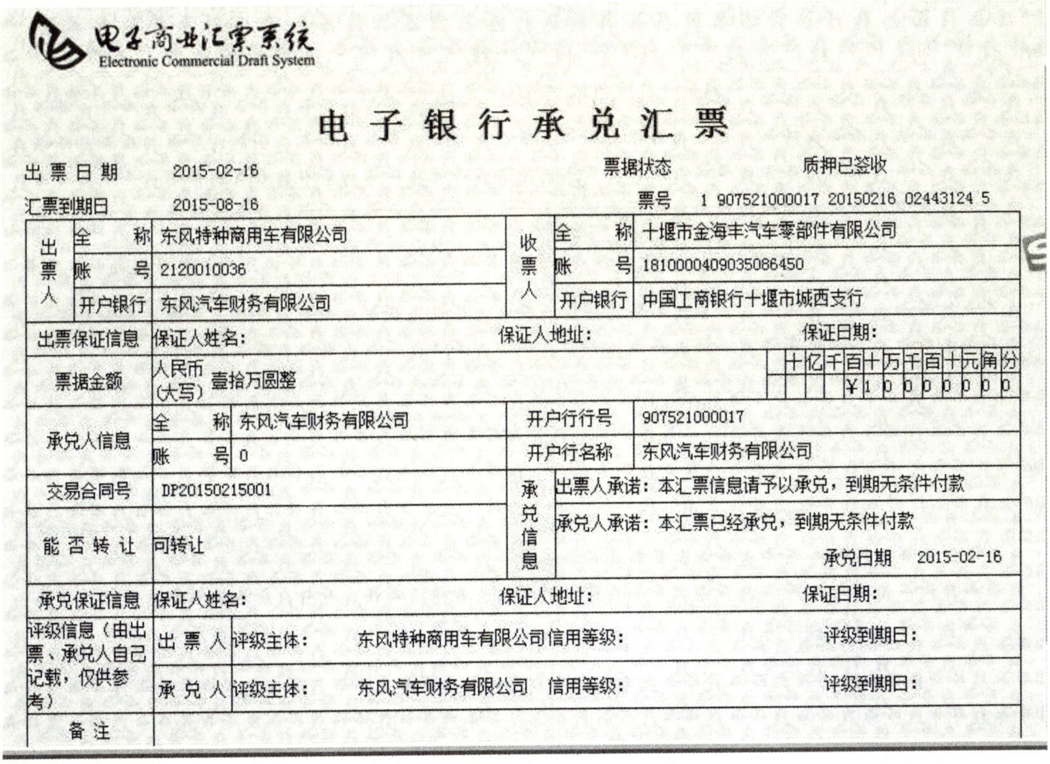

电子商业汇票系统 Electronic Commercial Draft System

电子银行承兑汇票

出票日期 2015-02-16　票据状态 质押已签收

汇票到期日 2015-08-16　票号 1 907521000017 20150216 02443124 5

出票人	全　称	东风特种商用车有限公司	收票人	全　称	十堰市金海丰汽车零部件有限公司
	账　号	2120010036		账　号	1810000409035086450
	开户银行	东风汽车财务有限公司		开户银行	中国工商银行十堰市城西支行
出票保证信息	保证人姓名：		保证人地址：		保证日期：
票据金额	人民币（大写）	壹拾万圆整		十亿千百十万千百十元角分	￥1 0 0 0 0 0 0 0
承兑人信息	全　称	东风汽车财务有限公司	开户行行号	907521000017	
	账　号	0	开户行名称	东风汽车财务有限公司	
交易合同号	DP20150215001		承兑信息	出票人承诺：本汇票信息请予以承兑，到期无条件付款	
能否转让	可转让			承兑人承诺：本汇票已经承兑，到期无条件付款	
				承兑日期	2015-02-16
承兑保证信息	保证人姓名：		保证人地址：		保证日期：
评级信息（由出票、承兑人自己记载，仅供参考）	出 票 人	评级主体：	东风特种商用车有限公司 信用等级：		评级到期日：
	承 兑 人	评级主体：	东风汽车财务有限公司 信用等级：		评级到期日：
备 注					

图5-3　电子银行承兑汇票样例

（四）其他形式的货币市场

1.大额可转让定期存单市场

大额可转让定期存单（Negotiable Certificates Deposit，NCD）是指银行或储蓄机构发行的一种证明有一笔特定数额的资金已经存放在发行存单的机构之中的凭证。

同传统的定期存款单相比，大额可转让定期存单具有以下几点不同：①定期存款单记名，不可流通转让；而大额可转让定期存单则是不记名的，可以流通转让。②定期存款单金额不固定，可大可小；而大额可转让定期存单金额较大，在美国最少为10万美元，二级市场上的交易单位为100万美元，在中国香港金额最少为10万港元。③定期存款单利率固定；而大额可转让定期存单利率既有固定的，也有浮动的，且一般来说比同期限的定期存款利率高。④定期存款单可以提前支取，提前支取时要损失一部分利息；而大额可转让定期存单不能提前支取，但可在二级市场流通转让。

2.短期政府债券市场

短期政府债券，是指政府部门以债务人身份承担到期偿付本息责任的期限在1年以内的债务凭证。同其他货币市场信用工具不同，短期政府债券交易具有一些较明显的投资特征，而这些特征对投资者购买短期政府债券具有很大影响。短期政府债券的四个投资特征是：①违约风险小；②流动性强；③面额小；④收入免税。

知识链接 5-1

国库券

国库券（Treasury Securities）是国债的一种，又称短期国债（期限在1年以内），是指国家财政当局为弥补国库收支不平衡而发行的一种政府债券。国库券的债务人是国家，其还款保证是国家财政收入，因此它几乎不存在信用违约风险，是金融市场风险最小的信用工具。国家国库券品种较多，一般可分为3个月、6个月、9个月、1年期四种，其面额起点各国不一。国库券采用不记名形式，无须经过背书就可以转让流通。

国库券是由英国经济学家和作家沃尔特·巴佐特于1877年发明的，并首次在英国发行。沃尔特认为，政府短期资金的筹措应采用与金融界早已熟悉的商业票据相似的工具。后来许多国家都依照英国的做法，以发行国库券的方式来满足政府对短期资金的需要。在美国，国库券已成为货币市场上最重要的信用工具。

中国发行国库券的历史不长，只有60多年的历史。1950年我国发行了最早的国家债券“人民胜利折实公债”，此后中央财政部于1954年至1958年又发行了“国家经济建设公债”。之后，国库券被停发，到1981年恢复发行。在1981年至1996年的十多年里，我国发行的国库券都是实物券。1992年，国家开始发行少量的凭证式国库券，1997年开始就全部采用凭证式和证券市场网上无纸化发行。

资料来源：佚名. 国库券［EB/OL］.［2013-07-28］. http：//wiki.mbalib.com/wiki/国库券.

3.货币共同基金市场

货币市场共同基金是从20世纪70年代开始在美国出现的一种新型投资理财工具。共同基金是将众多的小额投资者的资金集合起来，由专门的经理人进行市场运作，赚取收益后按一定的期限及持有的份额进行分配的一种金融组织形式。主要在货币市场上进行运作的共同基金称为货币市场共同基金。

货币市场共同基金与一般的基金相比，除了具有一般基金的专家理财、分散投资等特点外，还具有以下特征：①货币市场基金投资于货币市场中高质量的证券组合；②货币市场共同基金提供一种有限制的存款账户；③货币市场共同基金所受到的法规限制相对较少。

第三节　资本市场

资本市场（Capital Market）亦称“长期金融市场”或“长期资金市场”，是指融资期限在1年以上的中长期资金交易市场。因为长期金融活动，涉及资金期限长、风险大，具有长期较稳定收入，类似于资本投入，故称为资本市场。在资本市场上，资金供应者主要是储蓄银行、保险公司、信托投资公司及各种基金和个人投资者；而资金需求方主要是企业、社会团体、政府机构等。其交易对象主要是中长期信用工具，如股票、债券等。

资本市场是金融市场的重要组成部分，有许多子市场构成。资本市场根据市场交易工具的发行与流通，可分为一级市场和二级市场；资本市场按融通资金方式的不同，可分为银行中长期信贷市场和证券市场；按市场交易工具不同，可分为股票市场、债券市场和投资基金市场。

一、资本市场的主要特点

与货币市场相比，资本市场具有以下几个典型特征：一是融资期限长，资金借贷量大，以满足长期投资项目的需要。交易工具期限至少在1年以上，最长的可达数十年。例如：中长期债券的期限都在1年以上；封闭式基金存续期限一般都在15～30年；股票没有到期日，属于永久性证券。二是交易的目的主要是为解决长期投资性资金的供求需要。所筹措的长期资金主要是用于补充固定资本，扩大生产能力，如开办新企业、更新改造或扩充厂房设备、国家长期建设性项目的投资。三是流动性相对较差。在资本市场上筹集到的资金多用于解决中长期融资需求，故流动性和变现性相对较弱。四是风险大而收益较高。作为交易工具的有价证券与短期金融工具相比，收益较高而流动性差，价格变动幅度大，有一定的风险性和投机性。

二、资本市场的功能

资本市场是现代金融市场的重要组成部分，在高度发达的市场经济条件下，资本市场的意义已经远远地超出了其原始内涵，成为社会资源配置和各种经济交易的多层次的市场体系，其市场的功能主要体现在资金融通、产权中介和资源配置等几个方面。

1.筹资、投资功能

筹资和投资是资本市场最基本的功能。证券是资本市场上的主要交易工具，一方面资金短缺者在资本市场上通过发行各种证券来达到筹集资金的目的；另一方面资金盈余者通过在资本市场上购进证券而实现投资。在资本市场上交易的任何证券，既是筹资的工具，也是投资的工具。

2.定价功能

资本市场的第二个基本功能是为资本决定价格。证券是资本的表现形式，所以证券的价格实际上是证券所代表的资本的价格。资本市场上证券的价格除与证券发行者的自身信用有关外，其价格高低主要取决于该证券供求双方的力量。证券市场的运行形成了证券需求者和证券供给者的竞争关系，这种竞争的结果是能够产生高投资回报的资本，于是，市场的需求就大，相应地，证券价格就高；反之，价格就低。因此，证券市场提供了资本的合理定价机制。

3.资本配置功能

资本市场的资本配置功能是指通过证券价格引导资本的流动从而实现资本的合理配置的功能。资本市场由于存在强大的评价、选择和监督机制，而投资主体作为理性经济人，始终具有明确的逐利动机，从而促使资金流向高效益部门，表现出资源优化配置的功能。

4.产权功能

资本市场的产权功能是指其对市场主体的产权约束和充当产权交易中介方面所发挥的功能。产权功能是资本市场的派生功能，它通过对企业经营机制的改造、为企业提供资金融通、传递产权交易信息和提供产权中介服务，从而在企业产权重组的过程中发挥着重要的作用。

三、股票市场

股票是股份公司在筹集资本时向出资人（投资人）公开或私下发行的，用以证明出资人的股本身份和权利，并根据持有人所持有的股份数享有权益和承担义务的凭证。股票是一种有价证券，代表着其持有人（股东）对股份公司的所有权，每一股同类型股票所代表的公司所有权是相等的，即“同股同权”。与股票相关的几个概念为：股本、股份、股权、股利和股息等。

（一）股票市场的类型

股票市场是资本市场的重要组成部分，对股票市场进行划分的过程，也是进一步了解股票市场机制、功能和作用的过程。股票市场按照市场功能可分为发行市场和流通市场；按照流通交易形式不同，可分为场内交易市场和场外交易市场；根据投资者范围不同划分，我国股票市场还可分为境内投资者参与的A股市场和专供境外投资者参与的B股市场。

1.股票发行市场

股票发行市场又称一级市场，是指符合条件的发行人（公司）按照法定的程序直接或通过中介机构向投资者出售新发行的股票。所谓新发行的股票，包括初次发行和再发行的股票，前者是公司第一次向投资者出售的原始股（简称IPO），后者是在原始股的基础上增加新的股份额（具体有定向增发和配股）。

各国不同的政治、经济和社会条件，特别是金融体制和金融市场管理的差异，导致了股票发行方式的多样化。股票发行方式根据发行对象不同，可划分为公开发行和非公开发行；根据是否有中介机构协助，可划分为直接发行和间接发行。

（1）公开发行和非公开发行。公开发行又称公募，是指事前没有特定的发行对象，向社会广大投资者公开推销股票的方式。采用这种发行方式，可以扩大股东的范围，分散持股，防止囤积股票或被少数人操纵，有利于提高公司的社会性和知名度，不但可以为以后筹集更多的资金打下基础，而且可以增加股票的适销性和流通性。但是，公募的过程较为复杂，发行成本高，公司需要准备众多的文件资料，并公开有关信息。

非公开发行又称私募，是指发行者只对特定的发行对象销售股票的方式。这种发行方式不但可以节省支付给委托机构的手续费，降低发行成本，而且可以调动股东、员工及其他利益相关方的积极性，巩固和发展公司的公共关系。但是，私募的股票流动性差，不能公开在市场上转让出售。

（2）直接发行和间接发行。直接发行是指股份公司自己承担股票发行的一切事务和发行风险，直接向认购者推销出售股票的方式。直接发行要求发行者熟悉招股手续，精通招股技术并具备一定的条件。由于这种发行方式的风险很大，目前只有一些实力雄厚并有把握实现巨额私募以节省发行费用的大股份公司采用直接发行的方式。

间接发行是指发行者委托证券发行中介机构出售股票的方式。股票在上市发行前，上市公司与股票的代理发行证券商签订代理发行合同，确定股票发行的方式，明确各方面的责任。股票代理发行的方式按发行承担的风险不同，一般分为包销和代销两种。包销是由代理股票发行的证券商一次性将上市公司所发行的全部或部分股票承购下来，并垫支相当于股票发行价格的全部资本。代销是由上市公司自己发行，只委托证券公司代为推销，证券公司代销证券只向上市公司收取一定的代理手续费。

2.股票流通市场

股票流通市场又称二级市场，是投资者之间买卖已发行股票的场所，这一市场为股票创造流动性。二级市场通常可分为有组织的证券交易所和场外交易市场，此外还有具有混合特性的第三市场（The Third Market）和第四市场（The Fourth Market）。股票二级市场包括：

（1）证券交易所交易。证券交易所交易，又称股票上市交易，是指已经发行的股票经证券交易所批准后，在交易所公开挂牌交易的法律行为。股票上市是连接股票发行和股票交易的“桥梁”。在我国，股票公开发行后即获得上市资格。

证券交易所是集中交易发行证券的场所，是证券交易市场的核心。证券交易所是由证券管理部门批准的，为证券的集中交易提供固定场所和有关设施，并制定各项规则以形成公正合理的价格和有稳固的秩序的正式组织。证券交易所的主要功能如下：①提供买卖证券的交易席位和有关交易设施。②制定有关场内买卖证券的上市、交易、清算、交割、过户等各项规则。③管理交易所的成员，执行场内交易的各项规则，对违纪现象做出相应处理。④编制和公布有关证券交易的资料等。

（2）场外交易市场交易。场外交易是相对于证券交易所交易而言的，凡是在证券交易所之外的股票交易活动，都可称作场外交易。场外交易市场又称店头交易市场，是由自营商通过计算机、电话、电传等通信工具建立起来的一个无形交易网络。最具代表性的场外市场是美国的全国证券交易商协会自动报价系统（NASDAQ）。

（3）第三市场和第四市场。第三市场是指原来在证交所上市的股票移到场外进行交易而形成的市场，即非交易所会员在交易所以外从事大笔的在交易所上市的股票交易而形成的市场。应当指出，第三市场交易属于场外市场交易，但与其他场外交易市场的主要区别是第三市场的交易对象是在交易所上市的股票，而其他场外交易市场则是从事未上市的股票在交易所以外交易。

第四市场是指大机构（和富有的个人）绕开通常的经纪人或自营商，彼此之间利用电脑网络直接进行的大宗证券交易。第四市场的交易通常只涉及买卖双方。

我国多层次资本市场的构成如图5-4所示。

图5-4 我国多层次资本市场的构成

知识链接 5-2

我国多层次资本市场的构成

一、场内市场

场内交易市场又称证券交易所市场或集中交易市场，是指由证券交易所组织的集中交易市场。场内交易市场有固定的交易场所和交易活动时间，在多数国家它是全国唯一的证券交易场所，因此是全国最重要、最集中的证券交易市场。证券交易所接受和办理符合有关法令规定的证券上市买卖，投资者则通过证券商在证券交易所进行证券买卖。

1. 主板

主板市场也称为一板市场，指传统意义上的证券市场（通常指股票市场），是一个国家或地区证券发行、上市及交易的主要场所。主板市场对发行人的营业期限、股本大小、盈利水平、最低市值等方面的要求标准较高，上市企业多为大型成熟企业，具有较大的资本规模以及稳定的盈利能力。中国内地主板市场的公司在上交所和深交所两个市场上市。沪市A股票买卖的代码以600、601或603开头，深市A股票买卖的代码以000开头。

2. 中小板

2004年5月，经国务院批准，中国证监会批复同意深圳证券交易所在主板市场内设立中小企业板块。中小板块即中小企业板，是指流通盘大约1亿元以下的创业板块，是相对于主板市场而言的，有些企业的条件达不到主板市场的要求，所以只能在中小板市场上市。中小板市场是创业板的一种过渡，我国中小板的市场代码是以002开头的。

3. 创业板

创业板，又称二板市场（Second-board Market）即第二股票交易市场，是与主板市场（Main-Board Market）不同的一类证券市场，专为暂时无法在主板上市的创业型企业、中小企业和高科技产业企业等需要进行融资和发展的企业提供融资途径和成长空间的证券交易市场，是对主板市场的重要补充，在资本市场有着重要的位置。在中国特指深圳创业板市场，2012年4月20日，深交所正式发布《深圳证券交易所创业板股票上市规则》，并于5月1日起正式实施，将创业板退市制度方案内容落实到上市规则之中。其目的主要是扶持中小企业，尤其是高成长性企业，为风险投资和创投企业建立正常的退出机制，为自主创新国家战略提供融资平台，为多层次的资本市场体系建设添砖加瓦。我国创业板的股票的代码是以300开头的。

二、场外市场

1.全国中小企业股份转让系统

全国中小企业股份转让系统又称“新三板”（National Equities Exchange and Quotations，NEEQ），是经国务院批准设立的全国性证券交易场所，全国中小企业股份转让系统有限责任公司为其运营管理机构。2012年9月20日，公司在国家工商总局注册成立，注册资本30亿元。上海证券交易所、深圳证券交易所、中国证券登记结算有限责任公司、上海期货交易所、中国金融期货交易所、郑州商品交易所、大连商品交易所为公司股东单位。

2.区域性股权交易市场

区域性股权交易市场是为特定区域内的企业提供股权、债券的转让和融资服务的私募市场，一般以省级为单位，由省级人民政府监管。是我国多层次资本市场的重要组成部分，亦是中国多层次资本市场建设中必不可少的部分。对于促进企业特别是中小微企业股权交易和融资，鼓励科技创新和激活民间资本，加强对实体经济薄弱环节的支持，具有积极作用。

目前全国建成并初具规模的区域股权市场有：青海股权交易中心、天津股权交易所 、齐鲁股权托管交易中心 、上海股权托管交易中心 、武汉股权托管交易中心 、重庆股份转让系统 、前海股权交易中心 、广州股权交易中心、浙江股权交易中心、江苏股权交易中心、大连股权托管交易中心、海峡股权托管交易中心等十几家股权交易市场。

资料来源：佚名. 中国多层次资本市场现状及发展［EB/OL］.［2017-05-03］https://www.sohu.com/a/137983011_616099.

（二）股票的价值与价格

股票的内在价值，又称为股票的理论价格，是衡量股票价格高低的主要依据。股票之所以能够有价，是因为股票的持有人，即股东，不但可以参加股东大会，对股份公司的经营决策施加影响，还享有参与分红与派息的权利，获得相应的经济利益。根据资产定价理论，股票的内在价值就是由每年的股息收入和股票出售时的价格这两部分收入按市场利率折算的现值。所以，用折现法来计算股票的内在价值，其数学公式表示为：

$$V=\frac{D_1}{(1+K)^1}+\frac{D_2}{(1+K)^2}+\cdots+\frac{D_n}{(1+K)^n}+\frac{V_n}{(1+K)^n}$$

$$=\sum_{t=1}^{\infty}\frac{D_t}{(1+K)^t}+\frac{V_n}{(1+K)^n}$$

式中：V、D_t、K、t、n分别表示股票内在价值、t期股利所得、投资人要求的报酬率（折现率）、第t期、预计股票持有期数。

股票价格是股票内在价值的货币表现，它以股票价值为基础，并受市场因素的影响，且呈现出不同的价格形式，具体包括票面价值、账面净值、发行价格、市场价格及清算价格这五种。

1. 票面价值

股票的票面价值是指股票票面上标明的金额，表示每股的资本额。其作用是表明每一张股票所包含的资本数额。在我国上海和深圳证券交易所流通的股票的面值均为一元，即每股一元。股票面值的一个作用是表明股票的认购者在股份公司的投资中所占的比例，以此作为确定股东权利的依据。如某上市公司的总股本为1 000 000元，则持有一股股票就表示在该公司占有的股份为1/1 000 000。其另一个作用就是在首次发行股票时，将股票的面值作为发行定价的一个依据。

2. 账面净值

股票的净值又称账面价值，也称每股净资产，是用会计统计的方法计算出来的每股股票所包含的资产净值。其计算方法是用公司的净资产（包括注册资金、各种公积金、累积盈余等，不包括债务）除以总股本，得到的就是每股的净值。股份公司的账面价值越高，则股东实际拥有的资产就越多。由于账面价值是财务统计、计算的结果，数据较精确而且可信度很高，所以它是股票投资者评估和分析上市公司实力的重要依据之一。

3. 发行价格

股票的发行价格是新股票发售时的实际价格。当股票上市发行时，上市公司从公司自身利益以及确保股票上市成功等角度出发，对上市的股票不按面值发行，而制定一个较为合理的价格来发行，这个价格就称为股票的发行价。

4. 市场价格

股票的市场价格是指由股票市场的供求关系决定的价格。通常所指的股票价格就是指市价。股票的市价直接反映着股票市场的行情，是投资者购买股票的依据。由于受众多因素的影响，股票的市价经常变化。

5. 股票清算价格

股票的清算价格是指一旦股份公司破产或倒闭后进行清算时，每股股票所代表的实际价值。从理论上讲，股票的每股清算价格应与股票的账面价值相一致。

股票的理论价格主要取决于两个因素：预期股息收益和市场利率。而股票是特殊的金融资产，其价格高低主要受股票供求关系的影响。因而，影响股票供求关系的因素，也就成为影响股票价格变化的因素。这些因素表现得比较复杂，主要包括：公司经营状况、宏观经济运行状况、经济周期的变动、政治因素和心理因素等。

在股票市场上，股票投资是基于投资者对所想买入股票的价值判断。判断股价一般采用三种方法：第一种是市盈率法。市盈率法是股票市场中确定股票内在价值的最普通、最普遍的方法。通常情况下，股市中平均市盈率是由一年期的银行存款利率所确定的，比如，一年期的银行存款利率为3.87%，对应股市中的平均市盈率为25.83倍，高于这个市盈率的股票，其价格就被高估，而低于这个市盈率的股票，其价格就被低估。第二种方法是资产评估值法，就是把上市公司的全部资产评估一遍，扣除公司的全部负债，然后除以总股本，得出每股股票价值。如果该股票的市场价格小于这个价值，则该股票的价格被低估；如果该股票的市场价格大于这个价值，则该股票的价格被高估。第三种方法就是销售收入法，即用上市公司的年销售收入除以上市公司的股票总市值。如果其值大于1，则该股票的价格被低估；如果其值小于1，则该股票的价格被高估。

知识链接 5-3

世界上著名的股票指数

道·琼斯股票指数是世界上历史最为悠久的股票指数，是目前世界上影响最大、最有权威性的一种股票价格指数。它是在1884年由道·琼斯公司的创始人查理斯·道开始编制的。最初的道·琼斯股票价格平均指数是根据11种具有代表性的铁路公司的股票，采用算术平均法进行计算编制而成。道·琼斯股票价格平均指数是以1928年10月1日为基期。目前，道·琼斯股票价格平均指数共分4组：第1组是工业股票价格平均指数；第2组是运输业股票价格平均指数；第3组是公用事业股票价格平均指数；第4组是平均价格综合指数。

标准·普尔股票价格指数在美国也很有影响，是由美国最大的证券研究机构即标准·普尔公司编制的股票价格指数。该公司于1923年开始编制发表股票价格指数。其最初采选了230种股票，编制两种股票价格指数。到1957年，这一股票价格指数的范围扩大到500种股票，分成95种组合，其中最重要的4种组合是工业股票组、铁路股票组、公用事业股票组和500种股票混合组。标准·普尔股票价格指数以1941年至1943年抽样股票的平均市价为基期，以上市股票数为权数，按基期进行加权计算，其基点数为10。

纽约证券交易所股票价格指数是由纽约证券交易所编制的股票价格指数。它起自1966年6月，先是普通股股票价格指数，后来改为混合指数，包括在纽约证券交易所上市的1 500家公司的1 570种股票。纽约股票价格指数是以1965年12月31日确定的50点为基数，采用的是综合指数形式。

日经道·琼斯股价指数系由日本经济新闻社编制并公布的反映日本股票市场价格变动的股票价格平均数。该指数从1950年9月开始编制，最初根据东京证券交易所第一市场上市的225家公司的股票算出修正平均股价，当时称为“东证修正平均股价”。1975年5月1日，日本经济新闻社向道·琼斯公司买进商标，采用美国道·琼斯公司的修正法进行计算，这种股票指数也就改称“日经道·琼斯平均股价”。1985年5月1日，在合同期满10年时，经两家商议，将名称改为“日经平均股价”。

《金融时报》股票价格指数的全称是“伦敦《金融时报》工商业普通股股票价格指数”，是由英国《金融时报》公布发表的。该股票价格指数包括在英国工商业中挑选出来的具有代表性的30家公开挂牌的普通股股票。它以1935年7月1日作为基期，其基点为100点。该股票价格指数以能够及时显示伦敦股票市场情况而闻名于世。

中国香港恒生指数是香港股票市场上历史最久、影响最大的股票价格指数，由香港恒生银行于1969年11月24日开始发表。恒生股票价格指数包括从香港500多家上市公司中挑选出来的33家有代表性且经济实力雄厚的大公司股票作为成分股，分为4大类：4种金融业股票、6种公用事业股票、9种地产业股票和14种其他工商业（包括航空和酒店）股票。这些股票占香港股票市值的63.8%，因该股票指数涉及香港的各个行业，因此具有较强的代表性。恒生股票价格指数的编制是以1964年7月31日为基期，基点确定为100点。

资料来源：佚名. 世界上几种著名的股票指数［EB/OL］.［2013-03-28］. http: //www.shangxueba.com/jingyan/137042.html.

四、债券市场

债券市场是发行和买卖债券的场所。它是一种直接融资的市场，即不通过银行等信用中介，资金的需求者与资金的供给者直接进行融资，是金融市场的一个重要组成部分。债券市场是一国金融体系中不可或缺的部分。一个统一、成熟的债券市场可以为全社会的投资者和筹资者提供低风险的投融资工具。债券的收益率曲线是社会经济中一切金融商品收益水平的基准，因此债券市场也是传导中央银行货币政策的重要载体。可以说，统一、成熟的债券市场是一个国家金融市场的基础。

（一）债券的类型

债券是投资者向政府、公司或金融机构提供资金的债权债务合同。该合同载明发行者在指定日期支付利息并在到期日偿还本金的承诺，其要素包括期限、面值与利息、税前支付利息、求偿等级、限制性条款、抵押与担保及选择权（如赎回与转换条款）等。以不同的角度、方法和内容为依据，可将债券划分为若干类型。

按发行主体不同，债券可分为政府债券、金融债券和公司（企业）债券。政府债券是政府为筹集资金而发行的债券，主要包括国债、地方政府债券等，其中最主要的是国债。国债因其信誉好、利率优、风险小而又被称为“金边债券”。金融债券是由银行和非银行金融机构发行的债券。在我国，目前金融债券主要由国家开发银行、进出口银行等政策性银行发行。公司债券是企业依照法定程序发行，约定在一定期限内还本付息的债券。公司债券的发行主体是股份公司，但非股份制企业也可以发行债券。

按付息方式不同，债券可分为贴现债券、零息债券和附息债券。贴现债券是指债券券面上不附有息票，发行时按规定的折扣率，以低于债券面值的价格发行，到期按面值支付本息的债券。贴现债券的发行价格与其面值的差额即为债券的利息。零息债券是指债券到期时和本金一起一次性付息、利随本清，也可称为到期付息债券。其付息特点一是利息一次性支付，二是债券到期时支付。附息债券是指债券券面上附有息票的债券，是按照债券票面载明的利率及支付方式支付利息的债券。息票上标有利息额、支付利息的期限和债券号码等内容。持有人可从债券上剪下息票，并据此领取利息。附息国债的利息支付方式一般是在偿还期内按期付息，如每半年或一年付息一次。

按照利率规定不同，债券可分为固定利率债券、浮动利率债券和累进利率债券。固定利率债券是指在偿还期内利率固定的债券。浮动利率债券是与固定利率债券相对应的一种债券，它是指发行时规定债券利率随市场利率定期浮动的债券，其利率通常根据市场基准利率加上一定的利差来确定。浮动利率债券往往是中长期债券。由于利率可以随市场利率浮动，所以采用浮动利率债券形式可以有效地规避利率风险。累进利率债券是指年利率以利率逐年累进方法计息的债券。累进利率债券的利率随着时间的推移，后期利率比前期利率更高，呈累进状态。

按债券形态不同，债券可分为实物债券（无记名债券）、凭证式债券和记账式债券。实物债券是以实物债券的形式记录债权，券面标有发行年度和不同金额，可上市流通。实物债券由于其发行成本较高，将会被逐步取消。凭证式债券是一种储蓄债券，通过银行发行，采用“凭证式国债收款凭证”的形式，从购买之日起计息，但不能上市流通。记账式债券是指没有实物形态的票券，以记账方式记录债权，通过证券交易所的交易系统发行和交易。由于记账式国债发行和交易均采用无纸化，所以交易效率高、成本低，是未来债券发展的趋势。

按担保性质不同，债券可分为有担保债券、无担保债券和质押债券。有担保债券（Secured Bonds）是指以特定财产作为担保品而发行的债券。以不动产如房屋等作为担保品的，称为不动产抵押债券；以动产如适销商品等作为担保品的，称为动产抵押债券；以有价证券如股票及其他债券作为担保品的，称为证券信托债券。一旦债券发行人违约，信托人就可将担保品变卖处置，以保证债权人的优先求偿权。无担保债券（Unsecured Bonds）亦称信用债券，是指不提供任何形式的担保，仅凭筹资人信用发行的债券。政府债券属于此类债券。这种债券由于其发行人的绝对信用而具有坚实的可靠性。除此之外，一些公司也可发行这种债券，即信用公司债。与有担保债券相比，无担保债券的持有人承担的风险较大，因而往往要求较高的利率。为了保护投资人的利益，发行这种债券的公司往往受到种种限制，只有那些信誉卓著的大公司才有资格发行。质押债券（Pledged Bonds）是指以其有价证券作为担保品所发行的债券。我国的质押债券是指已由政府、中央银行、政策性银行等部门和单位发行，在中央国债登记结算有限责任公司托管的政府债券、中央银行债券、政策性金融债券，以及经中国人民银行认可，可用于质押的其他有价证券。

我国商业银行发行债券样例见表5-1。

表5-1 商业银行发行债券样例

代码	名称	发行人	发行总额（亿元）	期限（年）	发行价格（元）	票面利率（发行参考利率）（%）	债券信用评级
S332707.TB	14光大银行二级	中国光大银行股份有限公司	162.00	10.00	100.00	—	AAA
1420011.IB	14盛京银行二级	盛京银行股份有限公司	22.00	10.00	100.00	6.1800	AA
1420009.IB	14杭银二级	杭州银行股份有限公司	40.00	10.00	100.00	6.1800	AA
1421004.IB	14天津农商二级	天津农村商业银行股份有限公司	36.00	10.00	100.00	6.9000	AA
1428005.IB	14招商二级01	招商银行股份有限公司	113.00	10.00	100.00	6.4000	AA+
1428004.IB	14平安二级02	平安银行股份有限公司	60.00	10.00	100.00	6.5000	AA+
1420006.IB	14厦国银二级	厦门国际银行股份有限公司	30.00	10.00	100.00	6.9000	AA
1421003.IB	14工商农商二级	江苏江南农村商业银行股份有限公司	10.00	10.00	100.00	6.9000	AA-
1428003.IB	14民生二级	中国民生银行股份有限公司	200.00	10.00	100.00	6.6000	AA+
1421002.IB	14厦门农商二级	厦门农村商业银行股份有限公司	6.00	10.00	100.00	6.9000	A+
1428001.IB	14平安二级	平安银行股份有限公司	90.00	10.00	100.00	6.8000	AA+
1420001.IB	14锦行二级	锦州银行股份有限公司	15.00	10.00	100.00	7.0000	AA-
1321001.IB	13滨农商二级	天津滨海农村商业银行股份有限公司	15.00	10.00	100.00	6.5000	A+
1320008.IB	13阜新银行债	阜新银行股份有限公司	2.00	10.00	100.00	7.4500	A+
1220028.IB	12三峡银行债	重庆三峡银行股份有限公司	9.00	10.00	100.00	6.8000	A+
1220029.IB	12贵阳银行债	贵阳银行股份有限公司	12.00	10.00	100.00	6.5000	AA-
1220030.IB	12天津银行债01	天津银行股份有限公司	15.00	10.00	100.00	5.9000	AA
1221004.IB	12北京农农商债	北京农村商业银行股份有限公司	51.00	10.00	100.00	5.6000	AA

续表

代码	名称	发行人	发行总额（亿元）	期限（年）	发行价格（元）	票面利率（发行参考利率）（%）	债券信用评级
S105006.IB	12招行债01	招商银行股份有限公司	0.00	10.00	100.00	—	AA+
S105103.IB	12广发债01	广发银行股份有限公司	0.00	10.00	100.00	—	AA+
1220027.IB	12乐山银行债	乐山市商业银行股份有限公司	5.00	10.00	100.00	7.1000	A+
1220025.IB	12日照银行债	日照银行股份有限公司	6.00	10.00	100.00	5.5000	A+
S95424.IB	12农行01	中国农业银行股份有限公司	0.00	10.00	100.00	—	AAA
1220024.IB	12温州银行债	温州银行股份有限公司	12.00	10.00	100.00	6.5000	A+
S92002.IB	12上海次级债01	上海银行股份有限公司	0.00	10.00	100.00	—	AA+
1220020.IB	12华融汀江银行债	华融汀江银行股份有限公司	15.00	10.00	100.00	6.3000	AA-

（二）债券的内在价值和价格

债券的内在价值，又称债券的理论价格，是指债券的未来各期利息支付额的现值与到期偿还本金的现值之和，即债券能够带来的所有的未来货币收入的折现值。决定债券内在价值的主要变量有三个：①债券的期值（根据期限、利率和票面额计算）；②债券的待偿期（从交易时点到债券偿还日）；③市场收益率（购买人要求债券所提供的实际收益率）。在这三个条件中，期值是已定的，待偿期是已知的，因此，只要给出市场收益率，便可计算出债券的理论价格。债券的转让价格和市场收益率成反比关系，即市场收益率上升，则转让价格下跌；市场收益率下降，则转让价格上涨。

债券价格是指债券内在价值的货币变现。债券价格主要分为发行价格和交易价格，理论上，债券的面值就是它的价格。需要指出的是，虽然从理论上讲债券的内在价值（理论价格）决定转让价格，但并不一定是转让市场上的实际成交价格，而债券实际价格的形成还要受到交易成本、供求状况等一系列因素的影响。影响债券转让价格的主要因素包括以下几点：

（1）市场利率。货币市场利率的高低与债券价格的涨跌有密切关系。当货币市场利率上升时，用于债券的投资减少，于是债券价格下跌；当货币市场利率下降时，可流入债券市场的资金增多，投资需求增加，于是债券价格上涨。

（2）经济发展情况。经济发展情况的好坏，对债券市场行情有较大的影响。当经济发展呈上升趋势时，生产对资金的需求量较大，投资需求上升，债券发行（供给）量增加，市场利率上升，由此推动债券价格下降；当经济发展不景气、生产过剩时，生产企业对资金的需求急剧下降，债券发行减少，市场利率下降，债券价格随之上涨。

（3）物价水平。物价的涨跌会引起债券价格的变动。当物价上涨的速度较快时，人们出于保值的考虑，纷纷将资金投资于房地产或其他可以保值的物品，债券供过于求，从而会引起债券价格的下跌；当物价水平下降时，银根放松，市场预期收益率下降，债券的价格便随之上升。

（4）中央银行的公开市场操作。为调节货币供应量，中央银行于信用扩张时在市场上抛售债券，这时债券价格就会下跌；而当信用萎缩时，中央银行又从市场上买进债券，这时债券价格则会上涨。

（5）新债券的发行量。当新债券的发行量超过一定限度时，会破坏债券市场供求的平衡，使债券价格下跌。

（6）投机操纵。在债券交易中进行人为的投机操纵，会造成债券行情的较大变动。特别是在初建证券市场的国家，由于市场规模较小，人们对于债券投资还缺乏正确的认识，加之法规不够健全，因而使一些非法投机者有机可乘，以哄抬或压低价格的方式造成市场供求关系的变化，影响债券价格的涨跌。

（7）汇率。汇率的变动对债券市场行情的影响很大。当某种外汇升值时，就会吸引投资者购买以该种外汇标值的债券，使债券价格上涨；当某种外汇贬值时，人们纷纷抛出以该种外汇标值的债券，债券价格就会下跌。

（三）债券的信用评级

债券的信用评级是根据一定的指标体系对债券还本付息的可靠程度进行综合评定，并通过债券的等级指标将其表示出来。其目的是将发行人的资信和偿债的可靠程度公布于众，以保护投资者的利益，供投资者决策参考。对债券的发行者而言，信用等级具有重要的意义。如果其发行的债券获得了很高的信用等级，在发行市场上该债券的发行不仅可以顺利进行，而且可以以较低的利率发行从而降低成本；在流通市场上由于其风险程度较低，会受到更多投资者的追捧，因而其流通价格也会维持在较高的水平上。

1.评级内容

债券评级不是评价债券的市场价格、市场销路和投资收益，而是评价债券的发行质量、发行人的资信和投资者可能承受的风险。具体而言，评级的主要内容包括：①分析债券发行单位的偿债能力；②考察发行单位能否按期付息；③评价发行单位的费用；④考察投资人承担的风险程度。

2.评级机构

美国标准普尔公司和穆迪公司是目前国际上公认的最具权威性的信用评级机构。这两家公司负责评级的债券范围很广泛，包括地方政府债券、公司债券、外国债券等。由于它们占有详尽的资料，采用先进科学的分析技术，又有丰富的实践经验和大量专门人才，因此所做出的信用评级具有很高的权威性。

美国标准普尔公司和穆迪公司都是独立的私人企业，不受政府的控制，也独立于证券交易所和证券公司。它们所做出的信用评级不具有向投资者推荐这些债券的含义，只是供投资者决策时参考。因此，这两家信用评级机构对投资者负有道义上的义务，但并不承担任何法律上的责任。标准普尔公司信用等级标准从高到低可划分为：AAA级、AA级、A级、BBB级、BB级、B级、CCC级、CC级C级和D级。穆迪公司信用等级标准从高到低可划分为：Aaa级、Aa级、A级、Baa级、Ba级、B级、Caa级、Ca级、C级和D级。两家机构信用等级划分大同小异。前四个级别债券信誉高，风险小，属于投资级债券；从第五级开始的债券信誉低，属于投机级债券。

3.等级标准

国际上流行的债券等级是3等9级：AAA级为最高级，AA级为高级，A级为上中级，BBB级为中级，BB级为中下级，B级为投机级，CCC级为完全投机级，CC级为最大投机级，C级为最低级。

本章概要

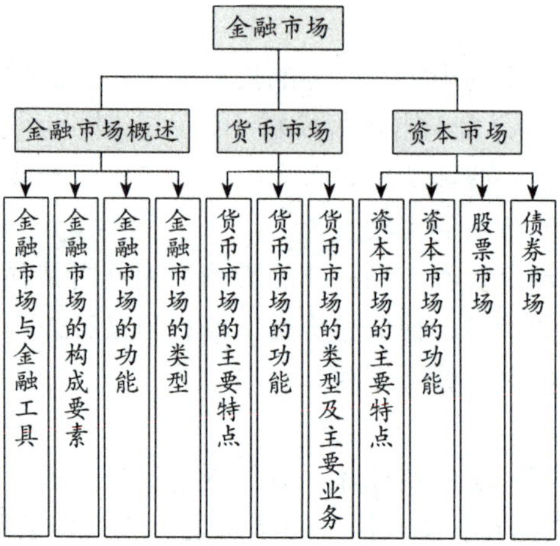

思考与练习

一、选择题

1.按资金的偿还期限，金融市场可分为（　　）。

A.一级市场和二级市场　　B.同业拆借市场和长期债券市场

C.货币市场和资本市场　　D.股票市场和债券市场

2.（　　）是金融市场所具有的主要功能。

A.价格发现　　B.减少搜寻成本和信息成本

C.提供流动性　　D.实现储蓄–投资转化

3.下列属于短期资金市场的是（　　）。

A.债券市场　　B.资本市场　　C.票据市场　　D.股票市场

4.短期资金融通市场又称为（　　）。

A.初级市场　　B.货币市场　　C.资本市场　　D.次级市场

5.长期资金融通市场又称为（　　）。

A.货币市场　　B.资本市场　　C.初级市场　　D.次级市场

6.下列属于资本市场的是（　　）。

A.同业拆借市场　　B.股票市场　　C.票据市场　　D.大额可转让定期存单

二、简答题

1.什么是货币市场？它包括哪些子市场？其主要功能有哪些？

2.在证券市场上，一级市场、二级市场、第三市场和第四市场分别是指什么？

3.什么是银行间同业拆借市场？其特点是什么？

4.大额可转让定期存单与普通定期存单有哪些区别？

5.什么叫债券回购？回购价格应如何计算？

第六章　通货膨胀和通货紧缩

学习目标

通过本章的学习，掌握通货膨胀和通货紧缩的定义及其治理对策，同时了解通货膨胀和通货紧缩的成因。

导入案例

津巴布韦1 000亿元等于1美元　通货膨胀达百分之百万

津巴布韦也许是世界上唯一一个亿万富翁与香车、美女、洋房联系不起来的国家。一张1 000亿元的钞票仅仅等价于1美元。这场经济危机开始于1980年，自这个国家获得独立以来，通货膨胀率已经达到了2 200 000%。2008年年初，政府已经开始发行100万元、500万元、1 000万元和最高5亿元的钞票。

“百万富翁”希卡姆巴的职业是津巴布韦的一名出租车司机。他成天开着他那辆破瘪的汽车在首都哈拉雷兜揽生意。希卡姆巴每揽到一个生意，起步收费都在100万津元以上。或许你会觉得那是一个天文数字，但是事实上津巴布韦官方通货膨胀率已经接近1 000%，这打破了非战争状态国家通货膨胀率的历史纪录，而其市场通货膨胀率则更高。

津巴布韦现在无疑是全球百万富翁最多的国家，但它同时也是全球最穷的国家之一。根据津巴布韦当时的官方汇率，每10美元就可以换到10.1万津元，而黑市上则可以换到2至3倍的官方汇率。

通货急剧膨胀给津巴布韦带来的另一个直接后果就是，目前这里最为紧俏的日用品之一竟然是点钞机。津巴布韦的国营报纸上每天都充斥着日本和新加坡生产的高质量点钞机的广告，而每台点钞机的价格在3.45亿～12亿津元。

津巴布韦自2001年起就深受经济大幅衰退和通货膨胀率飙高之苦，2008年情况更加恶化，津巴布韦的老百姓们似乎正处于爆发的边缘。尽管国家安全机构的特工们无处不在，但他们还是公开发泄不满，在他们的口中，没有对现任政府的一句好话。

“这场危机已经影响到了社会的方方面面”，哈拉雷市民联合会的巴纳布斯·曼弋德拉说，“我们正在一颗定时炸弹上。当人们一无所有的时候，炸弹就要爆炸了，他们也不会再在乎什么镇压了。”

资料来源：中央电视台《中国财经报道》栏目组. 直面通胀［M］. 北京：机械工业出版社，2009.

通过上述案例思考：通货膨胀的发生对自己的生活有哪些影响？为了应对通胀，可以采取哪些措施？本章将会揭开通胀现象的谜底。

第一节　通货膨胀

一、通货膨胀的定义、度量与类型

（一）通货膨胀的定义

通货膨胀是货币供求失衡的表现形式，它是指在纸币流通的条件下，由于流通中的货币供应量超过了商品流通的客观需求量，从而引起纸币贬值和价格总水平持续明显上涨的经济现象。通常通货膨胀的含义应包含以下几点：

（1）通货膨胀不仅是货币现象，也是一种经济现象。通货膨胀是因为货币供应量超过经济生活的客观需要，导致货币贬值、物价上涨。通货膨胀与货币供应量有关，所以可以说它是一种货币现象。同时，通货膨胀又是一种经济现象，因为货币供应量的多少是相对商品供给而言的。

（2）通货膨胀与物价上涨紧密相关，但不等同。通货膨胀会导致物价上涨，但物价上涨并不一定会出现通货膨胀。引起物价上涨的因素很多，比如商品本身价值增加、商品供求变化、稀缺资源的成本提高等。这些物价的上涨并不是由于货币发行量过多所引发的，所以不属于通货膨胀的范畴。

（3）通货膨胀表现为货币贬值，物价普遍持续上涨。首先，通货膨胀的外在现象为一般物价总水平的上涨，而不是个别商品或者劳务价格的上涨。其次，物价水平的上涨不是短暂的，而是一个持续的过程。最后，通货膨胀的隐形现象为单位纸币所代表的价值量下降，即纸币贬值。

（二）通货膨胀的度量

物价总水平的上涨是通货膨胀的必然结果，所以通货膨胀的程度可以借助物价上涨的幅度来衡量。目前，世界各国通常采用的物价指数有以下三种：

1. 居民消费价格指数

居民消费价格指数（CPI），是根据家庭消费中具有代表性的商品或劳务（如食品、衣服、日用消费品，以及水、电、住房、交通、医疗、娱乐等）的价格编制的指数。居民消费价格指数的优点是资料容易收集，公布次数频繁，通常为每月一次，能够迅速直接地反映居民生活费用的变化。其缺点是范围较窄，没有涵盖公共部门的消费、生产资料和各类资本品等。

知识链接 6-1

我国的居民消费价格指数

CPI是反映与居民生活有关的消费品及服务价格水平的变动情况的重要宏观经济指标，也是宏观经济分析与决策以及国民经济核算的重要指标。一般来说，CPI的高低直接影响着国家的宏观经济调控措施的出台与力度，如央行是否调息、是否调整存款准备金率等。同时，CPI的高低也间接影响资本市场（如股票市场、期货市场、资本市场、金融市场）的变化。因此其是各界最为关注的经济数据之一。

1.统计范围

全国居民消费价格指数（CPI）涵盖全国城乡居民生活消费的食品烟酒、衣着、居住、生活用品及服务、交通和通信、教育文化和娱乐、医疗保健、其他用品和服务8大类、262个基本分类的商品与服务价格。

2.调查方法

采用抽样调查方法抽选确定调查网点，按照“定人、定点、定时”的原则，直接派人到调查网点采集原始价格。数据来源于全国31个省（区、市）500个市县、8.3万余家价格调查点，包括商场（店）、超市、农贸市场、服务网点和互联网电商等。

3.计算公式

CPI=一组固定商品按当期价格计算的价值÷一组固定商品按基期价格计算的价值×100%

CPI表示对普通家庭的支出来说，购买具有代表性的一组商品，在今天要比过去某一时间多花费多少，例如，若2005年某国普通家庭每个月购买一组商品的费用为1 000元，而2015年购买这一组商品的费用为1 100元，那么：

以2005年为基期：

$CPI_{2005}=1\,000\div1\,000\times100\%=100\%$，$CPI_{2015}=1\,100\div1\,000\times100\%=110\%$

2015年CPI所衡量的通货膨胀率=$(CPI_{2015}-CPI_{2005})\div CPI_{2005}\times100\%=10\%$

4.数据公布

CPI月度数据由国家统计局通过新闻发布的形式统一公布，公布形式包括国务院统一安排的新闻发布会和国家统计局官方网站的传播。国家统计局发布CPI的时间，月度一般在月后13日左右，季度、年度则延至月后20日左右。

居民消费价格指数公布内容包括：（1）全国及各省（区、市）CPI；（2）36个大中城市CPI。国家统计局CPI月度新闻稿中含有总指数、大类指数及部分中类指数（如食品类中的粮食价格、油脂价格、肉禽及制品价格、鲜蛋价格、水产品价格、鲜菜价格、鲜果价格、调味品价格等）的变化描述。

资料来源：根据中华人民共和国国家统计局网站相关资料整理。

2.工业生产者出厂价格指数

工业生产者出厂价格指数（PPI），是衡量工业企业产品出厂价格变动趋势和变动程度的指数，是反映某一时期生产领域价格变动情况的重要经济指标，也是制定有关经济政策和国民经济核算的重要依据。

一般而言，PPI上涨会对CPI形成正向传导，其主要逻辑链条是“生产→流通→消费价值链”，即PPI居于CPI上游，PPI涨跌会对CPI形成正向传导，PPI波动通常领先于CPI，具体表现为生产资料等要素价格上涨和企业生产成本上升，企业部门把成本上升转嫁给消费者，带动CPI上升。

生产者价格指数的优点是对商业周期反应灵敏，缺点是只计算生产商品的价格变动，没有包括商品最终消费时的价格变动，其价格波动幅度常常小于零售商品的价格波动幅度。因此，在用它来判断总供给与总需求的对比关系时，可能会出现信号失真的现象。

拓展阅读6-1

整体PPI通胀率连年下行，可能令工业领域投资增速承压

3.国民生产总值平减指数

国民生产总值平减指数（GNP deflator）是按照当年价格计算的国民生产

总值与按不变价格计算的国民生产总值的比率，其计算公式为：

$$\text{GNP平减指数} = \frac{\text{按当年价格计算的GNP}}{\text{按不变价格计算的GNP}}$$

国民生产总值平减指数的优点是范围广泛，包括居民消费品、公共部门的消费、生产资料和资本产品以及进出口商品，因此能够较为准确地反映一般物价水平的变动趋势。其缺点是资料不易搜集，多数国家每年只统计一次，因而不能迅速及时地反映一国通货膨胀的程度和走向。

由于以上三种指数各有利弊，多数国家在测量通货膨胀时不仅仅使用一种方法，而是会对几种指数进行综合分析，进而判断通货膨胀形势。

（三）通货膨胀的类型

通货膨胀是一种复杂的经济现象，有许多不同的类型。人们根据不同的标准，对通货膨胀进行了划分。

1.按通货膨胀的程度划分

按照通货膨胀的程度，其可分为温和式、奔腾式和恶性通货膨胀三种类型。

（1）温和式通货膨胀是指价格总水平上涨率在3%～10%，价格水平上涨缓慢，短期内不易察觉，但是持续时间较长。西方经济学家认为，物价上涨率在3%以内的，不能称之为通货膨胀。

（2）奔腾式通货膨胀是指物价上涨率在2位数以上，而且发展速度很快。这种类型的通货膨胀会对社会经济生活产生重大影响。由于物价上涨速度和幅度较大，导致社会公众为了避免遭受损失而抢购商品、抛售货币，进而引发市场动荡的局面。

（3）恶性通货膨胀，或称极度通货膨胀。其特点是价格上升特别猛烈，货币贬值持续发展，达到天文数字，经济生活秩序紊乱，货币已经完全丧失了价值贮藏功能，甚至最终导致货币制度的崩溃。

拓展阅读6-2

德国历史上的恶性通货膨胀

2.按照市场机制的作用划分

按照市场机制的作用划分，通货膨胀可以分为公开性通货膨胀和隐蔽性通货膨胀。

（1）公开性通货膨胀是指在较为完善的市场机制下，政府对经济不加以严格管制，价格对供求反应灵敏，即商品价格可以自由地随着市场供求而变动。只要出现通货膨胀，价格水平就会明显地、直接地上涨。

（2）隐蔽性通货膨胀是由于政府对商品和劳务价格通过计划统制、资金控制、物资配给等手段进行了严格的控制，一般物价水平表面上保持稳定，而实际上出现物资短缺、黑市盛行、有价无市等所表现出来的物价水平总体上涨的情况。

3.按照是否存在预期划分

按照人们对通货膨胀是否存在预期，可将通货膨胀划分为预期性通货膨胀和非预期性通货膨胀。

（1）预期性通货膨胀是通货膨胀过程被经济主体预期到了，人们为了避免经济损失，在各类交易、合同、投资中采取各种补偿性行为引发的物价上升现象。比如，资金盈余者为了保证实际利息收入，会要求提高名义利率；为了规避通货膨胀所引发的生产成本增加，经营者会提高商品价格；工人在通货膨胀的预期下会要求提高工资；商家为了维持既定的利润水平，从而提高产品的价格。

（2）非预期性通货膨胀是指未被经济主体所预见，在没有心理预期的情况下产生了通货膨胀。

> **课堂讨论 6-1**
> 请结合日常生活，讨论通货膨胀会带来哪些方面的影响？

二、通货膨胀的成因

通货膨胀现象的产生有着多种多样复杂的原因，一般来说，可以将其成因总结为以下四个方面：

（一）需求拉上型通货膨胀

需求拉上型通货膨胀是由于社会总需求过度增长超过了社会总供给，从而导致物价上涨，即有效需求过多所引起的一般物价水平的上涨。当生产资源和要素已经被充分利用，产量再增加已经不可能，而社会消费和投资支出激增，形成社会的总需求大于总供给的膨胀性缺口时，会引起物价水平的普遍上升。一般需求拉上型通货膨胀又被通俗地表达为“过多的货币追逐过少的商品”。

（二）成本推进型通货膨胀

成本推进型通货膨胀是指在商品和劳务的需求不变的情况下，因生产成本的提高而引起的商品价格的上涨。具体而言，生产成本的提高有以下三种情况：一是工资成本推动。这是因为工资的增长率超过了劳动生产率的增长率，单位产品成本提高，企业为了维持既定的利润，必然提高产品价格，最终导致通货膨胀的产生。简单来说，就是工资、物价的螺旋式上升。二是原材料成本推动。在协作性的社会条件下，关联企业之间由于上游企业或部门价格上升，中下游企业的成本就相应上升，厂商会通过提高价格维持原有利润水平。三是垄断利润推动。在企业垄断市场的情况下，垄断企业为了追逐高额利润，牟取暴利，经常大幅度提高垄断商品的价格，造成物价总水平的上升。

（三）结构型通货膨胀

结构型通货膨胀是指社会的总供求处于均衡状态，由于结构失衡而引起的通货膨胀。随着经济发展，产业结构不断调整，一些部门（需求增加部门、扩展部门、开放部门）处于扩张状态，日渐兴起，而另一些部门（需求减少部门、非扩展部门、非开放部门）处于收缩状态，逐渐衰落。对于需求增加的新兴部门来说，其产品价格和工资会上涨，而在社会各部门间相互看齐的过程中，由于价格和工资刚性原理，需求减少的部门的工资和商品价格并没有相应下跌，结果引起物价总水平普遍、持续上升。

（四）输入型通货膨胀

输入型通货膨胀是指由于国外商品或生产要素价格的上涨，引起国内物价总体水平的上升。由于国际经济关系日趋密切，一国价格的上升很容易通过价格、需求、国际收支等渠道传导至其他国家。

案例分析 6-1

“涨”声响起来 我心很无奈

2010年，财经界可谓异彩纷呈，那些具有深远影响的事件依然让人记忆犹新。2010

年，老百姓嘴里念叨最多的、耳边听到频率最高的字眼莫过于“涨、涨、涨”。一年里，“蒜你狠”“豆你玩”“姜你军”“糖高宗”“药你命“玉米疯”“棉里针”等一个个新词“你方唱罢我登场”。其背后是农产品等一些品种大幅度，甚至是翻着筋斗地成倍上涨，颇有“涨不惊人誓不休”的架势。

这波农产品的接力涨价自2009年起。2009年，在“甲流”等疫情之下，大蒜价格疯涨，涨价周期一直持续到2010年。在这期间，大蒜价格疯涨数10倍，一度超过5元/千克，蒜价甚至超过肉、鸡蛋，买蒜也只能论个来买。随后，2010年绿豆的价格也从以往的每千克1～1.5元飙涨至5元以上，部分地区甚至涨到7元/千克。

2010年11月，我国居民消费价格指数（CPI）同比上涨5.1%，创28个月来新高。其中，11月份食品类价格对CPI上涨的“贡献”率为74%。央行第四季度调查显示，73.9%的居民认为“物价高，难以接受”，“涨价”成了老百姓不能承受之重。

网友“千年极寒”感慨道：“涨价很给力，工资太不提气。冬天了，想买件棉大衣御寒吧，进商场一看，一件很普通的棉衣价格都突破千元了。这哪里是棉大衣啊，这分明就是个消受不了、伺候不起的‘棉大爷’啊！”

网友“空中飞鱼”调侃道：“餐桌上摆满‘杯具’，荷包里装满了‘心酸’。套用一句老歌词，‘涨声响起来，我心很无奈，瘪瘪的荷包愧于带。涨声响起来，我心更明白，这点钱只能吃白菜’。”

资料来源：于红波.“涨”声响起来　我心很无奈［EB/OL］.［2010-12-30］. http://www.cs.com.cn/xwzx/11/201012/t20101230_2727857.html.

问题：是什么原因导致我国物价上涨？怎么解决这个问题？

三、通货膨胀的对策

通货膨胀会破坏正常的经济秩序，主要表现在以下几个方面：第一，不利于生产投资，造成企业经济核算困难；第二，不利于分配，使得人们的实际收入降低；第三，不利于流通，加剧商品供求矛盾，投机行为盛行。因此，各国政府对通货膨胀都要加以治理。由于通货膨胀的形成、原因、性质及表现形态不一致，因此根据不同的成因，治理通货膨胀的方法千差万别。下面介绍五种较为常见的治理对策。

（一）紧缩性政策

针对需求拉上型通货膨胀，政府往往采取紧缩性的政策来减少社会总需求，促使总需求与总供给趋于一致。传统的紧缩性政策由紧缩性货币政策和紧缩性财政政策组成。

1.紧缩性货币政策

（1）提高法定存款准备金率。通过降低商业银行的信用创造能力，从而达到紧缩信贷规模、减少投资、收缩货币供应量的目的。

（2）提高再贴现率。通过增加商业银行的贷款成本，促使其提高贷款利率和贴现率，增加企业的借款成本，抑制企业的借款需求，减少投资，控制商业银行的信贷规模，减少货币供应量。

（3）公开市场业务。中央银行通过公开市场向商业银行或企业单位、居民个人出售有价证券，回笼货币资金，从而达到控制信贷规模、减少流通中的货币供应量。

总体来说，通过运用传统的三大货币政策工具，从而达到紧缩商业银行的贷款规模、降低货币供应量、减少投资、抑制总需求的目的。

2. 紧缩性财政政策

（1）增加税收。增加税收可以减少企业或个人的可支配收入，抑制私人企业投资和个人消费需求。

（2）削减政府支出。一方面，削减购买性支出，包括政府投资、军费开支、行政事业费用等；另一方面，削减转移性支出，包括各种福利支出、财政补贴等。政府支出的减少，可以直接减少总需求，因为政府开支是总需求的组成部分。同时，减少政府支出，可以削减财政赤字，减少货币发行。

（二）收入政策

针对成本推动型通货膨胀，收入政策是一种较为有效的方法。收入政策是政府制定的一套关于物价和工资的行为标准，劳资双方共同遵守。其目的是通过采用强制性或非强制性的货币工资和价格政策，在降低通货膨胀率的同时，不引发大规模的失业。

1. 确定工资-物价指导线

工资-物价指导线是指政府当局在一定年份内允许货币总收入增长的目标数值线，并据此采取相应的措施控制每一个部门工资增长率。在指导线内，由工会和雇主协商工资增长率。在实施过程中，对特定的工资或物价进行政府施压，使得工会和雇主让步；对一般性的工资或物价，政府主要采用说服方式。

2. 税收手段

政府将税收作为奖励或惩罚的手段来限制工资—物价的增长，即按工资增长率征收特别税。如果增长率保持在规定范围内，政府就减少个人所得税或者企业所得税，以此作为奖励；如果超过界限，政府就对这类工资增长快的企业增加税收。通过税收手段，能抑制收入增长速度，降低企业的生产成本，缓解成本推进型通货膨胀。

3. 工资管制

工资管制又叫工资冻结，是政府通过立法程序，强行把全社会的工资和物价冻结在某一固定水平上的措施。通过工资管制的办法，严禁哄抬物价和乱涨价，减轻由于成本推进导致的通货膨胀。超过既定水平者，将受到法律的制裁。该政策的缺陷在于：它的实施与否取决于劳资双方与政府合作的意愿；同时禁止涨价抑制了资源转移的动力。鉴于这种方式的副作用较大，一般只有在非常时期才使用。

（三）改善供给

从商品的角度来讲，通货膨胀是由于总供给小于总需求所产生的。因此，可以通过提高劳动生产力、刺激生产、增加供给，来缩减供求差距，从而抑制通货膨胀。改善供给的措施主要有：

（1）减税，促使个人和企业的净收入增加，促进生产，增加供给。

（2）削减社会福利开支，杜绝人们对政府的依赖，促使人们勤勉工作，增加供给。

（3）减少对企业的限制，鼓励企业采用新技术提高产出比例。

（四）结构调整

针对结构型通货膨胀，令各产业部门之间保持一定的比例，可以避免通过工资和物价，使部分部门的供求关系失衡传导至其他部门，从而造成物价的总体上涨。通常可以采取微观财政政策和货币政策来调整经济结构。所谓“微观政策”是指政府针对单独的经济个体制订具体的方案。微观财政政策主要包括：实行不同的税收方案、调整税率和税收范围；调整政府支出的项目和各项目的支出额。微观的货币政策主要是通过控制不同行业和部门的信贷条件和借款数量，以及采取差别化利率来影响贷款结构和总额，从而引导资金的流向。

(五) 货币改革

当通货膨胀已经达到不可抑制的状态，整个货币制度已经处于或接近崩溃的边缘，上述的对策已经无济于事时，政府一般会实行货币改革，废除旧币，发行新币，同时对新币制定一些保证币值稳定的措施，以消除旧币流通的混乱局面。

第二节　通货紧缩

一、通货紧缩的定义与类型

(一) 通货紧缩的定义

通货紧缩是一个与通货膨胀相反的概念，是指物价总体水平持续、普遍的下降。这种现象的产生是由于流通中的货币供应量少于商品流通的需要，引起货币不断升值，价格水平普遍下降。

准确理解货币紧缩的定义，应当注意把握以下几点：首先，通货紧缩的本质是一种货币现象，即货币供应量增幅落后于经济增长，根源在于总需求对总供给的偏离。当总需求小于总供给时，就会造成市场疲软的现象。其次，通货紧缩是一般物价水平长时间持续下降，下降幅度明显。最后，通货紧缩一般与经济衰退相伴随。伴随货币的增值，货币购买力加强，消费者偏向储蓄行为，消费需求水平下降；由于物价下跌，企业利润下降甚至亏损，导致工业生产萎缩、失业率上升、投资需求减弱、市场萎缩。

案例分析 6-2

日本：泡沫十年

日本的盛世要追溯到20多年前，那是日本最扬眉吐气的岁月，介绍日本发展经验的书堆满了书店，连一贯骄傲的美国人也开始向日本学习。日本的繁荣在1991年前后达到顶峰，然而，顶峰过后却是万丈深渊，这是人们始料未及的。

20世纪60年代后，日本的国际竞争力大大提高，其生产的家用电器、小汽车凭借精致的工艺很快占领了欧美发达国家的市场。1966年，日本国民生产总值首次超过英国，1967年超过了法国，到1968年，日本GNP规模超过了德国，位居世界第二。到了1975年，日本已经成为世界最大的汽车出口国。依靠出口，日本开始出现巨额贸易顺差，而美国却在1985年出现了有史以来的第一次“双赤字”。于是，日本和美国之间的贸易摩擦开始升级。在里根政府的推动下，1985年的OECD七国财长与中央银行行长在美国广场饭店签订了日本人迄今仍耿耿于怀的“广场协议”(Plaza Agree-merit)。其宗旨是，美元对世界其他主要货币的比率在未来两年内将贬值30%，也就是间接逼迫日元升值。

因为日元升值，日本国内的各类成本以美元计价都上涨了。很多日本企业为了降低成本而转向对外投资，到海外建立工厂，利用海外廉价的劳动力，这直接造成日本国内出现大规模失业。失业增多导致国内需求降低。由于日元越来越值钱，这也激发了日本人向外扩张的豪情壮志。日本企业将巨额资金转投到美国，购买美国国债和房地产，并且开始大量购买美国企业。1989年，索尼公司以34亿美元的高价买下了哥伦比亚影片公司，后更名为索尼影像娱乐公司；松下电器产业公司则购买了美国音乐公司；三菱公司购买了洛克菲勒财团的洛克菲勒中心大厦。美国人因此惊呼日本人竟然在购买美国。这一时期正是美国房地产泡沫的顶峰时期，现在看来，日本资金的进入其实只是替别人接盘而已。几年后，当三菱公司不得不卖出洛克菲勒中心大厦的时候，其价格已经下跌了近一半。

1989年，日本的经济泡沫已经到达巅峰，日本政府终于意识到泡沫经济的严重性。1989年5月31日，日本银行改变了货币政策方向，把法定贴现率提高到3.25%。1989年年底，强烈主张抑制泡沫经济的三重野康出任日本银行总裁。上任伊始，他便把法定贴现率从3.75%提高到4.25%，日本超低利率的时代终于结束。1990年4月，大藏省要求银行对房地产公司贷款的增长速度不得超过其贷款总额的增长速度。1990年9月，日本银行又通过所谓的“窗口指导”，要求所有都市银行把1990年第四季度的新增贷款额比上年同期减少30%。紧缩的货币政策很快反映到股票和房地产市场。1990年11月，日经指数跌至22 211点。经济主体信心的丧失，导致这些资产大幅缩水，接着便是银行不良资产的上升以及投资和消费需求的下降，通货紧缩随之而来。泡沫经济的急速崩溃出乎日本政府的意料，因此，日本政府再次决定降低利率。从1991年7月至12月，日本政府连续三次降息。然而，这对经济的复苏却收效甚微。一方面，银行必须处理大量坏账，从而减少贷款；另一方面，居民预期的改变使得公司的融资变得越来越困难。1992年，日本的经济增长速度下降到了1.1%，1993年又进一步下降到0.1%，通货紧缩进一步恶化。

东京、大阪等大城市的地价开始回落，并从1991年开始一路下跌。统计数据显示，1991年到1992年间，东京地区住宅土地价格的下降幅度为22%，大阪地区为36%，名古屋地区为13%。大多数日本人都是借钱买房子，泡沫经济崩溃后，房子的价格下降了一半，那时候即使将房子卖了也只能偿还半数借款。

金融机构、房产公司更是倒闭无数，日本经济随后进入衰退期，直到现在，其经济仍一直在衰退与复苏之间挣扎。同样没有恢复到过去水平的还有房价，许多日本人至今还没还清当时的贷款。

资料来源：初晓. 日本经济泡沫与失落的十年［N］. 中国信息报，2008-10-15（8）.

问题：根据所给资料，请思考什么是通货紧缩，并分析通货紧缩的危害。

（二）通货紧缩的类型

按照不同的标准，通货紧缩可以划分为不同的类型。

1.按照发生程度的不同划分

按照通货紧缩发生程度的不同，其可划分为相对通货紧缩和绝对通货紧缩。

（1）相对通货紧缩是指物价水平在零值以上，在适合一国经济发展和充分就业的物价水平区间以下，物价水平虽然还是正增长，但已经低于该国正常经济发展和充分就业所需要的物价水平，通货处于相对不足的状态。这种情形已经开始损害经济的正常发展，虽然是轻微的，但如果不加重视，可能会由量变到质变，对经济发展的损害会加重。

（2）绝对通货紧缩是指物价水平在零值以下，即物价出现负增长，这说明一国通货处于绝对不足状态。这种状态的出现极易造成经济衰退和萧条。根据对经济的影响程度，其又可以分为轻度通货紧缩、中度通货紧缩和严重通货紧缩。而这三者的划分标准主要是物价绝对下降的幅度和持续的时间长度。一般来说，物价出现负增长，但幅度不大（比如-5%），时间不超过两年的称为轻度通货紧缩。物价下降幅度较大（比如-10%～-5%），时间超过两年的称为中度通货紧缩。物价下降幅度超过两位数，持续时间超过两年甚至更长的情况称为严重通货紧缩，20世纪30年代世界性的经济大萧条所对应的通货紧缩就属于此类。

2.按照产生的原因不同划分

按照产生的原因不同，通货紧缩可划分为需求不足型通货紧缩和供给过剩型通货紧缩。

（1）需求不足型通货紧缩，是指由于总需求不足，使得正常的供给显得相对过剩而出现的通货紧缩。由于引起总需求不足的原因可能是消费需求不足，投资需求不足，也可能是国外需求减少，或者几种因素共同造成的不足，因此，依据造成需求不足的原因，可以把需求不足型通货紧缩进一步分为消费抑制型通货紧缩、投资抑制型通货紧缩和国外需求减少型通货紧缩。

（2）供给过剩型通货紧缩，是指由于技术进步和生产效率的提高，在一定时期产品数量的绝对过剩而引起的通货紧缩。这种产品的绝对过剩只可能发生在经济发展的某一阶段，如一些传统的生产、生活用品（像钢铁、落后的家电等），在市场机制调节不太灵敏，产业结构调整严重滞后的情况下，可能会出现绝对的过剩。这种状态从某个角度来看，它并不是一个坏事，因为它说明人类的进步，是前进过程中的现象。但这种通货紧缩如果严重的话，则说明该国市场机制存在较大缺陷，同样会对经济的正常发展产生不利影响。

3.按照表现方式不同划分

按照表现方式不同，通货紧缩可以分为显性通货紧缩和隐性通货紧缩。

在一般情况下，通货紧缩的界定可以用物价水平的变动来衡量，因为通货紧缩与通货膨胀一样是一种货币现象。但是，如果采取非市场的手段硬性维持价格的稳定，则会出现实际产生了通货紧缩，但价格可能并没有降低下来的状况，而这种类型的通货紧缩就是隐性通货紧缩。隐性通货紧缩的存在为我们的判断带来了困难，但并不影响我们以物价水平的变化作为通货紧缩的标准，就像隐性通货膨胀的存在不影响我们以物价水平作为通货膨胀是否发生的判断标准一样。

二、通货紧缩的成因

通货紧缩是一种复杂的经济现象，不同的国家在不同的时期发生通货紧缩的具体原因各不相同。同时，通货紧缩往往是由多方面原因综合引发的。概括来说，导致通货紧缩的原因可以包含以下几个方面：

（一）有效需求不足

通货紧缩产生的根源是有效需求不足（社会对消费品和生产资料的购买能力和支付能力不足），也就是在实体经济中，总需求小于总供给，现实经济增长低于潜在经济增长。引起有效需求不足的原因有以下几种：第一，消费需求不足。当人们预期收入增长率下降、未来经济形势走弱时，价格会持续下跌，这促使人们更多地增加储蓄、削减消费。第二，投资需求不足。当企业预期物价下跌时，实际利率会上升，从而导致企业的投资成本增加、边际收益下降，最终造成投资需求减弱。第三，消费需求和投资需求会进一步相互影响。若各种投资品的价格下降，则会影响到消费品。当物价水平整体呈下降趋势时，社会消费需求下降，这使得企业出现利润下降甚至亏损的情况，以致企业不愿意再继续扩大生产，从而使投资意愿下降。

（二）货币因素——紧缩性政策

通货紧缩往往是在通货膨胀后发生的。在通货膨胀下，市场需求旺盛，消费和投资热情高涨，货币当局为了控制由于一般物价水平持续性的上涨带来的恶性影响，一般会采取紧缩性政策来抑制总需求，包括采取紧缩性货币政策（具体做法参照上述通货膨胀相关内容）来降低货币供应量，以及采取紧缩性财政政策来削减财政支出、转移公共开支。这些政策的实施虽然有利于控制总需求的过度膨胀，但是由于从紧的货币政策和财政政策具有一定的惯性，所以投资和消费的缩减超过预期，同时，如果经济增长已经趋缓，但却未能及时调整原有的紧缩政策，则会形成社会总需求过分萎缩，使市场出现疲软，产生通货紧缩现象。

（三）生产能力过剩

通货紧缩是由于社会总供给远远大于社会总需求而产生的。生产能力过剩也就是社会总供给过多，如果总需求不足，会导致企业的库存增加，预期利润下降。在市场竞争的压力下，企业为了获得利润或减少损失，会采取降低价格的做法。在这个过程中，有些企业会削减生产规模或者被迫停产，这又进一步导致企业投资和居民消费需求减退，加剧市场需求不足，物价继续下跌。

（四）汇率制度

如果一国实行盯住强势单一货币的联系汇率制度，一旦本国货币被高估，那么，本国商品价格就会失去优势，从而导致出口下降、国内商品过剩、企业经营困难、社会需求减少，进而物价会持续下跌。对于出口导向型国家尤为如此，出口减少将直接造成对本国产品需求的减少，使得本国生产出现供给大于需求的情况，导致物价水平下降。

三、通货紧缩的对策

通货紧缩会导致市场银根紧缩，出现消费需求不足、企业产品大量积压、商品流通不畅、企业经营困难、生产萎缩、收入减少、失业率增加等情况。所以，各国会通过各种政策措施来促使一般物价水平回归均衡。

（一）扩张性政策

如果通货紧缩主要是由于有效需求不足所引起，那么必须实施扩张性政策增加总需求。增加总需求的方法主要有扩张性货币政策和扩张性财政政策。

1.扩张性货币政策

扩张性货币政策，也称积极的货币政策，是指通过增加货币供给量来刺激有效需求的增加。此政策包括降低法定存款准备金率，增强商业银行创造派生存款的能力，增加货币供应量；降低再贴现率，减少商业银行的借款成本，鼓励银行扩大信贷规模，刺激消费和投资需求；在公开市场业务中买进有价证券。

2. 扩张性财政政策

扩张性财政政策，也称积极的财政政策，是指增加政府支出和减免税收。首先，国家通过扩大财政支出（发行国债或者财政赤字），增加对投资品的购买，弥补私人部门对社会总需求的不足，带动企业和私人部门投资，刺激国内需求。其次，减免税收，实施税收优惠，增加个人的实际收入，降低企业的税收支出，刺激消费和投资需求的增长，促进经济的发展。

（二）金融政策

通货紧缩主要是由实体经济导致的。一旦发生通货紧缩，就会产生产品滞销、生产萎缩、银行呆账坏账增加等现象。为了防患于未然，货币部门应当建立健全金融风险防范制度，促进利率结构、信贷供给结构以及信贷需求结构协调发展。

拓展阅读 6-3

德拉吉创造了一个历史——打开负利率魔盒

（三）调整和改善供给结构

通货紧缩表现为社会总供给大于社会总需求，物价总体水平下降。这也是由于生产能力过剩、供给结构不合理所造成的。要从根本上解决供给结构问题，就必须进行产业结构和产业组织结构的调整。其具体做法包括：减少过剩部门或行业的产量、鼓励新技术企业的发展、提高企业技术创新能力、推进产业结构升级、培育新的经济增长点，形成新的消费热点。

案例分析 6-3

中国经济通缩又来敲门？

自 2014 年下半年以来，随着中国经济下行压力加大，关于中国是否通缩的讨论此起彼伏，但各方对通缩的定义以及判断尚未达成共识。

中国上一次对抗通缩还要追溯到 1998 年。当年中国消费者物价指数（CPI）和生产者物价指数（PPI）突然都大幅下降，央行采取了经济和行政改革措施予以应对，包括加快加入 WTO 的步伐以及大力投资基建项目。这些努力很快得到了回报，几年后，通缩之战结束，经济重新开始增长。

随着经济增长放缓，最近几个月人们对中国通缩的担忧一直在扩散。自 2013 年以来，中国 GDP 增速一直在下降，而且根据各种经济机构的估计，今年年底中国经济增速可能跌破 7%，创下 20 多年来最低水平。

2015 年 5 月，中国居民消费价格指数年内首次增速回落，同比上涨 1.2%，生产者物价指数连续 39 个月负增长；近期日元开启大跌模式，全面跌破 30 年支撑位，刷新了 13 年来最低纪录；中国经济增长继续放缓，产能过剩……把这些现象联系起来看，通缩风险尚未走远。中国社科院经济研究员张兵为这些经济数据给出了简单的解释：“中国正处于通缩的边缘。”

资料来源：佚名. 中国正在叩响通缩之门？可向 1998 年取经［EB/OL］.［2015-06-11］. http://www.qianzhan.com/analyst/detail/463/150611-f9974519.html.

问题：请结合所给资料分析，如果通货紧缩来临，我们应当如何应对？

本章概要

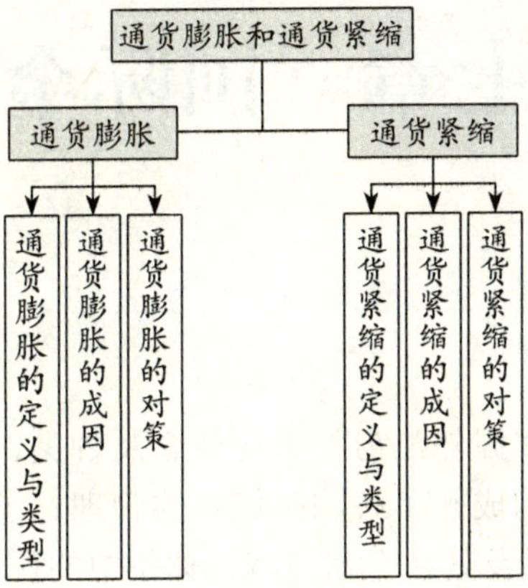

思考与练习

一、选择题

1.一般物价水平的高低由（　　）来表现。

A.工资水平　　B.税收　　C.利润水平　　D.物价指数

2.针对需求拉上型通货膨胀，政府一般采取的措施是（　　）。

A.紧缩性货币政策和财政政策　　B.紧缩性货币政策

C.扩张性财政政策　　D.扩张性货币政策和财政政策

3.以积极刺激生产的方法增加供给，同时压缩总需求来抑制通货膨胀的治理对策为（　　）。

A.控制需求　　B.收入指数化　　C.改善供给　　D.货币改革

4.通货紧缩形成的主要原因是（　　）。

A.货币供应量不足　　B.货币流通速度下降

C.价格下降　　D.有效需求不足

5.以下关于通货膨胀的描述正确的是（　　）。

A.通货膨胀仅为一种货币现象

B.通货膨胀与物价上涨紧密相关但又有区别

C.通货膨胀中的物价上涨存在两种方式：公开和隐蔽

D.通货膨胀是指部分商品的价格水平持续上涨

6.紧缩性收入政策的主要手段有（　　）。

A.税收　　B.工资管制

C.削减政府财政支出　　D.确定工资-物价指导线

二、简答题

1.简述造成需求拉上型通货膨胀的原因。

2.分析通货膨胀对经济的影响。

第七章　国际金融

学习目标

通过本章的学习，掌握外汇与汇率的概念及种类，汇率的标价方法与变动因素；掌握国际储备的构成并了解国际储备的管理；了解主要的国际金融机构及其宗旨和业务活动，以及其在全球经济一体化中的作用。

导入案例

索罗斯血洗东南亚

1997年7月，以乔治·索罗斯为首的国际投机商开始对觊觎已久的东南亚金融市场发动攻击。他们抛售泰铢，买进美元，致使泰铢价格直线下跌。其目的很明确：搅乱东南亚金融市场，从而浑水摸鱼，狠捞一笔。而东南亚一些国家房地产、外汇储备、金融市场管理的混乱与失控，给投机者提供了千载难逢的机会。“吃柿子挑软的拿”，索罗斯的如意算盘是：先从最不堪一击的泰国、印度尼西亚、马来西亚入手，进而搅乱亚洲“四小龙”中的新加坡、韩国、中国台湾，最后攻占中国香港，以此塑造他们无坚不摧的形象，进而击溃市场信心，引发“群羊”心理。索罗斯认为，只要击垮一个国家的金融市场，其他国家就不可避免地一个接着一个倒下，这就是所谓的“多米诺”效应。

1997年5月，国际货币投机商开始大举沽售泰铢，兑换美元，致使汇率大幅下跌。面对投机商气势汹汹的进攻，泰国央行与新加坡央行联手入市，双管齐下，企图捍卫泰铢阵地。它们动用了120亿美元吸纳泰铢，禁止本地银行拆借泰铢给离岸投机者，大幅度提高利率。一番短兵交战之后，泰铢的地位暂时保住了。

对此，国际货币投机商进行了强有力的反击，他们的招数只有一个：筹集资金，狠抛泰铢。索罗斯开始节节挺进。与此同时，泰铢贬值的浪潮一浪接着一浪，泰铢兑换美元的汇率屡创新低。泰国政府临阵换将，财政部长庵雷·威拉旺被迫辞职。泰国政府此举，犹如在波涛汹涌的湖面上投下一颗重磅炸弹，菲律宾成了受害者，比索汇率开始大幅起落。

庵雷·威拉旺的黯然离去未能阻止泰铢的节节失利。同年6月，国际货币投机商开始出售美国国债筹集资金，再度向泰铢发起致命一击。泰国央行奋起还击。此时，人心惶惶，人人自危，在太平盛世掩盖下的各种弊端开始暴露出来。为了稳定军心，6月30日，泰国总理差厄利发表电视讲话：“我再次重申，泰铢不会贬值，我们将让那些投机分子血本无归。"可是泰国的金融市场像个扶不起的阿斗，此时的泰国央行已弹尽粮绝，仅有的300亿美元的外汇储备早已花光。就在泰国总理讲话两天之后，泰国央行被迫宣布实行浮动汇率制，放弃长达13年之久的泰铢与美元挂钩的汇率制，当天，泰铢重挫20%。7月24日，泰铢跌至1美元兑32.63泰铢的历史最低水平。泰国政府被国际投机商一下子卷走了40亿美元，许多泰国人的腰包也被掏个精光。7月29日，泰国央行行长伦差·马拉甲宣布辞职。8月5日，泰国央行决定关闭42家金融机构。至此，泰铢终于失守。

索罗斯初战告捷，但他并不满足，他决定席卷整个东南亚，再狠捞一把。于是，"索罗斯飓风"很快就刮到了印度尼西亚、菲律宾、缅甸、马来西亚等国家。印尼盾、菲律宾比索、缅元、马来西亚林吉特等纷纷大幅度贬值，导致工厂倒闭、银行破产、物价上涨。这场席卷东南亚的"索罗斯飓风"一举卷走了百亿美元之巨的财富，使这些国家几十年的经济增长化为灰烬。

东南亚的金融危机还迅速波及拉美和东欧及其他亚洲的外汇和证券市场，巴西、波兰、希腊、新加坡、中国台湾等国家和地区的外汇和证券市场也发生了动荡，货币与证券价格纷纷下跌，这些国家和地区政府也不得不动用国库来支持货币与证券市场。许多国家和地区已到了谈"索"色变的地步。

资料来源：李明. 东南亚金融危机十年再回首［J］. 凤凰周刊，2007（225）.

通过上述案例思考：索罗斯的操作为何会带来如此大的影响？不同国家之间的货币究竟存在着什么样的联系？

第一节 外汇与汇率

一、外汇概述

（一）外汇的概念

外汇是国际汇兑（Foreign Exchange）的简称，一般可分为动态外汇和静态外汇。

动态外汇是指货币在各国间的流动，以及把一个国家的货币兑换成另一个国家的货币，借以清偿国际债权债务关系的一种专门性的经营活动。这种活动并不表现为现金的直接支付，而是由外汇银行办理。通过银行间往来账户划拨资金完成委托支付或债权转让，进行国际间债权债务的结算。

静态外汇是指以外国货币表示的、为各国普遍接受的、可用于国际间债权债务结算的各种支付手段，即外币或以外币表示的用于国际结算的支付手段和信用凭证。通常我们所说的外汇是指静态外汇。并不是所有的外币资产都是外汇，它必须是以外币表示的可用于对外支付的金融资产，且具有充分的可兑换性，以及能够在国际经济交易中被各国普遍接受和使用。

根据现行的《中华人民共和国外汇管理条例》，外汇的具体形态包括：

（1）外币现钞，包括纸币和铸币（表7-1中列举了部分常见国家和地区的货币符号）；

（2）外币支付凭证，包括票据、银行存款凭证、银行卡等；

（3）外币有价证券；

（4）特别提款权；

（5）其他外汇资产。

表7-1 部分常见国家和地区的货币符号

货币名称	货币符号	货币名称	货币符号
人民币	CNY	美元	USD
英镑	GBP	日元	JPY
港币	HKD	加拿大元	CAD
瑞士法郎	CHF	澳大利亚元	AUD
新加坡元	SGD	欧元	EUR
瑞典克朗	SEK	泰铢	THB
丹麦克朗	DKK	新西兰元	NZD
挪威克朗	NOK	韩元	KRW

（二）外汇的种类

1.根据是否可自由兑换，外汇可分为自由外汇和记账外汇

自由外汇是指无须经过货币发行国的外汇管理当局批准，就可以自由兑换成其他国家货币或者向第三者办理支付的外汇，如美元、港币、加拿大元等。自由外汇是世界上各国普遍都能接受的支付手段。

记账外汇又称清算外汇或双边外汇，是指记账在双方指定银行账户上的外汇，不能兑换成其他货币，也不能对第三国进行支付。

2.根据外汇的来源和用途，外汇可分为贸易外汇和非贸易外汇

贸易外汇，也称实物贸易外汇，是指来源于或用于进出口贸易的外汇，即由于国际的商品流通所形成的一种国际支付手段。例如，在对外贸易中因收付贸易货款、佣金、运输费和保险费等发生的外汇收支。

非贸易外汇是指贸易外汇以外的一切外汇，即一切非来源于或用于进出口贸易的外汇，如劳务外汇、旅游外汇、侨汇和捐赠外汇等。

3.根据外汇的交割期限，外汇可分为即期外汇和远期外汇

即期外汇又称外汇现货或现汇。外汇买卖成交后，买卖双方必须在两个营业日内收进或付出的外汇。

远期外汇又称期汇交易，是指交易双方在成交后并不立即办理交割，而是事先约定币种、金额、汇率、交割时间等交易条件，到期才进行实际交割的外汇交易。交割期限最短为1周，也可以长达1年。

二、汇率概述

（一）汇率的概念

汇率又称外汇行市或汇价，是两个不同货币之间的比价或交换比率，即以一种货币表示另一种货币的价格。由于世界各国（各地区）货币的名称不同、币值不一，因此一种货币对其他国家（或地区）的货币要规定一个兑换率，即汇率。

外汇买卖是以汇率为基础的。如果把外汇看作一种可以在国际市场上自由兑换、自由

买卖的特殊商品，那么汇率就是这种特殊商品的“价格”。

（二）汇率的标价方式

由于汇率具有双向性的特点，因此确定两种不同货币之间的比价，要先明确以哪个国家的货币作为标准。由于标准不同，汇率的标价就产生了两种方式。

1. 直接标价法

直接标价法是以一定单位（1、100、1 000、10 000）的外国货币为标准，计算应付多少单位本国货币。目前，在国际外汇市场上，世界上绝大多数国家都采用直接标价法。例如，1 美元=6.2058 人民币，对我国来说，就是直接标价法。

在直接标价法下，外国货币的数额是固定不变的，本币数额的变化表示着外汇汇率的变化。如果一定数额的外币折合本币数额增加，则外币升值，本币贬值；反之，如果一定数额的外币折合本币数额减少，则外币贬值，本币升值。

2. 间接标价法

间接标价法是以一定单位的本国货币为标准，折成若干外国货币的标价方式。例如，1 英镑=1.5494 美元，对英国来说，就是间接标价法。在国际外汇市场上，实行间接标价法的国家主要有美国、英国、欧元区。

在间接标价法下，本国货币的数额是固定不变的，外币数额的变化表示着外汇汇率的变化。若一定单位的本币折算外币的数额增多，则本币升值，外币贬值；反之，若一定单位的本币折算外币的数额减少，则本币贬值，外币升值。

（三）汇率的种类

1. 按银行买卖外汇的角度划分，汇率可分为买入汇率和卖出汇率

买入汇率，也称买入价，是指银行向同业或客户买入外汇时所使用的汇率。

卖出汇率，也称卖出价，是指银行向同业或客户卖出外汇时所使用的汇率。

外汇银行等金融机构买卖外汇是以盈利为目的，所以买入和卖出之间有差价，差价是银行买卖外汇的收益，一般为1‰～5‰。表 7-2 中显示了中国银行在 2015 年 6 月 11 日的人民币即期外汇牌价。

表 7-2 中国银行人民币即期外汇牌价

日期：2015 年 6 月 11 日　　单位：人民币/100 外币

货币名称	现汇买入价	现钞买入价	现汇卖出价	现钞卖出价
澳大利亚元	479.96	465.15	483.34	483.34
巴西雷亚尔	—	191.07	—	208.98
加拿大元	503.50	487.95	507.54	507.54
瑞士法郎	663.02	642.55	668.34	668.34
丹麦克朗	93.65	90.76	94.41	94.41
欧元	699.22	677.65	704.14	704.14
英镑	958.31	928.74	965.05	965.05
港币	79.90	79.26	80.20	80.20

续表

货币名称	现汇买入价	现钞买入价	现汇卖出价	现钞卖出价
印尼卢比	—	0.0451	—	0.0483
日元	5.0204	4.8654	5.0556	5.0556
韩元	—	0.5409	—	0.5866
澳门元	77.70	75.09	77.99	80.49
马来西亚林吉特	165.60	—	166.76	—
挪威克朗	79.47	77.02	80.11	80.11
新西兰元	433.58	420.20	436.62	439.23
菲律宾比索	13.73	13.31	13.85	14.27
俄罗斯卢布	11.37	10.68	11.47	11.47
瑞典克朗	74.77	72.46	75.37	75.37
新加坡元	459.92	445.73	463.16	463.16
泰铢	18.39	17.82	18.53	19.10
新台币	—	19.38	—	20.78
美元	619.44	614.47	621.92	621.92

2. 按制定汇率的方法划分，汇率可分为基本汇率和套算汇率

基本汇率是指一国货币与某一关键货币的比率。所谓关键货币，是指各国在制定汇率时必须选择某一国货币作为主要对比对象。根据本国货币与关键货币实际价值的对比，制定出对它的汇率，这个汇率就是基本汇率。一般美元是国际支付中使用较多的货币，各国都把美元当作制定汇率的主要货币，把对美元的汇率作为基本汇率。

套算汇率是指各国在制定出基本汇率后，再参考主要外汇市场，推算出本国货币与非关键货币之间的汇率。

3. 按国际货币制度的演变划分，汇率可分为固定汇率和浮动汇率

固定汇率是指由政府制定和公布，并只能在一定幅度内波动的汇率。固定汇率不是永远不变的，在纸币流通条件下及经济形势发生较大变化时，就需要对汇率水平进行调整。

浮动汇率是指由市场供求关系决定的汇率。一国货币当局不规定一国货币与另一国货币的比价，当外汇供不应求时，外币升值，本币贬值；当外汇供过于求时，外币贬值，本币升值。

4. 按银行外汇付汇方式划分，汇率可分为电汇汇率、信汇汇率和票汇汇率

电汇汇率是指经营外汇业务的本国银行在卖出外汇后，收到本币的当天，即以电报委托其国外分支机构或代理行付款给收款人所使用的汇率。

信汇汇率是指银行开具付款委托书，用信函方式通过邮局寄给付款地银行转付收款人所使用的汇率。

票汇汇率是指银行在卖出外汇时，开立一张由其国外分支机构或代理行付款的汇票交给汇款人，由其自带或寄往国外取款所使用的汇率。

5.按外汇买卖的交割日期划分，汇率可分为即期汇率和远期汇率

即期汇率，也称现汇汇率，是指买卖外汇双方成交当天或两天以内进行交割的汇率。

远期汇率是指在未来一定时期进行交割，而事先由买卖双方签订合同、达成协议的汇率。

（四）影响汇率变动的因素

1.国际收支状况

国际收支是一国对外经济活动的综合反映，它是短期内影响一国汇率变动最直接的因素。当一国国际收支出现顺差时，说明外汇的流入大于流出，外汇供给大于外汇需求，外币贬值，本币升值；反之，当一国国际收支出现逆差时，说明外汇的流入小于流出，外汇供给小于外汇需求，外币升值，本币贬值。

2.经济增长率

一国的经济增长与汇率变动有着错综复杂的关系，可能导致本币升值，也可能导致本币贬值。首先，与其他国家相比，如果一国实际增长率较快，居民收入增加，那么会使该国增加对外国商品和劳务的需求，进口增加，从而带来外汇需求的增加，外汇供不应求，促使外币升值，本币贬值；其次，经济增长，本国劳动效率提高，会提高本国商品的国际竞争力，从而加大国际市场对本国商品的需求，进而加大对本国货币的需求，本币升值，外币贬值；最后，一国经济增长，国外资本流入该国，从而引起本币升值，外币贬值。

3.利率

利率是对金融市场资本供求状况的反映，也是借贷资本的成本和利润。各国利率水平存在差异，促使资本从利率低的国家流向利率高的国家。当一国提高利率时，会吸引资本由国外流向国内，增加对本国货币的需求，本币升值，外币贬值；相反，如果一国利率较低，则会导致国内资本外流，加大对外国货币的需求，本币贬值，外币升值。

4.通货膨胀

通货膨胀意味着一国本币购买力下降，出现对内贬值的现象，在其他条件不变的情况下，货币对内贬值必然会引起对外贬值。首先，因为通货膨胀的产生会使国内商品价格普遍上涨，商品中包含出口商品，该国出口商品价格上升会影响该国在国际市场上的竞争力，失去价格优势，同时也会增加对其他国家商品的进口，外汇需求量增加，外币升值，本币贬值；其次，当一国出现通货膨胀时，国际游资会预期该国货币贬值，从而将手中持有的该国货币兑换为其他币种，该国货币供给增加，本币贬值。

5.政府干预

为了保持一国汇率的稳定，各国货币当局都会在外汇市场上通过买卖外汇改变外汇市场的供求，对汇率进行干预。例如，当一个国家想要通过出口导向拉动经济时，中央银行会在国际外汇市场上买进外汇，投放本币来干预汇率，使本币贬值，增加出口。虽然这种干预不能从根本上改变汇率的长期走势，但是对汇率的短期走势仍有重要影响。

三、汇率制度

汇率制度，又称汇率安排，是指一国货币当局对本国汇率水平的确定、汇率变动的基

本方式、调整和管理汇率的原则等问题进行一系列的安排或规定。按照汇率变动的幅度，汇率制度主要有固定汇率制度和浮动汇率制度两种。

（一）固定汇率制度

固定汇率（Fixed Exchange Rate）制度是在金本位制下和布雷顿森林体系下通行的汇率制度，这种制度规定本国货币与其他国家货币之间维持一个固定比率，汇率波动只能限制在一定范围内，由官方干预来保证汇率的稳定。

1.金本位制下的固定汇率制度

在金本位制下，金币是用一定重量和成色的黄金铸造的，可以自由对外进行支付结算。虽然各国的金币形状、大小不一，但是含金量是固定的。因此，两种货币之间的汇率是按照两国本位币含金量之比来决定的。两个实行金本位制的国家的单位货币的含金量之比，被称为铸币平价。

例如，1925—1931年英国规定1英镑金币的重量为123.2744格令（Grains），成色为22K（Karats），即1英镑含113.0015格令纯金（123.2744×22/24）；美国规定1美元金币的重量为25.8格令，成色为0.9000K，则1美元含23.22格令纯金（25.8×0.9000）。根据含金量之比，英镑与美元的铸币平价是：113.0015÷23.22=4.8666，即1英镑的含金量是1美元含金量的4.8666倍，或1英镑可兑换4.8666美元。

按照等价交换的原则，铸币平价是决定两国货币汇率的基础，但它并不是实际汇率。铸币平价是法定的，一般不会轻易变动，而实际汇率受外汇市场供求影响，经常上下波动。当外汇供不应求时，实际汇率就会超过铸币平价；当外汇供过于求时，实际汇率就会低于铸币平价。正像商品的价格围绕价值不断变化一样，实际汇率也围绕铸币平价不断涨落。但是，在典型的金本位制下，由于黄金可以不受限制地输入输出，不论外汇供求的力量多么强大，实际汇率的涨落都是有限度的，即被限制在黄金的输出点和输入点之间。

黄金输出点和输入点统称黄金输送点，是指在金本位制下，汇率涨落引起黄金输出和输入国境的界限。它由铸币平价和运送黄金费用（包装费、运费、保险费、运送期的利息等）两部分构成。铸币平价是比较稳定的，运送费用是影响黄金输送点的主要因素。以直接标价法表示，黄金输出点等于铸币平价加上运送黄金费用，黄金输入点等于铸币平价减去运送黄金费用。

假定，在美国和英国之间运送价值为1英镑黄金的运费为0.02美元，英镑与美元的铸币平价为4.8666美元，那么对美国厂商来说，黄金输送点是：

黄金输出点=4.8666+0.02=4.8866（美元）

黄金输入点=4.8666−0.02=4.8466（美元）

在1929—1933年的世界性经济危机的冲击下，国际金本位制在1936年彻底崩溃，至此，以金本位制为基础的固定汇率制度也随之灭亡。

2.布雷顿森林体系下的固定汇率制度

1944年，在美国的布雷顿森林城召开了联合国货币金融会议，会上确立了以美元为中心的固定汇率制度。这一汇率制度的最大特征就是确立了“双挂钩”原则，即美元与黄金直接挂钩，各国货币与美元直接挂钩。美国政府规定1美元的含金量为0.888671克纯金，各会员国货币对美元的汇率按各国货币的含金量与美元确定固定比价，或直接规定与美元的固定比价，这个固定比价被称为黄金平价或货币平价。根据市场供求关系，汇率可以上下浮动正负1%。超过此幅度，各国政府有义务进行干预，使汇率回到规定的幅度之内。由此可见，纸币流通制度下的固定汇率制度，由于规定了波动的幅度，因此仍是比较稳定的汇率制度。

1973年以后，随着布雷顿森林体系的解体，各国政府不再规定纸币的含金量，固定汇率制度开始向浮动汇率制度转变。

（二）浮动汇率制

1973年2月以后，西方各主要国家开始实行浮动汇率制，即两国货币的比价不加以固定，也无汇率波动的界限规定，而是根据外汇市场供求的变化决定本国货币与外国货币的比值。目前，各国政府为了本国利益，或多或少会对汇率进行干预。因此，纯粹意义上的浮动汇率制是不存在的。

拓展阅读7-1

人民币汇率制度的演变

浮动汇率制与固定汇率制相比，不仅有利于增强各国实行本国货币政策的自主性，避免或减弱国际性通货膨胀的传播，而且节约外汇储备，促进经济发展，无须以牺牲国内经济为代价实现国际收支均衡，同时还有利于各国参与经济金融活动的积极性、主动性和创造性。

第二节　国际储备

一、国际储备概述

（一）国际储备的概念

国际储备，又称官方储备，是一国货币当局所持有的，能够用来平衡国际收支差额、进行国际支付和保持汇率稳定的所有流动资产的总称。按照这一定义，一种资产如果要成为国际储备，必须具备四个特征：一是官方持有，只有货币当局直接掌握并可使用的资产才能称为国际储备；二是可得性，货币当局必须完全随时能够获得这种资产；三是流动性，这种资产必须随时能够变现；四是普遍接受性，这种资产必须得到国际的普遍认可。

（二）国际储备的构成

1.黄金储备

黄金储备是一国货币当局作为金融资产所持有的黄金。在金本位制时期，黄金是最重要的储备资产。自1976年以来，国际货币基金组织推行黄金非货币化，黄金同各国的货币脱钩，不再用于国际支付结算，失去货币的价值尺度和流通职能。然而，由于黄金具有稳定性，因此它仍然是各国愿意保留的资产之一。货币当局仍然在市场上通过黄金交易平衡国际收支的差额。2015年世界部分国家和地区或组织的黄金储备排名见表7-3。

2.外汇储备

外汇储备是一国货币当局持有的以国际货币表示的流动资产的总和。它的主要形式有国外银行存款和外国政府债券。作为国际储备中的外汇储备的货币必须可以自由兑换、币值稳定且人们能够普遍接受和使用。目前，外汇储备呈现多样化，其中美元、欧元是较为重要的外汇储备。

表 7-3　2015 年世界部分国家和地区或组织的黄金储备排名

排名	国家和地区或组织	储备量（吨）	黄金占外汇储备比率	排名	国家和地区或组织	储备量（吨）	黄金占外汇储备比率
1	美国	8 133.50	72.60%	8	瑞士	1 040.00	7.70%
2	德国	3 384.20	67.80%	9	日本	765.2	2.50%
3	国际货币基金组织	2 814.00	—	10	荷兰	612.5	57.20%
4	意大利	2 451.80	66.60%	11	印度	557.7	6.90%
5	法国	2 435.40	65.60%	12	土耳其	514.9	16.00%
6	俄罗斯	1 207.70	13.00%	13	欧洲央行	504.8	27.60%
7	中国	1 054.10	1.10%	14	中国台湾	423.6	4.10%

注：数据截至 2015 年 3 月 11 日。

资料来源：根据全球经济数据整理得出。

3. 国际货币基金组织的储备头寸

国际货币基金组织的储备头寸，又称普通提款权，是指会员国在国际货币基金组织普通账户中可以自由提取和使用的资产。如果要成为国际货币基金组织的会员国，在加入时，该国必须缴纳一笔资金，这笔资金被称为“份额”。同时，该组织规定，在认购份额时，其 25% 必须以可兑换货币缴纳，其余 75% 可用本国货币缴纳。当该国需要外汇储备时，则可用本国货币作为抵押申请提用可兑换货币。这里可以提用的这部分资金就是储备头寸。

4. 特别提款权

特别提款权（Special Drawing Right，SDR），是国际货币基金组织创设的一种储备资产和记账单位，又称“纸黄金（Paper Gold）”。它是国际货币基金组织分配给会员国的一种使用资金的权利。会员国在发生国际收支逆差时，可用它向基金组织指定的其他会员国换取外汇，以偿付国际收支逆差或偿还国际货币基金组织的贷款。

二、国际储备的作用

（一）弥补国际收支差额

在国际收支出现逆差时，可以通过动用国际储备予以解决。这一方法既可以维护本国国际信誉，又可以避免经济紧缩政策给本国国内经济带来剧烈震荡。如果国际收支逆差是短期的，那么通过国际储备就可以解决，不需要其他政策；如果国际收支逆差是长期的，国际储备可以起到缓冲的作用。

（二）干预外汇市场

国际储备对一国汇率的稳定具有重要作用。在外汇市场发生波动时，尤其是在因非稳定投机因素而引起本国货币汇率波动时，政府可动用国际储备来缓和汇率的波动，保持本国经济稳定。当外汇汇率持续上升、本币汇率持续下跌时，政府就通过平准基金在外汇市场上卖出外汇，买进本币；反之，政府则卖出本币，买入外汇，以此稳定汇率。

（三）信用保证

一国的国际储备能够证明该国的国际信誉和偿债能力。充足的国际储备可以作为政府向外借款的保证，同时还可以提高投资者对本国货币稳定性的信心。

三、国际储备的管理

国际储备管理是指一国政府或货币当局根据一定时期内本国的国际收支状况和经济发展的情况，对国际储备的规模、结构和储备资产的使用等进行调整、控制，从而实现储备资产的规模适度化、结构最优化和使用高效化。

随着经济全球化，国与国之间往来密切，国际储备的作用已经不容忽视。如何有效地管理国际储备已经成为各国探讨的话题。

（一）国际储备的规模管理

国际储备的规模也就是一国国际储备的数量。要明确的是，国际储备规模并非越多越好。过多的国际储备会增加该国的机会成本，即该国放弃将多的国际储备转化为其他实际资源获取收益的机会，造成资源的浪费。过少的国际储备会使该国丧失其在国际贸易中的威信和话语权，而且一旦资本游资投机者袭击该国汇率，不足的国际储备是根本无法阻止和抵挡的。因此，国际储备的多少要在保持安全性的前提下，权衡其机会成本和盈利性。

（二）国际储备的结构管理

在浮动汇率制度下，国际储备的实际价值往往会受到汇率波动的影响。在20世纪70年代，国际储备主要是美元储备和黄金储备。然而，自20世纪70年代之后，由于美元币值的不稳定性以及其他国家经济的崛起，国际储备开始呈现多元化。国际储备的结构管理主要包括以下几个方面：一是做好黄金储备和其他国际储备的比例结构；二是将储备货币币种多样化，分散风险；三是对储备资产的形式进行不同选择，兼顾资产本身的风险问题。

第三节 国际金融机构

国际金融机构是指由联合国或多国共同建立的、从事国际金融业务和国际金融管理的超国家性质的组织机构。目前，国际金融机构包括了一系列全球性金融机构和区域性金融机构，其中国际货币基金组织、世界银行、亚洲开发银行是这些机构中比较具有代表性的。

一、国际货币基金组织

国际货币基金组织（IMF）于1945年12月正式成立，总部设在美国华盛顿，1947年3月开始营业。其职责是监察货币汇率和各国贸易情况，提供技术和资金协助，确保全球金融制度运作正常。

（一）组织机构

按照《国际货币基金协定》的规定，凡是参加1944年布雷顿森林体系会议并在协定上签字的国家，称为创始会员国。在此后参加的国家称为其他会员国。国际货币基金组织在成立之初，只有44个会员国，截至目前，共有188个会员国。

国际货币基金组织的组织机构由理事会、执行董事会、总裁和若干业务职能机构构成。其中，理事会是最高权力机构，由各会员国委派理事和副理事各一人组成，通常是本国的财务部部长或中央银行行长。理事、副理事任期5年，可以连任。理事会会议每年举行一次，各会员国的投票权按照该国所缴纳基金的多少来决定。执行董事会是常设机构，负责处理基金组织日常业务，共由23人组成。总裁由执行董事会推选，管理国际货币基金组织的业务工作，是最高行政领导人，兼任执行董事会主席。

（二）成立宗旨

该组织的宗旨是：

（1）通过一个常设机构来促进国际货币合作，为国际货币问题的磋商和协作提供方法；

（2）通过国际贸易的扩大和平衡发展，把促进和保持会员国的就业、生产资源的发展、实际收入水平，作为经济政策的首要目标；

（3）稳定国际汇率，在会员国之间保持有秩序的汇价安排，避免竞争性的汇价贬值；

（4）协助会员国建立经常性交易的多边支付制度，消除妨碍世界贸易的外汇管制；

（5）在有适当保证的条件下，基金组织向会员国临时提供普通资金，使其有信心利用此机会纠正国际收支的失调，而不采取危害本国或国际繁荣的措施；

（6）按照以上目的，缩短会员国国际收支不平衡的时间，减轻不平衡的程度等。

（三）资金来源

1.基金份额

国际货币基金组织的资金主要来源于会员国缴纳的份额。份额目前以基金组织创立的SDRs表示，它相当于股东加入股份公司的股金。每个会员国缴纳基本份额的多少是根据其外汇储备、对外贸易量和国民收入的大小而定。所缴纳份额的大小可以决定会员国从基金组织借款的数额和定期分配特别权的数额，同时还决定会员国投票权。

2.向会员国借款

国际货币基金组织的另一个资金来源是借款。它不仅可以向各会员国官方机构（如财政部和中央银行）借款，也可以向私人（如商业银行）借款。

3.信托基金

1976年1月，国际货币基金组织决定将其所持有黄金的1/6，即2 500万盎司分4年按市价出售，将所得的利润约46亿美元作为信托基金。

（四）业务活动

1.向会员国提供贷款

国际货币基金组织向会员国提供资金具有以下特点：第一，贷款对象限于会员国政府；第二，贷款用途是用于会员国进行国际收支的调整；第三，贷款额度和会员国缴纳的基金份额成正比。贷款方式是：在借款时，会员国以本国货币进行购买，用于弥补国际收支逆差的外汇；在还款时，采用“购回”，即用黄金或外汇买回本国货币。

2.为会员国提供培训、咨询等服务

为提高会员国专业人员的素质，国际货币基金组织除了组织培训外，还会组织人员编辑出版关于各国经济和国际金融领域的刊物和书籍。同时，在各国派出人员积极收集和反馈世界各国的金融信息和经济动向。

二、世界银行

世界银行，即国际复兴开发银行，成立于1945年12月，1946年6月开始营业，总部设在美国华盛顿。它与国际开发协会、国际金融公司、多边投资担保机构和国际投资争端处理中心共同构成了世界银行集团。

（一）组织结构

与国际货币基金组织相似，理事会是最高权力机构，由会员国委派理事和副理事各一人组成。理事会的职责包括接受会员和中止会员国资格；增加或减少核定股本；决定世行净收入的分配；终止世行业务；增加当选执行董事人数；审批协议条款修正案等。执行董事会负责日常业务，包括世界银行行长和25名执行董事。世界银行行政管理机构是由行长、副行长等组成。行长是银行行政管理的首脑，由执行董事会选举产生。

（二）成立宗旨

根据世界银行协定，凡参加世界银行的国家首先必须是国际货币基金组织的会员，当然，并不是所有的国际货币基金组织的会员一定是世界银行的会员。

按照《国际复兴开发银行协定条款》的规定，世界银行的宗旨是：

（1）通过对生产事业的投资，协助会员国经济的复兴与建设，鼓励不发达国家对资源进行开发。

（2）通过担保或参加私人贷款及其他私人投资的方式，促进私人对外投资。当会员国不能在合理条件下获得私人资本时，可运用该行自有资本或筹集的资金来补充私人投资的不足。

（3）鼓励国际投资，协助会员国提高生产能力，促进会员国国际贸易的平衡发展和国际收支状况的改善。

（4）在提供贷款保证时，应与其他方面的国际贷款配合。

（三）资金来源

1. 会员国缴纳的股金

世界银行按照股份公司的原则成立，会员均要认购银行的股份，认购额度是根据该国的经济实力，同时参照其在国际货币基金组织缴纳的份额确定的，并提交董事会。

2. 发行债券借入资金

通过国际市场发行债券，是世界银行资金来源的另一个重要途径。由于世界银行信用评级较高，因此在发行时可以以低利率、低成本借入资金。

3. 业务净收益

世界银行除了将每年所取得的部分净收益以赠款形式拨给国际开发协会外，其余部分作为本身的储备金，成为发放贷款的一个资金来源。

4. 债权转让

在运作过程中，世界银行可以将一部分贷出款项的债权有偿转让给私人投资者，以提前收回资金，并转为贷款的一个资金来源。

（四）业务活动

世界银行最主要的业务就是提供贷款。世界银行的贷款种类包括项目贷款、部门贷款、结构调整贷款、技术援助贷款和紧急重点贷款。其中，一半以上的贷款属于项目贷款，主要用于支持发展中国家经济和社会发展的基础设施建设，以及大型生产性投资。世界银行的贷款已经成为发展中国家为发展经济获取资金融资的一条重要渠道。当然，世界银行有着严密的审核程序，贷款程序复杂而烦琐，能够保证贷款专款专用，产生良好的经济效益。

三、亚洲开发银行

亚洲开发银行，是一个致力于促进亚洲及太平洋地区发展中成员经济和社会发展的区域性政府间金融开发机构。亚洲开发银行创建于1966年11月24日，总部设在菲律宾首都马尼拉。自1999年以来，亚洲开发银行特别强调扶贫为其首要战略目标。

（一）组织结构

亚洲开发银行的组织机构主要有理事会和董事会。由所有会员国代表组成的理事会是亚洲开发银行最高权力机构和决策机构，负责接纳新会员、变动股本、选举董事和行长、修改章程等，通常每年举行一次会议，由亚洲开发银行各会员国派一名理事参加。亚洲开发银行67个会员国分成12个选区，每个选区各派出1名董事和1名副董事。董事会由12名董事和12名副董事组成。在67个会员国中，日本、美国和中国三大股东国是单独选区，各自派出自己的董事和副董事。其他会员国组成9个多国选区，董事和副董事一职由选区内不同的会员国根据股份大小分别派出或轮流派出。行长是该行的合法代表，由理事会选举产生，任期5年，可连任。

（二）成立宗旨

亚洲开发银行的宗旨是通过发展援助，帮助亚太地区发展中会员消除贫困，促进亚太地区的经济和社会发展。亚洲开发银行主要通过向其会员国提供贷款、政策对话、技术援助和赠款等方式支持其会员在经济上的发展，促进亚太地区的共同繁荣。

（三）资金来源

1.普通资金

普通资金是亚洲开发银行进行业务活动最主要的资金来源。此资金的主要来源是会员国认缴的股本。亚洲开发银行是以股份制的形式建立的，在建行时法定股本为10亿美元，分为10万股，每股面值1万美元，每个会员国或地区成员国必须认购股本。新会员国的认缴股本由理事会决定。除此之外，亚洲开发银行的普通资金的来源还包括储备、净收益，以及从国际资本市场的借款等。

2.特别基金

特别基金是由会员国认缴股本以外的捐赠或从认缴股本中提取10%的资金组成，主要用于向会员国提供贷款。特别基金包括亚洲开发基金（发达会员国的捐赠）、技术援助特别基金和日本特别基金。

（四）业务活动

1.提供贷款

亚洲开发银行的贷款主要分为硬贷款、软贷款和赠款三类。硬贷款的贷款利率为浮动利率，每半年调整一次，贷款期限为10～30年（2～7年宽限期）。软贷款是优惠贷款，只提供给国民人均收入低于670美元（1983年的美元）且还款能力有限的会员国或地区成员，贷款期限为40年（10年宽限期），没有利息，仅有1%的手续费。赠款用于技术援助，资金由技术援助特别基金提供，赠款额没有限制。

2.股本投资

亚洲开发银行通过购买私人企业股票或金融机构股票，对发展中国家私营部门提供投资。

3.技术援助

技术援助主要有项目准备技术援助、项目执行援助、咨询技术援助和区域活动技术援助。通过提供技术援助（贷款或者捐赠），促使发展中会员能够开发和完成项目，加强会员的决策能力，促进经济的发展。

4.联合融资

亚洲开发银行与单边或者多边区外的金融机构或国际机构共同为某一会员国项目提供融资。对受款国来说，联合融资增加了其筹资渠道；对亚洲开发银行来说，联合融资克服了其资金不足的困难；对联合融资者来说，联合融资可以节省其对贷款的审查费用。

知识链接 7-1

亚洲基础设施投资银行

亚洲基础设施投资银行（Asian Infrastructure Investment Bank，AIIB）是一个政府间性质的亚洲区域多边开发机构，重点支持基础设施建设，总部设在中国北京。

成立背景

亚洲是世界最具经济活力和增长潜力的地区，拥有全球6成人口，占据全球经济总量的1/3。然而，由于缺乏有效的融资平台和机制，亚洲区域的基础设施建设严重不足，进而在很大程度上限制了该区域的经济发展，因此搭建一个专门的基础设施投融资平台，促进亚洲基础设施建设成为必然趋势。

根据亚洲开发银行的测算，2020年前亚洲地区每年基础设施投资需求将达到7 300亿美元，现有的世界银行、亚洲开发银行等国际多边机构都没有办法满足这个资金的需求。由于基础设施投资的资金需求量大，实施周期长，收入流不确定，因此私人部门大量投资于基础设施的项目是有难度的。

2013年10月2日，习近平总书记提出倡议筹建亚洲基础设施投资银行，促进本地区互联互通建设和经济一体化进程，向包括东盟国家在内的本地区发展中国家基础设施建设提供资金支持。新的亚洲基础设施投资银行将同域外现有多边开发银行合作，相互补充，共同促进亚洲经济持续稳定发展。

2014年10月24日，包括中国、印度、新加坡等在内的21个首批意向创始成员国的财政部长和授权代表在北京正式签署《筹建亚洲基础设施投资银行备忘录》，共同决定成立亚洲基础设施投资银行，标志着由中国倡议设立的亚洲区域新多边开发机构的筹建工作将进入新阶段。

组织机构

2015年4月15日，亚洲基础设施投资银行意向创始成员国全部确定共有57个，其中域内国家37个，域外国家20个。

成立宗旨

亚洲基础设施投资银行的成立宗旨是促进亚洲区域的建设互联互通化和经济一体化，并且加强中国及其他亚洲国家和地区的合作。

资金来源

根据《筹建亚洲基础设施投资银行备忘录》，亚洲基础设施投资银行的法定资本为1 000亿美元，中国初始认缴资本目标约为500亿美元，中国出资50%，为最大股东。各意向创始成员同意将以国内生产总值（GDP）衡量的经济权重作为股份分配的基础。2015年试运营的一期实缴资本金为初始认缴目标的10%，即50亿美元，其中中国出资25亿美元。

主要业务

亚洲基础设施投资银行主要业务是援助亚太地区国家的基础设施建设。在全面投入运营后，亚洲基础设施投资银行将运用一系列支持方式为亚洲各国的基础设施项目提供融资支持，包括贷款、股权投资以及提供担保等，以振兴包括交通、能源、电信、农业和城市发展在内的各个行业投资。

虽然亚洲基础设施投资银行的办公楼还未建成，但是第一个项目已经有了着落。亚洲基础设施投资银行成立后的第一个目标就是投入“丝绸之路经济带”的建设，其中一项是从北京到巴格达的铁路建设。

资料来源：佚名．亚洲基础设施投资银行［EB/OL］.［2015-07-04］. http：//baike.haosou.com/doc/8386002-8703842.html.

本章概要

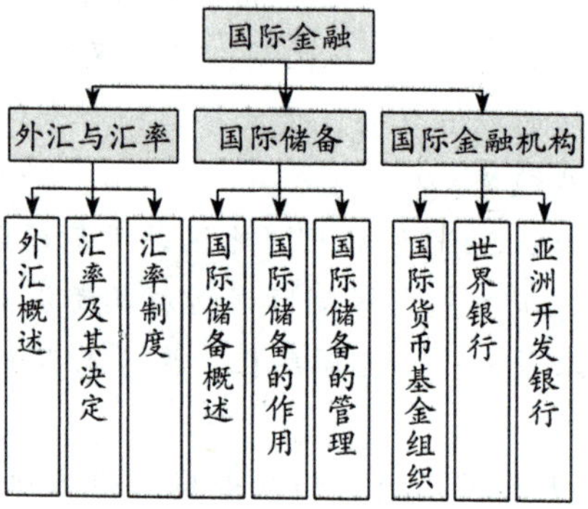

思考与练习

一、选择题

1.在浮动汇率制下，汇率由（　　）决定。

A.货币含金量　　B.波动不能超过规定幅度

C.中央银行　　D.市场供求

2.现行人民币汇率以人民币对（　　）的汇率为基本汇率。

A.美元　　B.英镑　　C.欧元　　D.人民币

3.国际货币基金组织最主要的资金来源是（　　）。

A.份额　　B.借款　　C.信托基金　　D.储备

4.人民币汇率采用（　　）。

A.直接标价法　　B.间接标价法　　C.美元标价法　　D.套算标价法

5.外汇的具体形态包括（　　）。

A.外国货币　　B.外币支付凭证　　C.外币有价证券　　D.特别提款权

6.根据银行买卖外汇的不同角度，汇率可分为（　　）。

A.买入汇率　　B.卖出汇率　　C.中间汇率　　D.现钞汇率

7. 世界银行的主要资金来源为（　　）。

A. 会员国缴纳的股金　　B. 借款

C. 利润收入　　D. 转让债权

8. 一国的国际储备的主要构成项目有（　　）。

A. 外汇储备　　B. 黄金储备　　C. 特别提款权　　D. 普通提款权

二、简答题

1. 简述影响汇率变动的因素。

2. 简述国际储备的构成。

第八章　货币政策与工具

学习目标

通过本章的学习，了解货币政策的最终目标、中介目标、操作目标及政策工具所包含的内容；掌握国家运用货币政策进行宏观调控的基本原理和方法；学会通过观察现实经济中货币政策工具的变化和调整来分析经济形势的走向。

导入案例

美国量化宽松的货币政策

2008年11月25日，美联储启动第一轮量化宽松货币政策，宣布购买1 000亿美元的房地美、房利美、联邦住宅贷款银行等政府支持企业所发行的债券，以及5 000亿美元由房地美、房利美、吉利美担保的抵押贷款支持证券。

值得关注的是，美联储的目的仅仅在于“稳定”市场，而不是“刺激”经济。第一轮量化宽松货币政策的主要目的是通过向市场提供流动性支持，以达到提振市场信心、平复金融市场恐慌情绪的目的。从实际效果来看，第一轮量化宽松货币政策之后，美国金融体系有所企稳，目标初步达到。

在此基础上，美国接连推出第二轮、第三轮、第四轮量化宽松货币政策。与第一轮有所不同的是，后续量化宽松货币政策日益体现了支持实体经济增长的意图，同时规模不断扩大。从第二轮开始，美国的量化宽松货币政策从原来的稳定金融体系变为通过压低长期利率刺激实体经济。

2014年10月30日，美国联邦公开市场委员会（FOMC）的货币政策会议宣布，将在2014年10月末停止资产购买计划，这意味着实施6年的量化宽松货币政策结束了。

资料来源：熊爱宗. 美国量化宽松政策结束　风险与挑战并未消失［EB/OL］.［2014-11-07］. http：//www. iwep.org.cn/news/747472.html.

通过上述案例思考：什么是量化宽松货币政策？美联储实施这种货币政策的目的是什么？量化宽松货币政策带来了哪些影响？其实施途径是什么？这些问题的回答都离不开货币政策与工具，尤其是全球性的金融危机过后，货币政策更加成为各国经济发展的重要调控手段。本章将系统介绍货币政策如何奏效于宏观经济调控。

第一节　货币政策

货币政策是指作为货币当局的中央银行为实现特定的经济目标而采取的控制和调节货币数量的各种方针和措施。货币政策是宏观调控的一个重要组成部分。

一、货币政策目标

（一）货币政策的最终目标

货币政策的最终目标，是指中央银行控制和调节货币供应数量所要达到的最终目的。货币政策由中央银行制定并实施，对整个社会经济产生影响，因此货币政策具有宏观性特征，这就决定了其最终目标必须与国家所要实现的宏观经济目标相一致。尽管不同时期不同国家的宏观经济目标的侧重点及内容并不完全相同，但就整体而言，主要集中在四个方面，即稳定物价、充分就业、经济增长以及国际收支平衡。

1.稳定物价

稳定物价，也称稳定币值，这一目标的含义是指将社会物价水平控制在一个较小的变动范围内，使其不会出现大幅度的波动。在经济发展过程中，尤其是在市场经济条件下，物价水平会受到各种因素的影响而发生变动。例如，当工资水平提高时，居民消费能力增强，商品需求增加，从而引起商品价格的上涨，这是一种正常的经济现象。但是，如果物价上涨过高，则代表着过高的通货膨胀，对经济发展产生负面影响。同样的道理可以用于分析物价下跌时的情形。但是，从实践中来看，稳定物价主要是为了解决物价上涨的问题。

总而言之，稳定物价强调的是控制物价的相对变化水平，而非追求物价的绝对水平不变。为此，许多国家制定了一个适当的物价上涨率，以作为是否实现这项目标的一个定位。

2.充分就业

充分就业反映的是一国所有有就业意愿的劳动力都已经就业的状态。充分就业并不是追求社会的零失业率，而且这在现实中也是不可能的。就失业而言，一般存在三种类型：第一种是摩擦性失业。造成这种失业的原因可能是所在行业的周期性特点，如农闲时的农民、刚结束一个工程的建筑工人等；也可能是企业的生产线等出现问题，如原材料短缺、机器出现故障等。这些都会引起失业率出现短暂性的变化。第二种是自愿失业。这种失业是劳动者因对现有工作不满意而不愿接受或选择放弃。第三种失业是非自愿性失业。这种失业的特点为劳动者有就业意愿但找不到工作。不同于前两种失业类型，这种失业的存在本身就是与充分就业的目标相违背的。

而在现实中，实现充分就业的目标几乎是不可能的，因此这一目标通常被量化为将失业率控制在某一个合理的水平上。由于各国的实际国情、统计口径和计算准则并不相同，因此这一目标并没有一个统一的标准。

3.经济增长

经济增长关注的是一个时期的经济增长是否好于另一个时期。理论上，经济增长是社会经济的一项综合发展指标，应体现在经济总量的增加、经济结构的优化以及经济效率的提升三个方面，而不仅仅表现为国内生产总值的增加。但从实践中来看，以国内生产总值的增加值为代表的总量增长指标仍然是各国衡量经济增长的主要指标。

4.国际收支平衡

国际收支平衡的含义是指一国在一定时期内对其他国家的全部货币收入和全部货币支出基本保持平衡。基本保持平衡意味着可以存在轻微顺差或逆差。一国收支不论出现顺差还是逆差，只要持续时间长、数额过大，都会给国民经济持续稳定增长和国家经济安全带来不利影响。例如，若国际收支长期保持顺差状态，则意味着该国货币面临很大的升值压力，货币升值会使出口下降、进口增加，削弱该国对外贸易的竞争力，从而对经济增长产生负面影响。同时，货币升值可能会吸引大量国际游资进入，增加了国内经济的不稳定因素。因此，改善国际收支状况、实现国际收支平衡已经成为许多国家的货币政策目标之一，尤其是对于那些对外开放程度高、对外依存度高的国家。

（二）货币政策最终目标之间的关系

货币政策的最终目标不是单一的，这些并存的目标之间存在着一定的复杂关系，甚至有的目标之间明显存在矛盾，不可能同时实现。其具体关系如下：

1.稳定物价与充分就业

根据菲利普斯曲线，物价上涨率和失业率之间存在着反向变动的关系。一方面，为了保持物价稳定，降低通货膨胀，需要采取紧缩的货币政策，这样做的结果是引发经济衰退，失业率升高；另一方面，如果为了保证充分就业，当失业率升高时，通过扩张的货币政策可以增加就业人数，但会导致物价上涨。因此要想达到其中一个目标，就不得不以牺牲另一个目标为代价。

知识链接 8-1

菲利普斯曲线

伦敦经济学院教授菲利普斯（A. W. Philips）对英国1861—1957年的统计资料进行分析，发现货币工资的变动率与失业率之间存在着一种稳定的反向关系。这种反向关系如图8-1所示，这条向右下方倾斜的曲线就是最初的“菲利普斯曲线”。在此基础上，经济学家们对该曲线进行了延伸。假定工资成本占产品价格的比重不变，那么产品价格的变动率（物价上涨率）就等于货币工资的变动率，用物价上涨率代替货币工资变动率，得到了演化后的菲利普斯曲线，如图8-2所示。图中U代表失业率，W代表货币工资增长率，P代表物价上涨率（通货膨胀率）。

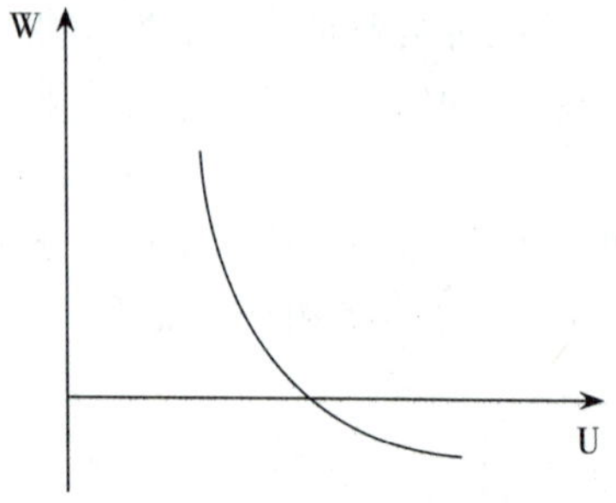

图8-1 菲利普斯曲线

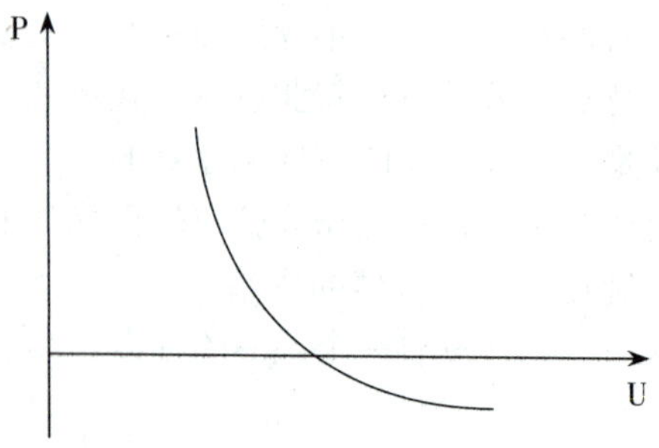

图8-2 演化后的菲利普斯曲线

资料来源：高鸿业. 西方经济学 [M]. 北京：中国经济出版社，1996.

2.稳定物价与经济增长

从长期来看，稳定的物价水平与经济增长之间具有正相关性。稳定的物价水平能够减少市场的不确定性，充分发挥市场的功能，维持经济长期增长，而经济的持续增长又有利于生产充足的商品，维持物价水平的稳定。但是，从短期来看，在经济发展较快时，物价也会有较大幅度的上升，而过分强调物价又会使经济发展受阻。

3.稳定物价与国际收支平衡

物价稳定属于货币政策的内部目标，国际收支平衡属于货币政策的外部目标，由于影响二者的因素不同，因此实现这两个目标是非常困难的。如果国际收支存在顺差，为了维持国际收支的平衡，就需要消除顺差，具体的做法是减少外汇储备，但这会减少货币供应量，进而造成经济紧缩和物价下跌。相反，在国际收支平衡的情况下，如果国内物价水平上涨，为了维持物价水平的稳定，降低通货膨胀，需要减少货币供应量，但这会使流通中的本国货币数量减少，引起本币升值，从而对进出口造成影响，此时国际收支将会出现逆差。另外，即使国内物价水平保持稳定，但是由于外国通货膨胀引起的货币贬值也会相对地使本币升值，难以维持国际收支平衡。因此，一国要同时实现稳定物价和维持国际收支平衡这两个目标是非常困难的。

4.经济增长与国际收支平衡

经济增长与国际收支平衡既有一致性又有矛盾性。其一致性表现在：一国的经济增长有利于提高本国商品在国际市场上的竞争力，有利于提高本国商品的出口能力，同时经济发展会提高国民收入和民众的购买力，增加进口。其矛盾性表现在：当国际收支出现逆差时，通常需要紧缩的货币政策抑制国内的有效需求，从而使国际收支状况得到改善，与此同时又会带来国内经济的衰退。在面对国内经济衰退时，则需要采取扩张性的货币政策，结果是刺激了经济增长，但同时产生通货膨胀，货币贬值，造成国际收支的顺差。

由于这些货币目标之间存在着复杂的矛盾和冲突，中央银行应根据不同时期经济发展的实际情况，侧重于某一个或某几个最终目标，并制定和执行相应的货币政策，尽可能地实现目标组合的最优化。

二、货币政策的中介目标

货币政策的中介目标是指中央银行为了实现货币政策最终目标而选择的与最终目标密切相关的、可以直接调控的、在短期内可以度量的金融指标。由于最终目标并不在中央银行的直接控制下，因此选择适当的中介目标将为中央银行提供经济变化的参照，可及时反映货币政策实施的效果。在选择中介目标时，应从可测性、可控性和相关性三个方面考察。一般来讲，货币政策中介目标包括货币供应量、利率等指标。

1.货币供应量

以货币供应量作为中介目标，是目前许多国家最普遍的一种选择。货币供应量作为中介目标具有以下优点：第一，货币供应量的可测性和可控性较强，中央银行能够比较容易地判断其政策效果；第二，从相关性上来看，货币供应量代表了当前社会有效需求总量和整个社会的购买力，它的变化会直接影响经济活动，从而对货币政策最终目标产生直接作用，因而与最终目标之间具有很强的相关性。

但是，货币供应量作为中介目标也存在一些缺陷。例如，货币供应量会受到一些非政策因素的影响，这使得中央银行难以完全控制。另外，根据货币流动性的差别，货币被分为M0、M1、M2等层次，对于具体使用哪一个层次的货币供应量作为中介目标一直存在争议。

2.利率

由于货币供应量存在统计口径上的争议，有的国家已经放弃将货币供应量作为中介目标，转而使用利率指标。利率指标的特点有：从可测性上来看，目前金融市场上的各种利率水平和利率结构都能够非常容易地从中央银行获取；从可控性上来看，中央银行对利率具有绝对控制力，可以通过改变再贴现率或者公开市场业务来调节基础货币，进而影响市场利率；从相关性上来看，利率对于投资有显著影响，因此它与最终目标之间存在很强的相关性。

但是，利率作为中介目标，也存在一些问题：首先，利率数据容易获得，但难以选出最具代表性的利率；其次，对经济运行产生影响的是实际利率，而中央银行能实时监控的是名义利率，由于名义利率与实际利率之间有差别，因此利率作为中介目标无法准确地预测货币政策的效果。

三、货币政策的操作目标

货币政策的操作目标是货币政策工具的直接作用对象，它能够间接地影响货币政策的最终目标。目前，经常被当作操作目标的有银行准备金和基础货币等。

1.银行准备金

银行准备金是商业银行和其他金融机构在中央银行的存款及其持有的库存现金，可以分为法定准备金和超额准备金两个部分。根据派生存款的原理，法定准备金可以从两个方面影响货币供应量：一方面是影响商业银行的超额准备金，进而影响商业银行的贷款规模；另一方面是影响货币乘数。中央银行对准备金的调控，主要通过公开市场业务和贴现窗口来进行。从可测性上来看，中央银行可以及时地通过相关报表获知准备金的数量。从可控性上来看，中央银行可以通过公开市场业务等操作来改变准备金的数量，可控性较强。从相关性上来看，调整银行准备金可以改变基础货币，进而改变货币供应量。

2.基础货币

基础货币，又称高能货币，是中央银行的重要操作目标。根据货币供给量的公式，货币供给量等于基础货币乘以货币乘数。因此，在货币乘数不变的情况下，控制了基础货币就能够控制货币供应量。基础货币由银行准备金和流通中的现金组成。以基础货币作为操作目标具有以下优势：第一，这项指标对于中央银行来说非常容易监测和控制，因此具有很强的可测性和可控性；第二，与银行准备金相比，有时控制基础货币比单纯控制准备金更为重要。当中央银行通过公开市场业务购买债券时，其对准备金的影响取决于债券出售方是将其所得款项以现金形式持有，还是存入中央银行。如果是以现金形式持有，那么中央银行在公开市场上的操作对准备金不会产生影响；如果是存入中央银行，则准备金总额将会增加。由于基础货币是由银行准备金和流通中的现金组成，因此不管是以何种方式，其对基础货币的影响都是一样的。中央银行通过公开市场业务对基础货币进行控制的准确性要比对银行准备金进行控制的准确性高很多。

> **课堂讨论 8-1**
>
> 1.选择货币政策中介目标的原则是什么？请结合具体指标进行分析。
>
> 2.存款的派生原理是什么？

第二节 货币工具

货币工具是指为了实现货币政策目标，中央银行采取的各种调节和控制中介目标的具体措施。一般来说，货币工具可以分为一般性政策工具和选择性政策工具两类。

一、一般性政策工具

一般性政策工具是中央银行经常使用的传统工具，能对整个经济产生普遍性影响。其具体包括法定存款准备金率、公开市场业务和再贴现率三种工具。

（一）法定存款准备金率

国家以法律形式规定商业银行等金融机构必须将所吸收的存款按一定比例缴存中央银行作为法定存款准备金。

法定存款准备金率之所以能够起到调节经济的作用，原因在于中央银行通过调整法定存款准备金率，能够改变货币乘数，控制商业银行的信用创造能力，从而间接地调节利率和货币供应量。由于货币乘数与法定存款准备金率呈反向变化，当中央银行提高法定存款准备金率时，商业银行缴存中央银行的法定存款准备金增加，其存款创造能力减弱，因此派生存款数量减少，结果是引起银根紧缩，货币供应量减少，利率上升；反之，当中央银行降低法定存款准备金率时，则会出现与上述情况相反的结果。其具体的传导途径可以表示为：中央银行调低法定存款准备金率→商业银行超额存款准备金增加、货币乘数增加→商业银行派生存款增加→市场货币供应量增加→市场利率降低→投资增加、储蓄减少、消费增加。

法定存款准备金率作为货币政策工具的优点在于：中央银行对法定存款准备金率具有绝对控制力，且直接作用于货币供应量上，力度大，反应速度快，效果明显。但是，法定存款准备金率作为货币政策工具的缺点在于：缺乏调节弹性，准备金的直接变化会通过货币乘数作用多倍地收缩或扩张货币供应量，引起市场货币供应量发生强烈震荡。因此，一般来说，中央银行并不经常使用这种货币工具。

（二）公开市场业务

公开市场业务是指中央银行在公开市场上买卖有价证券，从而使基础货币发生变化，进而调节货币供应量的方法。中央银行在公开市场业务中买卖的主要是短期的政府债券，对手方主要是商业银行。公开市场业务作为货币政策工具能够达到调节货币和信用的目的，其原因在于以下两个方面：

第一，改变基础货币。当市场上货币供应量偏多时，中央银行为了紧缩银根，可以大量卖出有价证券，因此会有相应数量的基础货币退出流通领域，回到中央银行，从而引起信用规模的收缩和货币供应量的减少；反之，为了放松银根，中央银行则可买进有价证券，这等于是向社会注入了基础货币。如果这些有价证券出售者是商业银行，则会引起信用扩张，货币供应量将成倍增加；如果出售者是个人，则意味着流通中的货币量会直接增加。无论是哪种情况，都会导致基础货币增加、信用扩张、货币供应量增加。

第二，改变利率水平和结构。当中央银行买入政府债券时，会直接导致市场对政府债券的需求提升，从而使政府债券价格上升，由于债券价格与利率水平呈反向变化，因此利率水平下降，市场上其他利率水平也会相应地受到影响。

公开市场业务的优点在于：中央银行可以根据货币政策的需要，积极主动地调节货币供应量，并且可以通过买卖证券的数量、种类实现结构性调控。由于公开市场业务可以经常、连续地进行，且不会引起整个市场的强烈震荡，因此这是许多国家的中央银行最经常使用的一种货币政策工具。

（三）再贴现率

再贴现是相对于贴现而言的。贴现是指企业将未到期的商业票据卖给商业银行获得短期融资的行为。再贴现是指商业银行将未到期的商业票据出售给中央银行从而获得中央银行贷款的行为。在这个过程中，中央银行向商业银行收取的利息率就是再贴现率。中央银行通过调高或降低对商业银行以再贴现形式发放贷款的利率，能够影响银行系统的存款准备金和利率，从而控制和决定市场货币供应量和整体利率水平。调整再贴现率之所以会产生上述作用，是因为调整再贴现率会产生以下三个方面的效应：

第一，假定中央银行调高再贴现率，商业银行面对融资成本的增加就会尽量减少向中央银行借款，这样会直接导致信用紧缩。同样，商业银行为维持盈利水平，会提高贷款利率，直接收缩对客户的贷款和投资，从而使整个市场的货币供应量减少，利率上升，减少投资和消费。当中央银行降低再贴现率时，就会出现与上述过程相反的结果。

第二，利用“告示效用”影响商业银行及社会公众的预期。如果中央银行提高再贴现率，就相当于向社会放出一个经济紧缩的信号，商业银行与社会公众接收到这种信号，可以提前作好心理准备，在经济行为上也会与中央银行保持一致。

第三，影响利率水平。中央银行的再贴现率常作为国家的基准利率之一，对其他利率产生影响，进而影响投资与消费。

再贴现率的优点在于：其作用效果相对温和，调节很有弹性。同时，中央银行可以对贴现对象进行选择或对贴现票据作出规定，从而起到一定的结构调整作用。再贴现率的不足之处是：再贴现政策的主动权在于商业银行而非中央银行，因此该货币工具的实际效果难以控制。

课堂讨论 8-2

中央银行采用的最常见的货币政策工具有哪几种？

二、选择性政策工具

随着中央银行宏观调控作用重要性的增强，货币政策工具也趋向多样化。除上述调节货币总量的三种基础工具外，一些对某些特殊领域的信用活动加以调节和影响的措施，使货币工具在操作内容和技术上更加完备。这些措施一般都是被选择性使用的，因此被称为选择性政策工具。其具体有以下几种：

（一）消费者信用控制

消费者信用控制是指中央银行对不动产以外的各种耐用消费品的销售融资予以控制。

它主要是对各种耐用品规定分期付款的最低付现额和最长偿还期限，以此影响消费者购买耐用品的能力。在消费信用膨胀和通货膨胀时，中央银行使用该工具可起到抑制消费需求和物价上涨的作用。

（二）证券市场信用控制

证券市场信用控制是指中央银行为稳定证券市场规定使用贷款购买股票的定金或保证金，以此制约、控制证券市场的放款规模，抑制过度投机。该工具可保证中央银行在不影响其他经济部门的资金需求的情况下，限制对证券市场的放款规模。

（三）不动产信用控制

不动产信用控制是指中央银行通过对商业银行等金融机构的房地产放款的贷款最高限额、最长期限、首次付款金额及还款条件等进行规定以限制房地产放款规模的一种政策调节工具。

（四）优惠利率

优惠利率是指中央银行对国家重点发展的经济部门或产业，如农业、出口工业等规定较低的利率，采取鼓励性措施扶持其发展。

（五）预缴进口保证金

预缴进口保证金是指中央银行要求进口商预缴相当于进口商品总值一定比例的存款，目的是为了抑制进口的过快增长。该工具多为国际收支经常出现赤字的国家所采用。

三、辅助性货币工具

除了上述政策工具之外，中央银行还可以采取一些其他辅助性的货币工具，主要有：

（一）直接信用控制工具

直接信用控制工具，又称行政性控制工具，是中央银行以行政命令或其他手段直接干预商业银行等金融机构的信用活动。其具体包括：

1. 利率限额

利率限额是指中央银行对商业银行的存贷款利率进行限制，以防止金融机构为追求高风险收益而进行高风险贷款或过度竞争，这是最常见的一种直接信用控制工具。

2. 信用配额

信用配额是指中央银行根据金融市场资金供求及客观经济需要，分别对各个商业银行的信用规模或贷款规模加以分配，限制其贷款最高限额。一般发展中国家经常使用这种政策工具，因为对于很多发展中国家而言，相比它们的资金需求，其资金供给是极为不足的。

除此之外，直接信用控制工具还包括规定金融机构的流动性比率、直接干预等。

（二）间接信用控制工具

间接信用控制工具是指中央银行利用行政手段间接影响商业银行的信用活动，主要有：

1. 道义劝告

道义劝告是指中央银行利用自己的地位和声望，以发出书面通告或口头通知，或与金融机构负责人面谈等形式向商业银行等金融机构通报行情，劝其遵守金融法规，自动采取相应措施，自觉配合中央银行货币政策的实施。

2.窗口指导

窗口指导是指中央银行根据产业情况、物价走势和金融市场动向，规定商业银行贷款的重点投向和数量变动，并要求其执行。如果商业银行不按照规定执行，中央银行可以采取削减对该银行的贷款额度或停止提供信用等措施进行制裁。

案例分析 8-1

年内再度降准

2015年4月19日，中央银行宣布，自2015年4月20日起下调各类存款类金融机构人民币存款准备金率1个百分点。在此基础上，为进一步增强金融机构支持结构调整的能力，加大对小微企业、“三农”，以及重大水利工程建设等的支持力度，自4月20日起对农信社、村镇银行等农村金融机构额外降低人民币存款准备金率1个百分点，并统一下调农村合作银行存款准备金率至农信社水平；对中国农业发展银行额外降低人民币存款准备金率2个百分点；对符合审慎经营要求且“三农”或小微企业贷款达到一定比例的国有银行和股份制商业银行可执行较同类机构法定水平低0.5个百分点的存款准备金率。

资料来源：许志峰. 央行宣布全面降准1个百分点　降准加力对冲下行压力［N］. 人民日报，2015-04-20（10）.

问题：

1.中央银行此次下调存款准备金率所要实现的最终目标是什么？

2.连续降准表明我国目前的货币政策走向是什么？

3.存款准备金率的变化对影响货币政策最终目标实施的传导路径是什么？

本章概要

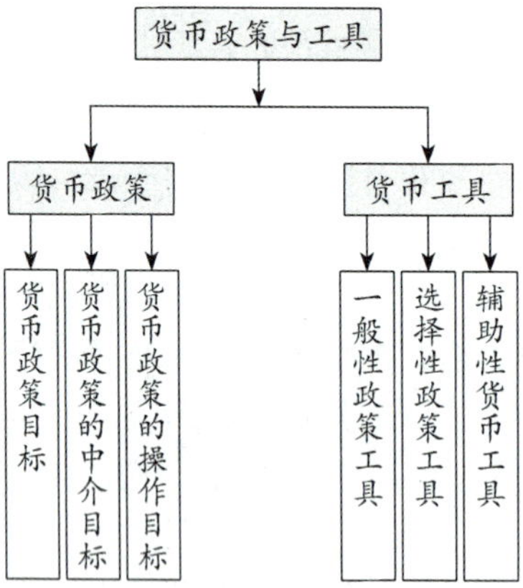

思考与练习

一、选择题

1.基础货币等于（　　）。

A.通货+存款货币　　B.存款货币+存款准备金

C.通货+存款准备金　　D.原始存款+派生存款

2.在存款总额一定的情况下，法定准备金率越高，商业银行可用于放款的份额（　　）。

A.不变 B.越少 C.越多 D.为零

3.法定准备金率越高，存款扩张倍数（ ）。

A.越小 B.越大 C.不变 D.为零

4.（ ）一般是中央银行货币政策的首要目标。

A.充分就业 B.经济增长 C.国际收支平衡 D.稳定物价

5.当投资需求对利率敏感程度很高而货币需求对利率敏感程度很低时，货币政策通常（ ）。

A.很有效 B.较为有效 C.无效 D.可能有效

6.商业银行创造存款货币要受（ ）因素限制。

A.法定准备金率 B.超额准备金率 C.现金漏损率

D.定期存款准备金率 E.存款准备金率

7.紧缩的货币政策实施的手段主要包括（ ）。

A.提高法定存款准备金率 B.提高存贷款利率 C.提高再贴现率

D.中央银行出售政府债券 E.增加公开市场的货币投放

8.宽松的货币政策主要包括（ ）。

A.提高存款准备金率 B.降低存款准备金率

C.降低贴现率 D.中央银行在公开市场上卖出证券

E.中央银行在公开市场上买入证券

二、简答题

1.什么是货币政策？

2.货币政策的各个最终目标之间的关系是什么？

3.什么是货币政策的中介目标？哪些变量可以充当中介目标，并分别应遵循什么原则？

4.简述一般性政策工具。

第九章　金融危机与金融监管

学习目标

通过本章的学习，能够熟练掌握金融危机的基本概念、类型和金融监管的含义和内容；充分认识金融危机的危害性和金融监管的重要性；了解金融危机产生的原因及金融危机预警指标的设置与防范；了解金融监管的方法和《巴塞尔协议》的基本内容。

导入案例

雷曼兄弟倒闭

2008年注定是不平凡的一年，对于全球金融市场来说，更是多事之秋。9月15日，美国第四大投资银行——雷曼兄弟根据《破产法》第11款条例进入破产保护程序，这意味着这家具有158年历史的投资银行已成为历史。雷曼兄弟成长史是美国近代金融史的一部缩影，其破产是世界金融史上一个极具指标意义的事件。

成立于1850年的雷曼兄弟公司是一家国际性的投资银行。其成立迄今，历经了美国内战、两次世界大战、经济大萧条、“9·11”恐怖袭击和一次收购，却一直屹立不倒，曾被纽约大学金融教授罗伊·史密斯形容为“有19条命的猫”。但在2007年美国次贷危机中，它最终还是没有能够保住自己的命。

出事的为什么总是投资银行？在美国的五大投资银行中，雷曼倒闭，美林被收购，再加上被摩根收购的贝尔斯登，在半年时间内，华尔街五大投资银行就只剩下摩根士丹利和高盛两家了。投资银行，也就是券商。传统意义上的投行主要是从事证券发行、交易，企业重组、兼并与收购，投资分析，风险投资，项目融资等业务，是资本市场上的主要金融中介。近年来，投行成为了金融创新的一个重要发源地，它从最初两个世纪前为贸易融资、为基础设施融资，演变到后来强力介入企业重组、证券期货市场等。实际上，当金融创新愈演愈烈后，投行的性质就开始越来越像一个高级赌场了。投行家设计出了一个个美妙的金融奇思并将其实施，催生出一个个市场奇迹。也许正因如此，投行是一个“一本万利”的行业，如果它促成了一个10亿元的兼并，那么估计它得拿走1亿元，但它付出的就是几个所谓高智力的策划和评估。在创新的招牌下，在巨额高利的引诱下，投行当然满怀激情，不遗余力，甚至铤而走险了。

次贷危机爆发前，国际金融机构大肆盲目利用“证券化”“衍生工具”等高杠杆率结构性产品追求投行式收益，整个金融业都沉浸在高杠杆率带来的财富盛宴的欢欣之中，而忘却了金融创新其实是一把“双刃剑”，市场泡沫终会破灭。次贷危机实际上就是过度扩张信用的产物。各种信贷大肆扩张，置实际承受能力于不顾。它在营造出一种虚幻的美妙前景的同时，也在刺激着贪婪与投机的欲望。然而，在无休止的利益、消费追逐中，人们忘记了生产的目的，迷失了生活的方向，唯一的目标就是更多、更好、更强地追逐利益，而丧失了价值评判的标准。当一切的一切都以利益、贪欲为标准的时候，灭亡和灾难也就随之而来，美国的次贷危机最终演变为全球性的金融危机。

资料来源：佚名. 雷曼兄弟公司破产的真实原因［EB/OL］.［2012-08-24］. http：//www.doc88.com/p-908857677972.html.

通过上述案例思考：金融危机是如何产生的？其能否预测和避免？本章将介绍金融危机的产生和传导过程，帮助我们正确认识和应对金融危机。

第一节 金融危机的产生与传导

进入21世纪，随着经济全球化和金融一体化的步伐进一步加快，国际性金融危机频繁发生，且影响越来越大，致使全球经济发展特别是新兴经济体发展中国家面临着前所未有的冲击。2007年，在美国爆发次贷危机后不到1年的时间里，其就逐渐演变成了一场声势浩大的国际金融危机。这场金融危机不仅导致全球金融市场动荡不安，使大批金融机构倒闭、商业机构破产，还引发通货膨胀，并迅速扩散到了实体经济，致使2009年全球的经济增长在第二次世界大战以后首次出现负增长，其对世界经济造成的严重破坏丝毫不亚于一场战争，这迫使各国政府更加重视本国的金融运行和金融安全，并加强对国际金融风险的防范。

一、金融脆弱性与金融危机

金融脆弱性（Financial Fragility）有广义和狭义之分。狭义的金融脆弱性是指金融业高负债经营的行业特点决定的更易失败的本性，有时也被称为“金融内在脆弱性”；广义的金融脆弱性是指一种趋于高风险的金融状态，泛指一切融资领域中的风险积聚，包括信贷融资和金融市场融资。形成金融脆弱性的原因有很多，经济学家主要从信息不对称、资产价格的波动及金融自由化等方面进行了剖析。

1.信息不对称与金融脆弱性

以米什金为代表的一些西方经济学家认为，正是因为存在信息不对称所导致的逆向选择和道德风险，以及存款者的“囚徒困境”可能引起的存款市场上的银行挤兑，所以银行等金融机构具有内在的脆弱性。这种不对称性最突出地体现在两个方面：一是借款人与金融机构间的信息不对称。在信贷市场上，逆向选择和不当激励总是存在的，从历史经验来年，最容易诱使金融机构陷入困境的是那些在经济繁荣的环境下可能产生丰厚收益，一旦经济形势逆转便会出现严重问题的投资项目，而这些项目很难用通常的统计方法来作出准确预测。二是存款人与金融机构间的信息不对称。在存款市场上，由于存款者对银行资产质量信息缺乏充分了解，存款者无法辨别他们的存款银行的功能究竟是否健全。在存款基础稳定的条件下，金融机构可以保证足够的流动性以应付日常提款，但是一旦发生任何意外事件，由于金融机构要根据“顺序服务原则”行事，存款者便有强烈的冲动要先去银行加入挤兑的行列。

2.资产价格的波动与金融脆弱性

以奈特为代表的一些西方经济学家试图把不确定的思想引入经济分析中。金融市场的不确定性首先来自金融资产未来收入流量的不确定性，这种不确定性又来自生产性投资自身的风险。投资取决于投资者对未来市场前景的心理预期，而投资者对于未来模糊的、不确定的、缺乏可靠基础的偏差会导致发生剧烈的市场波动。金融资产价格的不正常波动或过度波动，积累了大量的金融风险，极易爆发危机。

3.金融自由化与金融脆弱性

一些经济学家把金融的过度自由作为金融危机的重要诱因。金融自由化对金融脆弱性的影响主要表现在以下几个方面：

（1）利率自由化与金融脆弱性。长期以来，利率自由化被认为是金融自由化的主要内容，有关金融自由化会导致对于金融脆弱性的研究。利率自由化主要通过两种途径加重商业银行的风险：一是利率自由化后，利率水平显著升高影响宏观金融稳定；二是利率自由化后，利率水平的变动不定，长期在管制状态下生存的商业银行还来不及发展金融工具来规避利率风险。而金融自由化引发银行部门脆弱化的重要通道是利率上限取消以及降低进入壁垒所引起的银行特许权价值降低，导致银行部门的风险管理行为扭曲，从而带来金融体系的内在不稳定。

（2）混业经营与金融脆弱性。金融自由化的另一个主要措施是放宽对金融机构业务范围的限制，使金融业由分业经营走向混业经营。在商业银行和投资银行日益融合的情况下，为竞争证券发行的承销权，双方通过各自的信贷、投资等部门向产业资本渗透，资本的高度集中会形成某些垄断因素，人为因素增加，金融业的波动性加大，同时也极易造成泡沫化。

（3）金融创新和金融脆弱性。自1997年以来，金融创新从根本上改变了整个金融业的面貌。但随着金融衍生产品市场的发展，金融衍生产品市场的风险也传播给了许多传统的金融产品市场，使风险叠加和放大，给金融体系的安全稳定带来了一系列的问题。

（4）资本自由流动和金融脆弱性。伴随着金融自由化的发展，资本项目开放加速，许多人认为资本在所有国家之间的自由流动，与商品和服务的自由贸易一样，可以互利互惠。但在现代通信和电子技术条件下，资金的转移非常迅速，它能随时对任何瞬间出现的暴利空间或机会发出快速攻击，造成金融市场的巨大动荡。游资常用的投机做法是运用杠杆原理，以较少的保证金买卖几十倍甚至上百倍于其保证金金额的金融商品，很容易在较短时间内吹起经济泡沫，引发市场的大幅波动。

由于金融的脆弱性，金融风险很容易导致金融危机。所谓金融危机，是指起源于一个国家或一个地区乃至整个国际金融市场或金融系统的动荡超出金融监管部门的控制能力，造成金融制度混乱，主要表现为所有或绝大部分金融指标在短期内发生急剧的超周期变化。其结果是金融市场不能有效地提供资金向最佳投资机会转移的渠道，从而对整个经济造成严重破坏。

美国金融学家戈德史密斯将金融危机的概念界定为："金融危机是全部或大部分金融指标，如短期利率、资产价格、商业机构的破产数和金融机构的倒闭数等的急剧、短暂、超周期的恶化。"这一概念包含三层含义：其一，短期利率、资产价格、商业机构的破产数和金融机构的倒闭数等金融指标中的全部或大部分在短期内发生急剧的恶化；其二，人们大量抛售不动产和长期金融资产，换成流动性较强的资产尤其是货币，或抛售本币换成外国硬通货，与此同时，存款机构提高利率和准备金率，货币供给明显不足；其三，金融市场的正常交易秩序被打乱，金融体系无法发挥其促进经济发展的各项职能。国际货币基金组织（IMF）在《世界经济展望》（World Economic Outlook）中将金融危机定义为："金融危机是指社会金融体系中爆发的危机，它集中表现为金融系统运行过程中金融资产价格等金融指标（包括货币汇率、短期利率、证券资产价格、房地产价格、金融机构倒闭数等）在短期内发生急剧变化的现象，使金融系统陷入混乱，丧失分配资产的功能，从而导致经济震动或经济危机。"

金融危机爆发，通常会表现出以下几个显著特征：①人们基于经济未来将更加悲观的预期，造成资本外逃和股市暴跌。资本外逃和股市暴跌是国际金融危机发生的主要标志。②整个区域内货币币值出现较大幅度的贬值。③正常银行信用关系遭到破坏，并伴随银行挤兑、银根奇缺和金融机构大量破产倒闭等现象的出现。④官方储备大量减少，货币大幅度贬值和通胀。⑤出现偿债困难。

二、金融危机的类型

金融危机可以表现为多种形式。根据其主要表现形式，结合国际货币基金组织的分类，可以将金融危机分为货币危机、银行危机、债务危机、资本市场危机等类型。

（一）货币危机

当某种货币的汇率受到投机性袭击时，使该国货币出现持续贬值，有可能爆发货币危机。

货币危机的概念有狭义和广义之分。狭义的货币危机与特定的汇率制度（通常是固定汇率制）相对应，其含义是，实行固定汇率制的国家，在非常被动的情况下（如在经济基本面恶化的情况下或者在遭遇强大的投机攻击情况下），对本国的汇率制度进行调整，转而实行浮动汇率制，而由市场决定的汇率水平远远高于原先所刻意维护的水平（即官方汇率），这种汇率变动的影响难以控制、难以容忍，这一现象就是货币危机。广义的货币危机泛指汇率的变动幅度超出了一国可承受的范围这一现象。

导致货币危机的主要原因是在全球化时代，由于国民经济与国际经济的联系越来越密切，而汇率是这一联系的"纽带"，因此，如何选择合适的汇率制度、实施相配套的经济政策，已成为经济开放条件下决策者必须考虑的重要课题。经济学家的大量研究表明：随着市场经济的发展与全球化的加速，经济增长的停滞已不再是导致货币危机的主要原因。定值过高的汇率、经常项目巨额赤字、出口下降和经济活动放缓等都是发生货币危机的先兆。就实际运行来看，货币危机通常由泡沫经济破灭、银行呆账坏账增多、国际收支严重失衡、外债过于庞大、财政危机、政治动荡、对政府的不信任等引发。

（二）银行危机

银行业是金融业的主体，在一国社会经济生活中具有非常重要的地位，也关系到广大民众。银行业危机的影响之大并非一般行业危机可比，它可能会波及一国的社会、经济、政治等方方面面。

那么，什么是银行危机呢？银行危机是指银行过度涉足或贷款给企业从事高风险行业（如房地产、股票），从而导致资产负债严重失衡，呆账负担过重而使资本运营呆滞，银行不能如期偿付债务而破产倒闭的危机。一家银行的危机导致违约现象的发生，可能波及其他银行，从而引起整个银行系统的危机，金融市场严重动荡，市场不能有效地发挥作用，整个经济活动受到影响。

20世纪90年代以来，世界金融业呈现出起伏动荡的态势，世界频繁发生银行危机。在这一时期，引发银行危机的往往是商业银行的支付困难，即资产流动性缺乏，而不是资不抵债。银行危机具有“多米诺”效应，因为资产配置是商业银行等金融机构的主要经营业务，各金融机构之间因资产配置而形成复杂的债权债务关系，使得资产配置风险具有很强的传染性。一旦某个金融机构资产配置失误，不能保证正常的流动性头寸，则单个或局部的金融困难就会演变成全局性的金融动荡。

（三）债务危机

债务危机（Debt Crisis）又称外债危机，是指一国国内的支付系统严重混乱，不能按期偿付所欠外债。衡量一个国家的外债清偿能力有多个指标，其中最主要的是外债清偿率指标，即一个国家在1年中外债的还本付息额占当年或上一年出口收汇额的比率。一般情况下，这一指标应保持在20%以下，超过20%就说明外债负担过高。

发展中国家的债务危机起源于20世纪70年代，80年代初爆发。1976—1981年，发展中国家的债务迅速增长，到1981年，外债总额累积达到5 550亿美元，以后经过两年的调整，危机缓和，但成效并不是很大。到1986年，发展中国家的债务总额上升到10 350亿美元，其中拉丁美洲地区所占比重最大，约为全部债务的1/3；其次为非洲，尤其是撒哈拉以南地区，危机程度更深，这些国家1986年的负债率高达223%。

20世纪80年代债务危机爆发的原因十分复杂。归纳起来看，这次债务危机有内外两个方面的原因。从各发展中国家内部因素看，20世纪60年代以后，广大发展中国家大力发展民族经济，为了加快增长速度，迅速改变落后面貌，它们举借了大量外债。但由于各方面的原因，借入的外债未能迅速促进国内经济的发展，高投入、低效益致使其很难还本付息。从外部因素看，导致债务危机的原因包括：

（1）国际经济环境不利。20世纪80年代初的世界性经济萧条是引发债务危机的一个原因。

（2）20世纪70年代后期，国际金融市场的形势对发展中国家不利。国际信贷紧缩，在给予发展中国家的贷款中的私人商业贷款过多，也导致了20世纪80年代的债务危机。

（3）美国20世纪80年代初实行的高利率加重了发展中国家的债务负担。债务危机的爆发对发展中国家和发达国家都有严重影响。

（四）资本市场危机

当人们对于金融资产价格以及整体经济的信心急剧下降时，他们会在短时期内采取一致的行动，抛售各种资产特别是金融资产，致使有价证券价格暴跌，股市崩溃，导致资本市场危机的爆发。

三、金融危机的形成原因

自20世纪90年代以来，世界发生了6次主要的金融危机：1990—2003年日本银行危机；1995年墨西哥金融危机；1997—1998年泰国、印度尼西亚和韩国金融危机（又称“亚洲金融危机”）；1998年俄罗斯金融危机；1998—1999年巴西金融危机；2007年美国次贷危机。研究这些危机发生的原因、防范及治理措施，对于正在走向人民币自由兑换的中国而言，具有重大的现实意义。

国际金融危机爆发具有一定共性，其形成源于下述四个方面因素：

（1）投资者预期的变化引起投资组合的调整，继而导致资本流动发生逆转，为危机爆发提供了可能。上述危机国家普遍经历过一段经济高速增长的时期，最初，投资者对其经济前景保持着乐观预期，因此，大规模的资本不断流入这些国家。之后，这些国家金融系统的脆弱性逐渐暴露出来，如资本金不足，监管不力，过度负债，经常账户、资本和金融账户赤字的增加以及政府担保弊端的显现等。巨额的财政赤字和过度的银行信贷使国际和国内投资者的投资预期发生逆转。投资者开始采取措施调整其投资组合，而这种调整使资本流动发生逆转，即资本流入量下降而流出量增加。资本流动的逆转对外汇汇率的稳定产生了压力，危机国家为释放这种压力以维持其实行的固定汇率体制，便采取提高国内利率的方法以吸引外资流入。这为国际资本套利活动提供了条件，从而使金融危机具备了爆发的可能。

（2）“恐慌” “羊群效应”引爆危机。中央银行提高利息的措施并不能改变投资者对货币贬值的预期和对未来经济状况悲观的预期，因而，资本继续流出，央行稳定汇率的压力也随之不断增加。资本的持续流出逐渐消耗着国家的外汇储备，人们开始产生恐慌心态，恐慌心态又会因一些谣言的传播加剧，如延期债务支付、资本控制等。在恐慌心态和从众行为的驱使下，公众大规模挤兑银行现金，换成外币，即产生“羊群效应”，投机者也乘机入市大量抛售本币。大规模的挤兑使金融系统陷入支付危机，支付危机此时又难以通过国内或国际的融资予以解决，于是银行纷纷倒闭，危机爆发。

（3）本币汇率的贬值、资本融通渠道的堵塞，使危机进一步加深。当央行为维持盯住的固定汇率制度而大幅度提高利率的成本，极大地超过了稳定汇率的利益时，央行被迫放弃盯住的固定汇率制度，任由汇率自由浮动。于是，本币汇率大幅贬值。本币汇率的贬值使外债的国内价值上升，进一步恶化了银行的资产负债表，使金融系统的状况更趋糟糕，金融危机全面爆发。危机使本已相当狭窄的国际融资渠道完全堵塞，资本融资渠道的完全堵塞又推动了危机向纵深发展。

（4）一国金融危机通过国际“传导”途径，蔓延到其他国家形成国际金融危机。国际金融危机的传导有多种途径：①通过贸易渠道传导。各国之间的贸易联系可以把相对价格和收入的震荡效应从一国传递到其他国家，使危机蔓延。②各国间的货币竞争性贬值使危机通过汇率途径传递。③各国资产市场的相关性为危机传导又提供了一种途径。各国的金融联系使各国的资产市场具有相关关系：如果一国向另一国投资和向另一国借款，而后者不利的经济信息也将影响前者的资产市场。④市场流动性的缺乏可以通过传导放大危机。例如，由于俄罗斯危机爆发而遭受严重损失的一些高杠杆机构，出于对补缴保证金和流动性缺乏的考虑，会减少其他市场的头寸，促使危机传导到其他市场。⑤投资者的群体非理性因素也对危机的传导起到了作用。群体的非理性是指“恐慌”和盲目的从众行为。

四、金融危机传导

随着金融市场全球化程度的提高，金融危机在国家间的传递也越来越快。由于全球外汇市场和股票期货市场24小时不间断交易，金融市场全球化程度越高的国家和地区其接受和释放金融危机的信号就越快。因此金融危机一旦爆发，其会很快从一国金融市场传导到另一国金融市场，进而再向实体经济蔓延。一般认为，金融危机是通过以下几种方式传导的：

1.季风效应

季风效应（Monsoonal Effect）最早是由Masson于1998年提出的，是指由于共同的冲击引起的危机传导，即某一经济区外部某个国家的金融危机对该经济区内部所有国家的经济与货币稳定产生影响，尤其是以发达国家为主导的全球经济环境的变动对发展中国家的影响。

2.溢出效应

溢出效应（Spillovers Effect）通常可以分为两种，一种是金融溢出效应，另一种是贸易溢出效应。由于一国与他国的经济联系主要是通过贸易和金融，因此金融溢出和贸易溢出成为金融危机传导的两个重要途径。当一国发生金融危机时，该国出口、外国直接投资和国际资本流入都会大幅减少。例如，1997年发生在亚洲的金融危机，泰国就备受金融和贸易的双重打击。泰铢受到重挫后，与其有着贸易往来的各国也相继被卷入这场危机中。在金融溢出和贸易溢出的双重作用下，危机从金融市场传导到实体经济的速度更快，增加了危机传导的速度与强度。

3.净传染效应

所谓净传染效应（Pure Contagion Effect）是指金融危机是由宏观基本面数据不能解释的原因引起的。在这一框架下，一国陷入危机后会引致另一国经济走向“新的均衡”，然而这种新均衡的特征却是货币贬值、资产价格下降、资本外流和坏账增加。

4.羊群效应

羊群效应（Herd Behavior Effect）是指由于缺乏足够的信息，投资者一般认为一个国家发生金融危机，其他国家也会发生类似的危机。研究证明，信息不对称性以及收集和处理信息的高额费用是导致羊群效应产生的原因。大部分中小投资者是没有能力负担收集和处理信息的费用的。因此小投资者更愿意根据其他投资者的决策来作出自己相应的决策。小投资者往往跟随大的投资者作出决策。当金融危机发生，大投资人减持或卖出资产或投资组合时，小投资人会跟进减持和卖出，这就导致羊群效应。

五、金融危机对世界经济的影响

金融危机爆发将严重影响到实体经济，使经济动荡，社会财富大幅缩水。以2007年爆发的美国次贷危机为例，本次金融危机对全球经济发展造成的影响是巨大的、全面的，短则几年，长则10~20年都将难以缓和，美联储前主席格林斯潘把这次危机形容为“百年一遇”，有人甚至认为其影响将超过20世纪30年代的经济大萧条。本次金融危机对世界经济的危害性表现在以下几个方面：

1.金融机构面临严重的经营危机与信用危机

金融危机发生后，世界各国的金融市场都是一片混乱。由于过度投资与放贷以及大量金融衍生产品推出后缺乏管理或监控失效，使银行形成了大量不良资产，致使金融机构资金难以为继，无法正常运转，造成大量银行倒闭，使金融业面临全面的经营危机和信用危机。在此次危机中，美国五大投资银行中的雷曼兄弟、美林和贝尔斯登相继倒闭，仅剩下高盛和摩根士丹利。特别是具有150年历史的雷曼兄弟投资公司的破产，是引爆美国金融危机的导火索，使得世界各国银行和投资人损失巨大。

2.世界货币体系紊乱，各国货币汇率巨幅波动

金融危机发生后，世界主要货币汇率剧烈波动，给国际经营和外汇兑换带来了严重的

影响。美联储决定将联邦基金利率从1%下调到0~0.25%，近乎于“零利率”，并采取“量化宽松”的货币政策来刺激经济。这势必会导致美元的长期贬值，且不可避免地加大了美元与其他国家货币汇率的波动幅度和风险。

3.世界经济步入一轮较长时间的衰退

随着世界经济的一体化，金融系统的问题已经渗透到世界经济体系中。受金融危机的影响，世界经济必然面临一轮较长时间的衰退。其主要体现在：

（1）订单与消费急剧下降，众多经济实体面临经营困境。以美国三大汽车巨头和世界最大的银行——花旗银行为代表的大企业集团濒临破产，全球数以万计的企业纷纷减产、降价或倒闭，世界经济一片萧条。金融危机深刻地影响着世界经济未来的走向。

（2）裁员加剧，失业率大幅上升。自次贷危机发生以来，金融业、制造业、建筑业和许多服务行业的就业人数普遍下降，全球失业率屡创历史新高。仅华尔街金融行业的失业人数就高达4万人，英国失业率高达5.5%，创1992年以来的最高水平。据经济合作与发展组织和国际劳工组织统计，受世界经济增速放缓等因素的影响，2009年全球失业人数达到创纪录的2.1亿人。

（3）世界各国股市连连暴跌。自金融危机爆发以来，世界各国股市连连暴跌，大多下跌幅度在40%~70%，给世界各国投资者带来了约30万亿美元的损失，人们的资本性财产遭受了巨大的损失。

（4）原材料价格大幅下跌。由于世界各国的消费预期大幅下降，对原材料的需求和各类产品的进口大幅减少，原材料价格普遍巨幅下挫。原油期货价格从危机前最高的147.27美元/桶下降到最低时的33.20美元/桶，有色金属、钢材、煤炭等各类原材料价格大多下跌40%~60%，这对世界经济产生了巨大的影响。

4.部分国家财政发生危机，国家经济濒临破产

金融危机爆发后，部分国家经济因对外依存度高、外汇储备不足而受到严重冲击：冰岛的国家经济濒临破产，不得不紧急向国际货币基金组织和俄罗斯求援。其他如希腊、西班牙、波兰、匈牙利、乌克兰、哈萨克斯坦、巴基斯坦和阿根廷等国家均出现国家财政危机，国家政府陷入破产的边缘。

5.对投资者和消费者信心的影响

投资者进行投资，消费者进行消费，往往都是建立在对未来经济充满信心的基础之上。金融危机严重打击了世界各国投资者和消费者的信心，企业破产倒闭、经济衰退、预期收入减少，严重影响了人们的消费心理，未来信心不足导致预期消费降低，消费低迷现象已成为阻碍各国经济发展的主要问题。如何提高人们的信心将是今后一段时期内各国政府发展经济的当务之急。

第二节 金融危机的预警与防范

面对金融危机的频繁爆发及其对经济的危害，世界各国政府都在积极寻找对策，避免或减少金融危机的发生和破坏。

一、金融危机预警的概念

预警是对某事物未来可能出现的危险或危机提前发出警报的一种经济活动，目的在于

减少或者避免损失。金融危机预警是指通过应用某种统计方法对一国或一个地区的全部或部分金融指标在一定时间范围内发生急剧恶化的可能性进行宏观金融分析和预测，为金融安全运行提供对策和建议的系统活动。

金融危机预警是一项复杂的系统工程，它以经济金融统计为依据，以信息技术为基础，以科学分析为手段，是国家宏观调控体系和金融风险防范体系的重要组成部分。金融危机预警主要包括：

（1）确定警情是金融危机预警的基本内容和必要前提。所谓警情，就是那些值得人们警惕的客观情况，一般采用一些基本的重要的金融指标加以反映。

（2）寻找警情来源。警情来源是导致警情发生的根源。寻找警情来源，就是运用科学的方法，对数据资料进行分析和论证，合理区别和分析不同警情来源的不同因果关系和作用过程。

（3）分析警情征兆，就是根据警情征兆来预测和预报警情的爆发及其程度。爆发警情必有一定的征兆，它是预警过程的重要环节。

（4）预报警情程度。警情程度反映警情指标变化中所含的强度或程度。预报警情程度，就是根据警情征兆的实际变化，联系警情征兆的报警区间，参照事先设计的界线和警情等级指标，监测警情的变化和发展，从而为危机预报和处理提供宝贵的时间和可靠的政策依据。

一个良好的金融危机预警系统能够充分反映本国或某个地区的经济金融运行基本状况，对该范围内的金融风险程度及变动趋势有较灵敏的判断，并且在整个系统内各层次、各子系统之间相互配合，分工明确，彼此不发生摩擦和重复。由于金融危机的出现常常以一系列的经济金融指标恶化为先兆，因此，金融界人士普遍认为，如果能够根据一系列金融指标对金融风险进行预警，那么防止金融危机的发生是可能的。

二、金融危机预警指标体系

建立完整有效的指标体系，是金融危机预警系统的重要组成部分。根据金融危机预警指标设立要求，预警指标体系一般可分为两大类：一类是国际上通用的重点监控指标体系；另一类是细化的指标体系。

（一）重点监控指标体系

重点监控指标的选择基本涵盖：反映宏观经济发展状况的指标，反映国内金融机构资产质量、经营稳健性和信贷增长率的指标和反映对外经济联系的指标等。

1.经常账户逆差与国内生产总值配比（CAD/GDP）

国际收支是指一国在一定时期内同其他国家各种往来的全部货币收支情况。目前，大多数国家都将国际收支平衡作为政府经济政策目标之一。它包括经常账户、资本和金融账户以及错误和遗漏账户三项，其中经常账户的平衡最为重要。虽然它不能代表全部国际收支，但它综合反映了一个国家的进出口状况（包括服务贸易），因而被国际货币基金组织和各个国家广为使用。但事实上，无论是经常账户收支还是国际收支，常常都是不平衡的。西方经济学家甚至认为一定规模的逆差对新崛起的国家具有十分重要的意义，它们可以从发达国家引入急需的资金和技术，促进其经济的发展。但如果这种逆差持续保持在相当于其国内生产总值的5%以上，则十分危险。

在金融危机爆发前的较长一段时间里，发展中国家大多实行金融自由化和贸易自由化战略，形成了经济增长过度依赖出口和外资的增长模式。但当国际需求减弱和贸易竞争加剧时，严重依赖国外市场的出口导向战略对经济增长的激励作用会弱化，贸易逆差增加，外资大量撤出，汇率急剧贬值，资产价格泡沫破灭，金融市场陷入动荡，引发金融危机。例如，墨西哥在发生危机前，其经常账户逆差占到国民生产总值的7.8%；自进入20世纪90年代以来，泰国经常账户逆差就持续保持在5%以上，为金融危机的爆发埋下了伏笔。

2.短期外债与外汇储备配比（SED/CR）

根据国际惯例，一国外债总额与外汇储备的比例不能超过30%的国际警戒线。

关于是否应该利用外资，理论界最有影响的应该是著名经济学家钱纳里的“双缺口”模型（储蓄缺口、外汇缺口）。他认为，一个国家在发展经济过程中，首先，应优先使用国内资源，如努力发展资本市场以促使国内储蓄转化为投资。其次，在既定的经济增长目标之下，由于存在着技能、储蓄和外汇等方面的制约，一国国内的储蓄和外汇一般不能满足计划投资和计划进口的需要，这样，任何国家都难以实行“自我维持增长”，尤其是发展中国家。这时，要想实现既定的经济增长目标，就必须利用外国资本。因为一定数量的外国资本可以同时弥补发展中国家的“储蓄缺口”和“外汇缺口”，而且外资不仅能够带来资本，它还能带来技术、管理知识、市场知识等。因此，发展中国家为了发展本国经济，大多采取了开放国内市场、推进贸易和金融自由化，大量举借外债等方式。

但金融自由化在给发展中国家带来大量资金的同时，也给它们带来了较多的外债。一国的短期外债应与其外汇储备保持一定比例，如果短期债务与外汇储备比例失调，则投资者就会对该国的偿债能力产生怀疑，他们将不愿意让该国延期偿还即将到期的贷款。因此，对于举债率较高的国家来讲，短期债务占比太高是影响国家经济和金融安全的重要因素。短期债务是指期限为1年或1年以内的国际资本流动，它一般都借助于各种票据等信用工具进行。短期资本流动工具主要包括通货、活期存款、联邦资金、短期政府债券、商业票据、银行承兑汇票、可转让定期存单等。其易于买卖和转手，而且对货币供应量有着直接影响。因此，如果短期外债波动性大，对资金流入国的冲击性很强，则易于引发清偿危机，给国内金融市场甚至经济带来危害。通常在金融危机爆发前，潜在危机发生国大多经常账户赤字较高，用汇需求大。当发展中国家的经常账户逆差持续超过警戒线时，其往往伴随着经济增长动力减弱、汇率贬值预期上升、资产价格泡沫及银行不良贷款反弹等问题，一旦整个市场预期发生逆转，短期资本外流，就会导致对国内外汇储备的要求突然增加。如果国内外汇储备不足以应对短期资金抛售的要求，则只能放任本币贬值，引发金融危机。例如，墨西哥在出现清偿能力降低的时候，外债占外汇储备的比例超过35%，它的外汇储备只够偿还20%的到期外债；东南亚国家在危机发生以前，为了加速经济发展，从国际金融市场上大举借入债务，1996年，除韩国外，危机发生国泰国、菲律宾、印度尼西亚、马来西亚的外债已经分别占当期各国外汇储备的46%、54%、47%和39%。

3.银行系统不良贷款与总资产配比（不良贷款率）

金融危机爆发前后的有关贷款数据表明，金融危机爆发前，危机发生国都存在贷款增长较快、不良贷款攀升现象。无论是墨西哥金融危机、日本资产泡沫、东南亚金融危机，亦或美国次贷危机，银行风险都是金融危机的诱发因素。银行体系自身的脆弱性，如过度的信用扩张、贷款投向的失误以及银行系统的道德风险等，是引发银行危机的主要因素。

再加上传导机制中的金融溢出效应和羊群行为，更加速了银行危机向更广、更深范围传播。

发展中国家银行风险上升与其金融自由化密切相关。现代世界经济发展的一个基本特征是，金融自由化程度日益加深。金融自由化方便了交换和贸易，促进了资本的积累与集中，为社会经济快速发展创造了条件。但由于金融市场上普遍存在着信息不对称性、不确定性以及金融泡沫，致使金融市场不稳定性上升，从而引发经济问题，甚至爆发金融危机和经济危机。

4.资产价格泡沫程度（房地产和股票价格指数升幅）

泡沫是指资产价格（主要指股票和房地产）偏离了资产的基础价值。泡沫经济通常表现为资产价格的虚拟膨胀，其本身就隐藏着因不确定因素的扰动致使资产价格狂跌的可能性。泡沫经济通常伴随着银行信用的扩张和资源配置的扭曲而产生。泡沫经济和银行系统的信用扩张紧密联系。克鲁格曼认为："所有泡沫都有一个共同点，即都是由银行融资引起的。"金融全球化加速资本的自由流动，银行信用过度扩张，大量资本随着投资者利益的驱动和心理预期的变化在全球范围内迅速地流入流出。资金一般不会进入直接投资领域，而是进入最容易形成泡沫的股票市场和房地产市场，并推高股票和房地产价格，导致资产结构和价格的泡沫化，而资产价格的泡沫化又使得银行信用进一步扩张，形成恶性循环，导致资产价格的急剧膨胀。当市场形势遭遇某种触发因素而发生变化时，股票和房地产价格急剧下跌，国际资本抽逃，银行信用收缩，各类投资机构和房企因资金链断裂而破产，大量不良贷款的形成及流动性缺乏致使银行倒闭，危机爆发。

5.汇率波动幅度

布雷顿森林体系解体后，各国可以根据自己的情况灵活地选择汇率制度，因此国际上出现了各种汇率制度并存的格局。大多数发达国家都采用浮动汇率制，而发展中国家大多实行盯住美元的固定汇率制度，我国的香港特别行政区目前采用盯住美元的联系汇率制度。

采用固定汇率制度对于经济规模和实力相对较弱、经济发展对外依存度较高的发展中国家来说有许多优点：一是有助于吸引和刺激外国投资者到本国进行各种投资，尤其是直接投资，从而解决发展中国家经济发展资金缺乏的问题；二是有助于防止进口商品价格上升而导致通货膨胀；三是有助于企业准确地核算和控制成本，稳定出口价格，刺激出口和外贸增长；四是在固定汇率制下，可以通过利率效应、收入效应和相对价格效应来调节国际收支。

由于固定汇率制度存在缺陷，所以汇率水平的大幅波动往往成为触发金融危机的因素或突破口。固定汇率容易受到国际投机者的关注和攻击，引发金融危机，原因是：一方面，实行固定汇率制度必须与挂钩国家的经济发展保持同步，固定汇率难以充分反映本国经济实际运行规律；对汇率与美元挂钩的国家而言，如果美国经济景气、美元升值，该国货币就得随之上升，反之亦然。这样，该国汇率反映的其实是美国的经济情况，而任何国家的经济发展和经济周期都不可能长期与被盯住国的情况保持同步，一旦差异增大，则维持固定汇率需要付出高昂的金融成本。当这种成本增大到一定程度时，政府维持固定汇率的意愿就会下降；当国际投机者觉察到政府这种窘境时，他们就会"狙击"该国。另一方面，在开放的经济条件下，若一国采取固定汇率制度，中央银行则必须通过利率政策来保持币值的稳定，而利率作为本国货币政策工具的功能将被削弱，对国内经济的影响程度有所降低，甚至出现与本国经济状况的要求背道而驰的现象。

因此，当实行固定汇率制度的国家面临经济下滑、储备减少及汇率贬值预期时，其固定汇率制度很容易受到国际金融市场上投机力量的冲击。这时如果一国相对固定的汇率水平因波动幅度难以继续维持而不得不与强势货币脱钩，则通常会引起巨大金融震荡，爆发金融危机。

6.国内外利差幅度

20世纪90年代以来，由于美元核心地位日趋巩固，世界金融危机的一个重要特点是：危机往往伴随着美国货币、汇率政策的变化而发生。在历次金融危机中，没有一次不是直接跟随美国货币（利率）和汇率政策的变化而产生的。

发展中国家在推行金融自由化的过程中，吸引了大量来自美、日等发达经济体的短期资本，其特点是以短期投机获利为主，并对美、日利率变动十分敏感。如果一国利率水平与美国差距太大，极易引起短期资金从发展中国家抽出，导致发展中国家的资产价格暴跌、经济动荡，成为金融危机的导火索。

（二）细化的指标体系

金融危机预警指标分为：国内宏观经济指标、金融系统指标、外部环境指标三大类。

国内宏观经济指标是反映实体经济整体运行状况的指标，可分为：财政指标、实体部门指标、资本和金融账户指标、经常账户指标、债务指标、货币项指标等。

金融系统指标是反映金融机构运营的稳健性、金融资产价格的波动状况的指标，又分为银行类指标和证券类指标。其中，银行类指标包括：国内贷款增长率、资本充足率、银行不良贷款比率、房地产贷款比率等。证券类指标包括：股票价格指数变动率、股票交易量等。

外部环境指标是反映全球经济运营状况、主要经济体的经济指标变化的指标，包括美国短期利率、美元汇率波动和原油价格变化等。

金融危机预警指标体系中的细化指标见表9-1。

表9-1 金融危机预警指标体系中的细化指标

国内宏观经济指标	财政指标	财政赤字/GDP
	实体部门指标	实际GDP增长率、通货膨胀率
	资本和金融账户指标	外汇储备/进口额、M2/外汇储备、FDI/GDP、国内外利差、真实汇率波动幅度
	经常账户指标	经常账户逆差/GDP、进口额/GDP、出口额/GDP
	债务指标	外汇储备/短期外债、短期外债/外债总额、负债率、偿债率
	货币项指标	M2/GDP、货币供给增长率
金融系统指标	银行类指标	国内贷款增长率、资本充足率、存贷款比例、资本流动比例、不良贷款比例、加权风险资产比例、房地产贷款/总贷款
	证券类指标	股票价格指数变动率、股票日均交易量、证券市场外国资本流动量
外部环境指标	美元指数、美国经济增长率、国际原油价格指数变动率	

三、金融危机预防

就历史经验来看，金融危机的爆发通常都经过相当长一段时间的能量积蓄，最后由某一个或几个因素引爆。综合国外的经验教训，并结合我国经济发展实际情况，金融危机的防范措施主要有以下几种：

1.确立起相对稳定、适时调整的汇率制度

经济学家们越来越倾向于发展中国家应确立起相对稳定、适时调整的汇率制度”这一观点。相对稳定便于贸易与投资，减少相关汇率风险；适时调整是要避免币值被高估或低估，以免给货币投机留下可乘之机。有条件的经济大国应当使汇率更加灵活，以减少国际金融市场的动荡对国内金融市场与当局货币政策的影响。问题的关键是，在实施某一种汇率制度的过程中，必须采取相应的配套措施，以便使该汇率制度在适宜的环境中运行。

2.适度储备外汇

就货币危机国家（地区）来看，货币危机的最终形成与当局外汇储备不足紧密相关，而新加坡、中国香港等国家和地区能够成功地击退投机者的攻击，最后主要依靠的是雄厚的外汇储备。但是，外汇储备并非越多越好。外汇储备迅速增加，会改变该国基础货币的投放结构，削弱央行对货币供应量的控制，增大本币的升值压力。同时，在国际储备货币币值剧烈变动之下，随着外汇储备的增加，维护外汇储备安全的成本就越来越大。因此，应根据一国的进口、外债以及干预市场等支付需要，确定适度的外汇储备规模。

3.健全金融体制

健全的金融体制需要金融企业具备充分的财务管理能力、良好的财务结构、符合国际标准的会计制度和信息公开制度；具备足够的风险管理能力和竞争能力。

4.谨慎开放金融市场

根据国际经验，实现资本和金融账户可兑换，需要较长的准备时间，即便如法国、意大利、日本等发达国家，也是在实现经常账户可兑换的20多年之后，才完全取消资本和金融账户的管制。放宽对资本和金融账户的限制应当有序实施，首先放宽对长期资本流入的限制，然后随着银行和其他金融机构管理能力的增强，再逐步放宽对短期资本流入的限制。

墨西哥与泰国的教训表明，急于求成将导致灾难性的货币危机。发展中国家在全面开放金融市场时，至少应具备以下条件：比较成熟的国内市场；比较完善的法规制度；熟练的专业技术人员；比较丰富的管理经验；有效的政府管理机构和灵活机动的应变机制；与金融开放相适应的市场经济体制和发展规划；一定的经济实力，包括适宜的增长速度、足够的外汇储备、充分的支付能力、有效的融通手段和能力等。

5.有效控制外资

对外资的流入、流出进行适度控制和管制是有效抵御危机传导的措施之一。在新兴市场中，智利对短期资本流入的控制堪称典范，其主要措施有：外资的投资期限不得少于1年；当数额超过10万美元时，要求缴存10%的无偿准备金（实际类似于“托宾税”）；外资在智利的投资，需将引入资金的30%存入央行1年，且不计利息；对国内公司在海外发行债券，要求平均期限不得少于4年；国内银行的外汇敞口不大于银行资本与准备金的

20%等。智利的上述措施较好地控制了通过资本和金融账户流入境内的资金净额与流入结构，特别是短期投机资金的流入，使流入资金中直接投资占较大比重，因此多次成功抵御金融危机的“传导效应”。对于引进的外资，应导向生产而不是消费领域，形成多样化的、有效的出口生产能力。

6.控制举借外债规模

在全球化时代，积极地举借外债已成为发展中国家决策者的一个明智选择。然而，过度依赖外资是引发新兴市场货币危机的重要原因。因此，外资在国内总投资中所占比重要适度，利用外资要与国家的对外支付手段和融资能力相适应。

7.稳健财政体制

阿根廷、俄罗斯等国的货币危机表明，庞大的财政赤字同样具有极大的危害性。这是因为：其一，由于央行缺乏独立性，政府通过行政力量直接向银行举债，这不仅影响了银行的稳健经营，而且易于引发通货膨胀；其二，由于政府的巨额资金需求，市场利率上扬，私人部门筹措资金的成本居高不下；其三，政府为增加财政收入而向企业征收五花八门的税收，增加企业负担。

严重财政赤字的危害被越来越多的国家所重视，最突出的要算是不断扩展与深化的欧洲货币联盟（以下简称欧盟）。欧盟的《稳定与增长公约》规定，凡是准备或已加入欧元区的国家，其年度财政赤字不得超过其GDP的3%。欧盟的这一硬性标准被经济学家们普遍用来衡量一国经济与金融安全的警戒线。

8.保持区域金融稳定

全球化下金融危机爆发的一个重要特征是区域性。一国发生货币危机，临近国家非常容易遭受池鱼之殃。欧洲货币危机、东南亚金融危机等都是如此，特别是2007年美国次贷危机，在短期内迅速传遍全球。相反，欧洲货币危机、墨西哥比索危机以及亚洲金融危机之所以能够很快得以平息，是因为德国、美国、中国等大经济体国家在区域内起着重要的稳定作用。

9.建立风险转移机制

（1）建立存款保险制度。西方国家普遍建立的存款保险制度，为稳定金融体系提供了一道安全屏障。泡沫经济破灭后，日本金融机构本已十分脆弱，再经过亚洲金融危机的冲击，更是岌岌可危。日本政府通过向存款保险公司提供特别融资，有效遏制了危机在国内的蔓延，避免了对社会和经济造成更大的冲击。

（2）建立不良债权担保抵押机构，降低金融机构坏账。为应对20世纪80年代发生的金融危机，美国建立不良债权担保抵押机构，实现应收账款债券化。储蓄贷款协会通过将应收账款以适当的贴现率兑付给应收账款购买机构，或者以此为抵押发行定期可流通债券，进而置换出资金，转移了风险。

（3）为降低俄罗斯金融危机的冲击，匈牙利政府作出决定：通过立法迫使银行解决坏账问题。将国有银行出售给外国战略投资商，以此吸引国家所需要的资本和专业技能。波兰政府则设法让银行建立负责尽可能收回坏账的特殊部门。

10.夯实经济政治基础

货币是一个国家综合国力的象征，无严重政党纷争、廉洁高效的政府、完善的社会保障体系等因素，是实现经济稳定、持续增长的基本条件，是实现货币稳定的重要前提。其一，优化产业结构，使出口多元化，并不断提高劳动生产率，提高企业及其产品在国际市场上的竞争力。其二，促进和扩大内需。发展中国家政府不能过分依赖国外（主要是西方）消费需求的旺盛来拉动本国经济，应更多地依靠国内需求来促进经济的增长。为此，要适当抑制超额储蓄，鼓励居民扩大消费，要不断增加基础设施和其他公共开支项目，健全金融体制，使居民储蓄有效转化为国内投资，促进经济增长。与此同时，要防止持续大规模投资引起经济过热，产生经济泡沫。其三，确保政治与社会稳定。

第三节　金融监管

现代金融活动十分复杂，由于它是以货币为媒介、以信用为条件而建立起来的，其作用力、影响面是十分广泛而深远的，也就是说金融领域内存在的垄断性、外部性、产品的公共性、信息的不完整性、过度竞争带来的不稳定性以及分配的不公平性都会导致金融产品与金融服务价格信息的扭曲，这种金融市场失灵会导致社会资金配置效率下降，甚至爆发金融危机。又由于金融是现代经济的核心，是国民经济的命脉，金融活动状况对社会经济生活的影响广泛而深刻，因此世界各国在对金融运行进行调节的同时，必须对金融活动进行严格的监督和管理。

一、金融监管的产生与发展

金融监管是指金融监管当局根据金融法规对各类金融机构及其金融活动实施监督与管理，以保证金融体系的安全、稳定，保证公众利益的一种管理活动。

金融监管的产生和发展大致经历了三个阶段：

第一阶段，20世纪30年代之前。世界首次对银行业的公共管理和监督出现在15世纪的西欧。而现代意义上的金融管理则始于19世纪中央银行制度的建立。在中央银行制度建立初期，金融监管的重点主要是货币发行与流通。中央银行致力于集中货币发行、建立银行准备金制度，并解决由于商业银行过度发行而导致的货币混乱、兑付困难和破产倒闭等问题。19世纪末以后，各国逐步加强了对银行业的监管，规定开业条件，管理货币发行与流通，还通过制定法律和条例，将银行的最低资本额、现金储备、资产种类等也纳入监管范围。总之，20世纪30年代之前，在以新古典学派为代表的经济自由主义占主导地位的时期，各国金融监管是粗线条和宽松式的；监管主体、职能、作用均有限；监管目标不明确、内容不全、措施不力、方法原始、手段单一；监管的有效性不高。

第二阶段，20世纪30年代初至20世纪70年代初。在第一次世界性经济大危机之后，以凯恩斯为代表的管理经济、国家干预主义登上经济学研究宝座，各国政府也开始注重监督、管理、干预经济，并把稳定金融业作为发展经济、稳定社会的必要条件，对金融业进行全面而严格的管制与监督，并很快形成了较为完善的监管体系。在这一阶段，金融监管的主要特征是加强立法、增加限制性政策，主要表现在对利率的限制和对金融机构业务活动的限制。

第三阶段，20世纪70年代初至今。20世纪70年代，在金融创新的高潮中，世界金融业的发展有了鲜明的自由化和国际化倾向，客观上要求金融监管的内容与措施必须调整。20世纪80年代，欧美大多数国家都重新修订了银行法和监管条例，在放宽那些与新情况不相符的限制的同时，强化和扩充了对金融安全化管理的措施。例如：放宽利率限制和业务限制，加强对金融机构经营的预防措施，优化资产负债比例，加强对经营管理质量监督员的考查，完善金融机构破产倒闭的应对措施，加强存款保险制度。与此同时，各国监管逐步向统一化和国际化方向发展。各国开始联手进行金融监管，主要表现在：一方面统一并规范现有的监管目标、内容与手段，另一方面设立国际监管机构，共同制定新的国际管理规则，例如《巴塞尔协议》等。总之，这一阶段金融监管的主要特点是加强与放松相结合，注重防范风险，各项措施趋于统一。

当今，在世界范围内，金融业风波迭起，危机四伏，如巴林银行倾覆、日本大和银行事件、亚洲金融危机、墨西哥金融危机、美国次贷危机等，金融监管任重道远。可以预见，今后的金融监管将朝着力度更强、适应性更高、约束性更为严格更为有效的方向发展。

知识链接 9-1

欧盟金融监管立法

欧盟金融监管立法是建立在每个成员国承认其他成员国的法律、规定和标准基础之上的。依据这一立法基础，欧盟制定的各类金融监管法规是各成员国必须遵守的最低标准。

按照2001年《朗法吕西（Lamfalussy）报告》的要求，欧盟金融监管立法的程序包括四个方面：一是通过正常的立法程序，由欧洲委员会提议，欧盟理事会和欧洲议会共同通过，再到制定指令或规定。在欧洲委员会提议前，欧洲委员会还应向市场参与者、最终使用者、成员国监管者和立法者进行咨询。二是欧洲委员会对通过的指令或规定制定技术细节，该技术细节应获得欧盟理事会和欧洲议会的认可。三是各类欧盟层面的金融监管组织，如欧洲证券立法者委员会（CESR）、欧洲银行监督官委员会（CEBS）以及欧洲保险和职业养老金监管者委员会（CEIOPS）等，须确保各项法律得到金融机构的严格执行，并设计出简化的数据和报告格式样板以便在未来四年到五年内所有金融机构只需向一个指定的监管者提交一份涵盖所有要求的报告。四是欧洲委员会负责核查欧盟与成员国在法律、法规方面是否一致。一旦发现有抵触之处，如果必要的话，委员会将采取法律手段向欧洲法院起诉成员国。

从法律角度来看，欧盟的金融监管改革主要以各种指令的颁布为基础。1999年以来，欧盟先后颁布了20余条指令，内容涉及银行、保险、证券等各个领域。其中11条已被所有成员国接受，变成了各国的法律。这些指令性文件为欧盟监管制度的确立设定了法律框架，为欧盟的统一金融监管提供了保障。

资料来源：佚名. 欧盟的金融监管标准与监管体系［EB/OL］.［2008-03-26］. http：//www.pbc.gov.cn/publish/goujisi/725/1128/11282/11282_.html.

二、金融监管产生的原因

1.市场经济的内在要求

金融监管源于一般管制理论。该理论认为在现实经济运作中，由于存在垄断、市场信息不对称和外部负效应等情况，竞争有效发挥作用的各项条件不能得到满足，从而导致市场失效，使“自由市场万能论”失去假设前提。因此，完全的自由放任并不能使市场运行实现规范合理和效率最优，需要借助政府，从市场外部通过法令、政策和各种措施对市场主体行为进行必要的管制，以弥补市场缺陷。

2. 金融业特殊性的要求

金融业是货币流通中心、资金融通中心、社会支付结算中心，是国民经济的“血液循环系统”。在当代纯粹的信用货币制度下，金融不再是简单的中介，其对经济的作用由原来的适应、促进，到现在的主动、推动和先导。金融在现代国民经济中的地位越来越重要与突出。

3. 金融业风险性的要求

金融业是高风险行业，具有很高的负债比例，经营具有不稳定性，完全依赖公众信任。金融风险种类很多，金融机构在经营活动中常见的风险有：

（1）信用风险。它是指交易对手不愿或者不能履行合同而造成的风险。信用风险是金融机构面临的一个主要风险，这种风险不仅存在于贷款业务中，也存在于其他业务中，如担保、承兑、证券投资等。特别是在金融机构经营国际信贷业务时，还会遇到与借款人所在国的经济、社会和政治环境方面有关的风险，即所谓的国家风险。

（2）流动性风险。它是指金融机构无力为负债的减少或资产的增加提供融资，即当流动性不足时，金融机构无法以合理的成本迅速获得足够的现金，从而影响其支付能力。在极端情况下，流动性不足会使金融机构资不抵债。

（3）利率风险。它是指金融机构的财务状况在利率出现不利的波动时面对的风险。在实行浮动利率的制度下，利率水平随着经济状况的变化而变化，而金融机构资产与负债的期限结构不尽一致，利率一变，其成本和收益就会相应发生变动，这有时会给金融机构造成损失，甚至会给金融机构以严重的打击。在利率开始放松管制的国家，对利率风险应予以密切注意。

（4）汇率风险。它是指因汇率的波动而造成的风险，通常发生在国际金融活动中。金融机构以外币计价的资产或负债，其价值会因外汇汇率变动而上升或下跌，这就是汇率风险。汇率风险的具体表现形式有很多，有的是在签订以外币计价的交易合同时，未能确定将来支付时的汇率．待合同履行时因汇率变动而出现收益受损；有的是由金融机构的外汇买卖而产生的。

（5）市场风险。它是指由于产品市场价格（如证券价格、金融衍生产品价格、汇率、利率）的变动，而使金融机构面临损失的风险。这类风险在金融机构的交易活动中最易发生。

（6）操作风险。它是指由于操作失误或雇员行为不轨而造成的风险。操作失误一般有两种情况：一是政策执行不当，原因可能是信息没有及时传递给操作人员，或是在信息传递过程中出现偏差；二是操作不当，即操作人员技能不高或者操作中偶然出现失误。雇员行为不轨，则是指雇员蓄意越权、欺上瞒下、违规操作等情形。

除以上风险之外，还有政策风险、决策风险、诈骗风险、道德风险、关联风险、法律风险、声誉风险等。这些风险往往会引起个别金融机构的经营困难，情况严重的就会对该金融机构的生存构成威胁；由于连锁反应，某一家金融机构出现危机，可能对整个金融体系的稳健运行构成威胁。因此，作为社会公众利益的代表，政府有责任采取有效方式，对金融业进行严格的监管。

4. 金融业公共性的要求

金融机构一方面是债务人向公众负债，另一方面是债权人向公众贷款和投资。另外，它还是公众经济活动的结算人，对社会的影响广泛，服务手段特殊，不可替代。因此，金融业容易产生相对垄断，形成歧视性服务。

5.金融业市场退出的社会成本问题

市场经济通过退出机制即破产机制，将那些在竞争中经营不善的低效率机构淘汰出局，实现资源高效与最优配置。金融业的特殊性、风险性与公共性的特点，决定了金融业是一个外部效应外溢性很强的行业。例如，金融机构负债很高，可达90%；负债面很宽，涉及政府、企业与老百姓，以及整个经济运行与核算。因此，金融业市场退出的社会成本很高，远远高于其他行业。这就决定了金融业不可能完全依赖市场机制的自动调节，来达到均衡和效率的理想状态。

三、金融监管的目标与原则

（一）金融监管的目标

实施金融监管，首先要确定金融监管的目标，各国一般都是在银行法中加以规定。例如，《德国银行法》规定："联邦金融管理局监管所有的信贷机构，以保证银行资产的安全、银行业务的正常运营和国民经济良好运转。"《中华人民共和国银行法》规定："中国人民银行依法对金融机构及其业务实施监督管理，维护金融业的合法稳健运行。"

显然，各国规定的监管目标并不完全相同。但是一般而言，基本上都是出于维护"经营安全性、竞争平等性、政策一致性、市场稳定性"4个方面的考虑。

1.经营安全性

经营安全性就是促使银行业成员安全经营，防止倒闭，从而保障社会公众的利益和金融业的稳健运行。银行具有公共性，它接受存款，充当社会的支付系统。一旦个别银行倒闭，这不仅会损害存款人的利益，破坏整个社会的转账支付系统，甚至会带来挤兑和引发连锁性破产，导致金融风潮，对整个社会经济产生不利影响。

2.竞争平等性

竞争平等性就是通过金融监督管理制度创造一个平等竞争的环境。防止垄断，保护竞争，限制大银行不合理的扩张，保证银行顾客不受歧视，但又防止过度竞争；鼓励商业银行在合理竞争的基础上提供高效率、多样化的金融服务，促进银行业的健康成长，从而提高社会的整体效益。

3.政策一致性

政策一致性就是通过监督管理，使商业银行的经营活动与中央银行实施货币政策的要求保持一致。中央银行调节经济的货币政策必须通过商业银行和其他金融机构的经营活动来实现。但是，商业银行以盈利为主要目标，它的经营政策有可能与中央银行货币政策的要求产生矛盾，抵消甚至破坏中央银行货币政策的实施效果。必须通过监督管理，及时发现商业银行那些与中央银行货币政策相违背的经营活动，并予以限制或取消，促使它们协助中央银行执行货币政策。

4.市场稳定性

金融市场是沟通社会资金供需的场所，是把社会闲置资金引导到生产建设中去的媒介。同时，健全的金融市场也是货币政策有效发挥作用的基础，中央银行参与金融市场的重要任务就是稳定金融市场，为社会经济的发展创造一个相对稳定的融通资金的场所和良好的货币金融环境。因此，中央银行和金融监管机构必须通过金融监督管理活动，保持金融市场的稳定性，进而实现国民经济长期、持续、健康和协调地发展。

（二）金融监管的原则

为实现监管目标，各国金融监管当局在执行监管时大多要遵循以下一些基本原则：

1.依法监督管理原则

各国金融管理体制各有不同，但在依法管理这点上是共同的。这有两重含义：一方面，金融机构必须接受国家金融管理当局的监督管理，要有法律保证，不能有例外。另一方面，管理当局实施监管必须依法而行。若非如此，则难以保持管理的权威性、严肃性和强制性，也就不能保证监管的有效性。

2.适度竞争原则

在市场经济体制下，竞争是必然规律，但竞争必须适度，才能提高效率、克服市场经济的负面效应。适度竞争原则要求中央银行金融监督管理的重心应放在创造适度竞争的环境上；放在形成和保持适度竞争的格局和程度监测上；放在避免造成金融高度垄断，失去竞争从而失去活力和生机上；放在防止出现过度竞争、破坏性竞争，从而危及金融业的安全和稳定上。适度竞争原则还要求中央银行金融监管做到“管而不死，活而不乱，限制过度竞争，而又不消灭竞争”。

3.自我约束与外部强制管理相结合原则

外部强制管理再缜密严格，也总是相对有限的。假如管理对象不配合、不协作、不愿自我约束，而是设法逃避、应付对抗，那么外部监督管理也难收到预期的效果；反之，如果将全部希望放在金融机构本身自觉自愿的自我约束上，则一系列不负责任的冒险经营行为和道德风险就难以有效地避免。因而，理智的做法是遵循自我约束和外部强制管理相结合的原则。

4.不干涉金融业内部管理原则

各国中央银行对金融业进行监督管理时，普遍奉行不干涉金融业内部管理的原则。按照这一原则要求，只要金融业的经营活动符合金融法律、法规规定的范围、种类和可承担的风险程度，并依法经营，中央银行就不应做过多的干涉。实践充分证明，干预金融内部管理的行为，实际上是中央银行自我毁灭的愚蠢行为。

5.综合性管理原则

金融管理应着眼于综合配套的系统化和最优化的效能，应当将行政的、经济的和法律的管理手段综合配套使用；应将直接的与间接的、外部的与内部的、自愿的与强制的、正式的与非正式的、报表的与现场的、事先的与事后的、国内的与国外的、经常性的与集中突出性的、专业的与非专业的各种不同管理方式管理技术手段结合起来，综合配套使用。

6.社会经济效益原则

安全稳健是一切金融法规和金融监督管理的中心目的，但不是唯一目的。从某种意义上讲，安全稳健并不是金融业存在发展的终极目的，它的终极目的在于满足社会经济的需要，促进社会经济的稳定发展。而要实现这一点，效益问题就具有决定性意义。所以，金融法规和金融管理不应只为安全而安全，只为管理而管理，而必须考虑严格管理同促进金融机构效益的协调关系。

四、金融监管的范围、主要内容与方法

（一）金融监管的范围

金融监管的范围应该覆盖金融业的各个方面，具体包括：对商业银行的监管，对其他

银行和非银行金融机构的监管，对短期货币市场的监管，对资本市场和证券业以及各类投资基金的监管，对外汇市场的监管，对衍生金融工具市场的监管，对保险业的监管等。

（二）金融监管的主要内容

（1）对新设金融机构的审批，即“市场准入”。设立一家金融机构，金融监管部门要对该机构的股东资格、资本金、法人代表和高级管理人员的任职资格等进行审查。在很多国家，这项工作以注册登记管理方式进行。

（2）审定金融机构的业务范围及业务管理。在金融机构设立之初，由监管部门审定并核准其业务范围。在金融机构式运营之后，监管部门还要对其日常经营进行常规业务监管。

（3）对金融机构经常实施市场检查。这种检查带有抽查性质，主要是针对金融机构的日常经营活动进行金融稽核与检查监督，有时也是有针对性的。

（4）对有问题金融机构的最后挽救。金融监管部门在监管过程中，一般会尽量避免单个金融机构因经营不善而给社会带来的震动。若出现这种情况，监管部门会尽力采取挽救和保护措施。

（三）金融监管的方法

（1）事先检查筛选。其主要是指对金融机构建立前的严格审查和注册登记。在各类金融机构建立前，金融管理当局一般都要对拟建机构的地址、规模、股东人数、最低资产额、资本结构情况、经营管理机构的组成和管理水平、是否妨碍竞争、是否有利于公众及银行的未来收益等问题，进行严格的审查。

（2）定期报告分析。其主要是规定金融机构定期报告制度，对其呈报的定期报告进行认真的分析，从而决策是否深入检查或采取其他制裁措施，这是监督检查的关键方法。对报告的分析，通常采用趋势分析和对比分析两种方法。

（3）现场检查分析。其主要是由中央银行或其他金融监管当局派人员到银行和金融机构进行实地检查，以了解银行和金融机构资本充足状况、资产质量、管理质量、收入和盈利状况、清偿能力等，在此基础上作出全面的综合估价。使用现场检查方法最早和最为充分的国家是美国，现场检查方法是金融监督管理制度的核心。这一方法已被日本、西欧国家以及众多的发展中国家所广泛采用。

（4）自我监督管理。其主要是指中央银行要求银行和金融机构根据法律规范自我约束、自我管理，强调银行和金融机构在自觉自愿的基础上进行自我纪律约束。

（5）内、外部稽核相结合。稽核是一种监督检查的系统方法。内部稽核是企业或银行自己进行的审查与核对，向股东大会负责，审查重点是银行的盈利，而不是银行监督当局关注的风险与安全。目前，各国一般采用外部稽核和内部稽核相结合，以及国家金融监管当局稽核部门对各类金融机构实行的强制性稽核和社会独立的稽核机构实行的非强制性稽核相结合的办法。

五、我国的金融监管体系

现代经济学认为，市场经济的运行虽然有一定的原则与秩序，但也存在一定缺陷，需要一定的监督与管理。因此，监管体系是必须存在的。监管体系主要包括：

第一，政府监管。在市场失灵或市场自我调节不理想的状态下，政府干预市场，进行众所周知的宏观调控。这股力量表现为政府监督管理。政府监管的执行机构主要是国家权力机构，一般为政府各职能部门。其监管的内容即是这些职能部门的日常工作，其手段主要是依据法律、法规与各项规章制度。政府监管的优势在于猛烈、直接、见效快。

第二，行业监管。市场经济是商业经济的发达阶段。在市场经济中，各行各业已基本形成相对有序的运行秩序，已建立起一批维护和调节这一秩序的相对公认的行业组织。这些行业组织在日常工作中一直发挥着协调、监督和管理的作用，形成行业监管。行业监管是一种具有自省功能的自我监管，其手段主要是通过制定各类行业内部的纪律性制度来规范行业内部成员。其主要目的是控制、协调成员之间的不完全理性错误，避免或降低成员及其之间不合理行为所造成的风险或损失。

第三，社会监管。市场经济是社会化的商品经济，其经济的组织、运行与协调的社会化程度远远高于人类社会所经历的任何经济形式。因此，在市场经济中，来自于社会的监督管理无论从深度、广度还是力度上都强于其他经济形式。在当今社会中，社会监管机构包括社会审计、会计、评估、公众组织等。社会监督以公开、公平、公正及客观、权威为原则，发挥着预警和监控的功能。社会监管是五种力量中范围最宽、弹性最大、包容性最强的力量。

第四，内部控制与自律。各种机构应根据市场经济的原则，按照法律、法规及各项制度的要求，同时根据自我发展的需要，制定一系列内部管理制度、章程与规定，实施自我管理。与政府监管、行业监管及社会监管这些外力相比，内部控制是自律性的监管。内部控制与自律是根本，是市场经济有序、健康、繁荣与发展的关键。

第五，行政法制监管。法制监管是金融监管的基础与准绳。市场经济在某种程度上是一种法制经济，各种机构应该在法制的监督与管理下经营。行政法制监管体系主要包括工商行政管理、财政税务审计等各项法律规定、专项审计与专项审查。

我国的整体金融监管系统包括组织监管系统、自律监管系统、市场监督系统、行政监督系统这四个方面，形成了对于金融机构的自我约束与外部约束、行政手段监管与法律手段监管相结合的基本框架。

1. 组织监管系统

目前，我国已形成了“一行三会”的监管机构体系。由中国人民银行、中国银行业监督管理委员会、中国证券监督管理委员会、中国保险业监督管理委员会分别对不同领域金融活动进行监管的金融监管组织系统，并以立法的形式授予这些机构法定的监管权限，监管机构对金融机构依法进行监管，通常把这些机构依法进行的监管叫作采用法律手段进行监管。

2. 自律监管系统

自律监管系统包括金融机构自律监管和行业自律监管。在完善的金融监管中，各金融机构既是被监管的对象，也是自我监管的自律主体。在目前，各金融机构内部都设立了稽核、监察等部门，以加强内部控制，发挥其自我约束、自我监察、防微杜渐的基础性作用。同时，金融行业为了避免金融机构之间的不正当竞争，规范和矫正行业行为，促进协作运行和共同繁荣，在金融行业内建立了以行业协会为主体的自律性组织。

3. 市场监督系统

市场的监督主要包括客户和社会舆论的监督，要发挥市场的监督作用，则要求金融行业增加透明度，包括业务制度方面的规范、经营过程及财务信息方面的透明度，这样才能通过客户的选择与社会舆论监督系统来协助监管机构对金融业进行监管。目前，一方面，金融机构通过建立社会举报制度和问题查处程序形成强大的社会监督威慑力，督促各金融机构依法经营和规范行事。另一方面，还利用了社会机构协助进行监督管理，如会计师事务所、律师事务所等。

4.行政监管系统

行政监督系统包括工商行政管理、财政税务审计等政府部门的各种专项审计和专项检查，以及政府对特种金融工具如债券、股票等的直接或间接监管。

本章概要

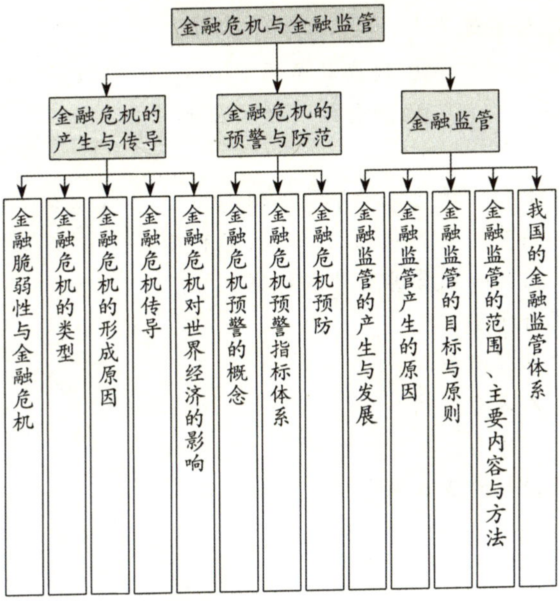

思考与练习

一、选择题

1.金融监管机构按大类可分为证券、保险和（　　）监管机构。

A.信托　　B.银行　　C.金融　　D.基金

2.商业银行设立必须达到法定最低资本额的目的是（　　）。

A.保护存款人利益　　B.维护银行体系稳定

C.保障商业银行利益与维护银行体系稳定　　D.保护存款人利益与维护银行体系稳定

3.存款保险标的范围一般包括（　　）。

A.本国货币存款与外币存款

B.银行间同业存款与外币存款

C.大额定期可转让存单存款与本国货币存款

D.本国货币存款与银行间同业存款

4.世界上大多数国家都实行（　　）。

A.单一型中央银行制度　　B.联邦央行制度

C.跨国中央银行制度　　D.准中央银行制度

5.保险公司偿付能力的影响因素主要有（　　）。

A.宏观经济环境　　B.监管法规　　C.自然环境

D.保险公司自身经营发展战略　　E.利率水平

6.西方国家证券市场监管内容涉及（　　）。

A.证券市场监管模式　　B.证券法中的核心原则　　C.证券发行管理

D.证券交易管理　　E.证券信息规模

7.《巴塞尔协议》将银行资本划分为（　　）两档。

A.核心资本　　B.公开准备金　　C.附属资本

D.未公开的准备金　　E.资产重估准备金

8.金融监管的原则主要有（　　）。

A.依法监管原则　　B.适度竞争原则　　C.自我约束原则

D.综合性管理原则　　E.社会经济效益原则

二、简答题

1.简述金融危机理论和金融危机传导的机制。

2.什么是金融危机预警？金融危机预警的指标有哪些？

3.什么是金融监管？金融监管具有什么特征？

4.金融监管的原因有哪些？

5.简述金融监管的目标与原则。

6.金融监管的基本内容有哪些？

7.金融监管的方法有哪些？

8.简述《巴塞尔协议》的基本内容。

第十章 金融科技

学习目标

通过学习，了解金融科技的基本概念及发展现状，并且深入了解金融科技的影响及作用。

导入案例

中国金融科技元年

2016年，中国企业在金融科技领域发展迅猛，被称为中国金融科技元年。在毕马威发布的《2016金融科技100强》中，有8家来自中国的企业入榜，其中前五名中就有4家来自中国。与此同时，在毕马威发布的《2016中国金融科技公司50强榜单》中，中国的金融科技企业已经覆盖包括支付、信贷、智能投顾等多领域业务，并在人工智能、大数据、区块链等技术方面呈现出领先优势。

6月，美国比特币创业公司Circle Internet Financial宣布获得由中国财团提供的6 000万美元D轮投资，双方将在风控、智能评分、大数据应用、金融场景建设等领域展开开放合作，共建生态。

9月，百度高级副总裁朱光在百度世界大会上表示，百度金融将以身份识别认证、大数据风控、智能投顾、量化投资、金融云为方向发展金融科技。

11月，众安保险宣布成立全资子公司——众安信息技术服务有限公司，未来将坚持在人工智能、区块链、云计算和大数据四个领域进行长期探索。

同月，央行公开招聘数字货币人才，将主要从事数字货币及相关底层平台的软硬件系统的架构设计和开发、数字货币中所使用的关键密码技术，以及对称、非对称密码算法、认证和加密等工作。

而在地方层面，中国首个科技金融指数——“武汉科技金融指数”于11月22日在第九届中国·武汉金融博览会上发布，此举将给地方部门在科技金融创新改革方面提供一个第三方标尺。

资料来源：佚名. 金融科技元年智能投顾风起云涌报告［EB/OL］.［2016-12-30］. http://finance.sina.com.cn/roll/2016-12-30/doc-ifxzczsu6351131.shtml.

通过以上案例思考：金融科技为我们的生活带来了哪些影响？你能想象出未来金融发展的趋势吗？

第一节 金融科技概述

当前金融行业进入转型发展阶段，随着人工智能、区块链、云计算、大数据等新兴技术的发展与应用，金融科技正在以迅猛的势头重塑金融产业生态，“无科技不金融”成为行业共识。近年来，中国的金融科技行业发展迅速，在云计算、大数据、人工智能和区块链等领域已经成长出一批拥有先进技术和行业实践的核心骨干企业。

一、金融科技的内涵

1.金融科技的定义

根据金融稳定理事会（FSB）的定义，金融科技主要是指由大数据、区块链、云计算、人工智能等新兴前沿技术带动，对金融市场以及金融服务业务供给产生重大影响的新兴业务模式、新技术应用、新产品服务等。

金融科技依托各类金融创新技术对传统金融行业的产品及服务进行变革，拓宽传统金融机构的获客渠道，提高金融服务提供商的运作效率和风险管理能力。金融和科技都具有较强的迭代性，即通过大量细微技术的发展，在众多积累的基础之上完成跨越式发展。而金融科技的迭代周期更快，其以金融需求为导向，以科技创新作为支撑，能够在短时间内完成巨大而深远的变革。

2.金融科技与互联网金融的区别

（1）金融科技是国际概念，直译自Fintech，取自英文金融“Finance”和科技“technology”的前缀。互联网金融的概念则富有中国特色，是由谢平在2012年4月7日“金融四十人年会”上首次公开提出。

（2）与互联网金融相比，金融科技在技术手段上实现突破。以大数据、云计算、人工智能、区块链、物联网等技术引领创新。

（3）与互联网金融相比，金融科技在业务范畴上实现拓展。金融科技的业务范畴不再局限于借贷和支付领域，还向征信、货币、投资咨询等金融业务领域拓展。

（4）与互联网金融相比，金融科技在服务人群上实现延伸。除了长尾人群外，金融科技还面向中产阶级以及高净值客户服务（如智能投顾服务）。

（5）与互联网金融相比，金融科技更加深入地推动了金融创新。互联网金融主要实现了渠道创新，更多是将互联网作为金融产品的销售渠道，即销售渠道的互联网化。金融科技则更加注重技术创新、数据应用创新。

二、我国金融科技的发展历程

1.金融IT阶段

在这个阶段，金融行业通过传统IT的软硬件应用来实现办公和业务的电子化、自动化，从而提高业务效率。这时候IT部门通常并没有直接参与公司的业务环节。IT系统在金融体系内部是一个很典型的成本部门。

2.互联网金融阶段

在这个阶段，主要是金融业搭建在线业务平台，利用互联网或者移动终端的渠道来汇集海量的用户和信息，实现金融业务中资产端、交易端、支付端、资金端任意组合的互相连通，本质上是对传统金融渠道的变革，实现信息共享和业务融合。

3. 金融科技阶段

在这个阶段，金融业通过大数据、云计算、人工智能、区块链这些新的IT技术来优化、改变传统金融的信息采集来源、风险定价模型、投资决策过程、信用中介决策等业务内容，可以大幅度地提高传统金融业务的效率，解决传统金融业遇到的难题，这其中的代表技术为大数据征信、职能投顾、供应链金融等。

相比国外而言，我国的金融科技企业发展基本是在近十年建立起来的，创新金融的成本和市场空间十分有限，难度也更大，但中国却在金融科技领域后来居上，见表10-1。

表10-1 我国在金融科技领域后来居上

项目	海外	中国
互联网支付	Paypal（美国，1998年）	支付宝（2004年） 微信支付（2014年）
互联网保险	Directline（英国，1985年） INSWEB（美国，1995年）	众安保险（2013年） 泰康在线（2015年）
股权众等	Angellist（美国，2010年） Wefunder（美国，2012年）	天使汇（2011年） 众筹网（2013年） 天使客（2014年）
网络银行	SFNB（美国，1995年） Egg（英国，1998年） 乐天银行（日本，2009年）	深圳微众银行（2014年） 浙江网商银行（2014年）
网络借贷	Zopa（英国，2005年） Lending Club（美国，2005年）	拍拍贷（2007年） 91金融（2011年） 宜人贷（2012年）
消费金融	桑坦德消费金融有限公司（西班牙，1963年）	倢信消费金融（2010年） 北银消费金融（2010年）

资料来源：程雪军．浅析金融科技［EB/OL］．［2018-01-16］．http：//www.weiyangx.com/278211.html.

三、金融科技的发展现状

1. 金融科技应用正在深刻改变金融行业生态

随着金融科技的广泛应用，金融行业的对外服务模式和对内管理模式都在发生深刻的变革。金融科技已经全面覆盖客服、风控、营销、投顾和授信等各大金融业务的核心流程，衍生出互联网银行、直销银行、互联网保险、互联网证券、消费金融、小额信贷、网上征信、第三方支付等一系列新兴金融业务领域。金融科技正在重塑金融行业的产业链、供应链和价值链。

一是互联网金融快速兴起，对传统金融行业带来巨大冲击。首先，互联网技术极大拓展了信息传播的渠道、方式，大幅减少了信息不对称的现象，扩展了金融服务供需双方的客户群。其次，互联网金融模式下，交易双方直接在网上进行互动，打破了时空上的限制，提高了交易效率，减少了中间环节与中间成本的消耗。最后，互联网利用先进的技术实现资源高度实时共享，能够使业务处理逐步实现自助化、自动化与系统化，使交易更加便捷、有效。

二是大量非金融企业进入金融行业，金融市场主体出现显著变化。一方面，大量科技企业借助金融科技发展契机，积极获取金融牌照，跨界提供金融服务，“科技+牌照”成为趋势。另一方面，大量具有服务经验的传统企业，发挥用户规模优势，通过用户数据资源与金融科技的结合，也积极跨界提供金融服务。此外，大量依托于金融科技的新兴创业企业，成为金融市场的新兴力量，在金融科技领域的技术和商业模式创新成为其核心竞争力。

2.传统金融机构转型发展带来金融科技应用的广阔空间

面对P2P、移动支付、众筹等互联网金融业态的快速发展，传统金融行业在挑战和压力下纷纷转型升级。为了抓住金融服务结构化调整升级机遇，抢占增量市场价值，传统金融结构纷纷将小微金融、普惠金融和智能金融，列为战略发展重点方向，从而带来了金融科技更加广阔的应用空间。

在普惠金融方面，金融科技所带来的金融创新能够降低成本、提高效率，扩大覆盖面，真正服务于基层。例如，大数据技术能将各方信息汇总并综合评估判断，扩展信用数据边界，将原本非信用数据作为信用评估的来源，覆盖原本没有被传统征信系统记录的人群或企业，从而提升信贷的覆盖面。在小微金融方面，面对小微企业个性化、特色化和专业化金融需求特征，金额科技能够为商业银行解决小微企业金融服务中存在的信息不对称、交易成本高、场景服务不足和风控难等问题，为小微金融服务提供解决方案。在智慧金融方面，以P2P网贷平台、职能投顾、大数据征信行业为代表的、依托金融科技手段的智慧金融能够使金融行业在业务流程、业务开拓和客户服务等方面得到全面的智慧提升，实现金融产品、风控、获客、服务的智慧化。

3.新兴科技快速演进，不断强化金融科技应用能力

当前，“大智移云”等新兴科技快速发展，人类社会正在从信息化走向数字化和智能化。随着云计算、大数据、人工智能和区块链等新兴技术在金融行业的深入应用，科技对于金融业的促进作用被不断强化，创新性的金融解决方案层出不穷，金融科技发展进入新阶段。其中，云计算技术能够为金融机构提供统一的平台，有效地整合金融结构内的多个信息系统，消除信息孤岛，在充分考虑信息安全、监管合规、数据隔离和中立性等要求的情况下，为机构处理突发业务需求、部署业务快速上线，实现业务创新改革提供有力支持。大数据技术为金融业带来大量的数据种类和格式丰富、不同领域的数据，而基于大数据的分析能够从中提取有价值的信息，为精确评估、预测以及产品和模式创新、提高经营效率提供了新手段。人工智能能够替代人类的重复性工作，提升工作效率与用户体验，并拓展销售与服务能力，广泛运用于客服、智能投顾等方面。区块链技术能够有效节约金融机构间的清算成本，提升交易处理效率，增强数据的安全性。

拓展阅读10-1

中国金融科技发展强劲

第二节　金融科技的主要形式

一、互联网与金融的融合

互联网将传统金融的功能和用途延展到了线上，通过线上销售产品、吸引用户，将传统金融互联网化。

1.互联网支付

互联网支付是指通过计算机、手机等设备，依托互联网发起支付指令、转移货币资金的服务。互联网支付应始终坚持服务电子商务发展和为社会提供小额、快捷、便民小微支付服务的宗旨。

互联网支付包括银行业金融机构的支付和第三方支付机构的支付。在资金流转过程中，第三方支付只是起到中转作用，平台并不拥有资金所有权，它主要解决不同开户行银行卡的网上对接问题以及异常交易带来的信用缺失问题，通过提供资金流通渠道完成消费者、商户以及金融机构间的货币支付、资金清算、查询统计等过程。

拓展阅读10-2

微信支付的发展

2.个体网络借贷

个体网络借贷（P2P，Peer to Peer）是指个体和个体之间通过互联网平台实现的直接借贷。借款人向P2P网站提交借款金额、时间和利率等信息，并根据平台要求提供相应的证明文件，平台网站根据既定的信用评级模型等手段对投资人进行相应的认证，出借人通过比较网贷平台的标的，根据自己的风险偏好出借资金。在这一模式下，借款人与出借人的对接在网络平台完成。

按照不同的角度，P2P大致可以分为以下几类：

（1）纯线上与线上线下相结合模式。纯线上是指P2P网贷平台只作为单纯的网络中介存在，审核借款人的资质主要通过查看央行征信记录、银行流水、身份信息等；线上线下相结合则是线上进行产品的销售，线下进行实地认证，评估借款人的资信和还款能力。与信用认证相比实地认证增加了实地走访、与借款人面谈的过程，这在一定程度上加强了风险管理。

（2）担保与无担保的模式。担保模式是指由第三方担保公司或P2P平台建立风险准备金以保证出借人本金、利息安全的方式；无担保模式则指出借人自行承担借款人违约风险而平台不负担任何责任的方式。

美国的P2P公司起步较早，目前已经发展为Lending Club和Prosper的双寡头格局，主要业务是SEC监管下无担保的个人消费贷款。在中国内地，P2P的典型代表如陆金所、宜人贷、人人贷、微贷网、拍拍贷等。2013年，我国的P2P网贷平台呈现出爆炸性增长。与之相对应的是，由于一些P2P平台无法对贷款用户的信用进行正确评价以及行业本身具有高杠杆性的存在，因此，风险事件层出不穷，引发了金融监管机构的重视。目前我国P2P行业已经进入加强制度规范的阶段。

案例分析 10-1

锦融运通倒闭事件

锦融运通是由浙江汇力投资管理有限公司运营的一个第三方民间投融资电子商务平台。公司成立于2011年，注册资本为2 000万元人民币。2014年8月12日，该平台被曝出现500万元人民币重大逾期，导致上百名投资者无法提现。两日后，网上的负面新闻开始不断发酵，提现人数远远高于继续投标人数。8月17日，有网友发现该平台抵押物没有办理他项权证，存在巨大风险问题，而网站客服未能就此问题给出合理解释。8月20日，该平台出现提现困难。8月21日，平台出现提现大面积逾期。8月25日，投资人报案，同日杭州市公安局下城区分局受理锦融运通涉嫌“非法吸收公众存款”一案，并且已经立案。

据网贷之家提供的数据，锦融运通自成立以来，平均借款期限为1.49个月，成交前3名的标的均为短期标的，累计占比达88.45%。短期标的占比如此之高，从一个侧面说明平台为了提高投资者的资金流动性，频繁发行短期标的，有介入拆标以实现期限错配的嫌疑。从平台的综合收益率来看，自2014年开始，收益率保持在31%左右，与《2014年中国网络借贷行业上半年报》所披露的2014年网络借贷行业综合收益率20.17%相比，略显偏高。通过对锦融运通的经营数据进行分析，可以发现该平台运营的两个主要风险点：高息短期标和较高的借款集中程度。在这种情况下，如果平台资金实力不足，遭遇短期兑付或者单个借款人逾期的时候，容易发生提现困难。对于锦融运通而言，500万元的逾期就成为了压倒平台的一根稻草。

资料来源：徐光．杭州锦融运通人去楼空　P2P网贷又坑人［EB/OL］．［2014-08-29］．http：//zj.sina.com.cn/news/finance/2014-08-29/0729218509.html.

问题：

1.造成P2P网络平台风险事件频发的原因有哪些？

2.可以采取哪些措施防范P2P网贷风险？

3.网络小额贷款

网络小额贷款是指互联网企业通过其控制的小额贷款公司，利用互联网向客户提供的小额贷款。小额贷款公司主要通过网络平台获取借款客户，综合运用网络平台积累的客户经营、网络消费、网络交易等行为数据、即时场景信息等分析评定借款客户信用风险，确定授信方式和额度，并在线上完成贷款申请、风险审核、贷款审批、贷款发放和贷款回收等全流程的小额贷款业务。

4.众筹

众筹是指一种向群众募资，以支持发起的个人或组织的行为。众筹具有低门槛、多样性、依靠大众力量、注重创意的特征，透过网络平台联结起赞助者与提案者。国内外互联网众筹通用的分类标准是根据回报形式不同进行的分类，分为捐赠式众筹、奖励式众筹、股权式众筹。捐赠式众筹（Donate-based crowd-funding）是指捐赠者通过互联网众筹平台对项目进行捐赠，被捐赠者不需提供任何回报的活动。奖励式众筹（Reward-based crowd-funding）是指投资者通过互联网众筹平台对自己感兴趣的项目进行投资，同时获得一定报酬，但该报酬不能涉及财只能涉及物或者体验。股权式众筹（Equity-based crowd-funding）是指投资者通过互联网形式进行公开小额股权融资的活动，具体而言，是指创新创业者或小微企业通过股权众筹融资中介机构互联网平台公开募集股本的活动，股权众筹具有公开、小额、大众、风险自担的特点。近年来，众筹在中国逐渐兴起，开创了全民创业的新时代，已有“滴滴打车”“小猪短租”等成功众筹案例。

案例分析10-2

天使汇

天使汇于2011年11月正式上线运营，截至2015年7月底，天使汇已帮助近400个创业项目完成融资，融资总额超过40亿元人民币。平台上注册的创业者超过14万名，登记创业项目约51 000个，注册投资人超过4 800名，认证投资人超过2 500名，全国各地合作孵化器超过200家。在天使汇平台注册的创业项目主要集中在云联网及移动云联网领域，涵盖社交网络、企业服务、游戏、电商、O2O、教育、健康等门类。平台上已获得融资的项目融资额度多集中在100万~500万元人民币。

天使汇设有四个模式帮助投资者筹资：

①宅男基金模式：TMT行业在种子阶段可以得到天使汇平台宅男基金的资助，筹资者只需向平台申请，审核通过后便可得到天使汇平台不超过20万的基金支持。

②闪投+快速合投模式：企业在天使阶段分为两种众筹形式，一种是闪投，即从上百个项目中选择8个项目集中展示，组织超过50名活跃投资人分享观点后，将项目与投资者偏好相匹配，快速进行私密约谈并达成筹资目的，其特点是筹资速度很快，平均每期9个闪投项目，50位投资人到场，50%的项目现场达成超募，最高超募460%；另一种是快速合投，进入快速合投的项目融资额均已达到目标金额的50%，有靠谱投资人背书，类似于跟投阶段，该阶段项目发起者可以享受媒体报道及三十天快速融资服务。两者可以结合起来，加速融资进程。

③100x加速器模式：产品盈利或者处于概念阶段均可申请加入100x加速器。100x加速器是由16位具备持续创业和投资经历的天使投资人联合推出的创业加速器。成功申请者能够获得50万~300万元人民币投资并在100天加速期中获得投资人的全方位指导。截至2015年7月，这一全新模式的实验性加速器已经帮助15个精品创业项目获得融资，实现近百倍估值加速增长。

④天使汇跟投指数基金模式：主要投资于TMT等相关天使项目，基金为被动投资模式，当领投项目占比超过本轮融资额的50%时，天使汇跟投指数基金进行跟投。跟投范围占当轮融资的5%~30%，跟投金额在80万元人民币以内，项目估值3 000万人民币以内。

资料来源：缴文超，陈雯，罗晓娟．2016，股权众筹异彩纷呈之年．[EB/OL]．[2016-04-07]．http: //www.doc88.com/p-1731589293487.html

问题：

1.项目发起人如何通过众筹方式进行融资？

2.投资人如何通过众筹方式进行投资？

5.金融网销

金融网销是通过互联网渠道售卖金融产品的统称，金融网销主体包括网络基金、网络证券、网络银行、互联网保险等。网络基金的代表如余额宝、理财宝、添益宝等货币基金，也包括部分股票型基金，可在线购买，十分便捷；网络证券的代表如国泰君安证券、中信证券、民生证券等开设的网络券商业务，在线提供证券及与其他衍生品交易活动相关的金融服务。网络银行的代表如国内首家互联网银行——微众银行，既无营业网点，也无营业柜台，更无须财产担保，而是通过人脸识别技术和大数据信用评级发放贷款。互联网保险的代表如众安保险，其是国内首家互联网保险公司，由蚂蚁金服、腾讯、中国平安等国内知名企业，基于保障和促进整个互联网生态发展的初衷发起设立，并于2013年9月29日获中国保监会同意开业批复。

拓展阅读10-3

中国首家互联网保险公司

二、人工智能与金融的融合

人工智能（Artificial Intelligence，AI）是人类制造的智能实体。广义上，人工智能技术包括基础层的云计算、大数据的积累、深度学习带来的算法上的突破。狭义上，人工智能在金融科技有很多具体应用领域，包括计算机视觉、机器学习、自然语言处理、机器人技术、语音识别技术等。

人工智能对金融行业的优化集中在金融机构与客户的互动关系优化和更大规模的数据处理能力之上。常见的应用有智能投顾、量化交易、授信融资等。

1.智能投顾

智能投顾又称机器人理财，是虚拟机器人基于客户自身理财需求，通过算法和产品来完成以往人工提供的理财顾问服务。智能投顾的服务模式是基于投资者偏好，利用算法为其选择合适的投资组合，并按照事先约定的交易方式进行交易，并在交易完成后，对投资组合进行后续跟踪、风险管理和组合调整。

目前我国的智能投顾平台已有数十家，主要有几类参与者：（1）初创金融科技公司，如雪球。（2）BAT等云联网巨头，如百度股市通。（3）互联网金融公司，如挖财网旗下的“钱管家”。（4）银行、券商等传统金融机构，如招商银行的摩羯智投、天弘基金的风向篮子、海通证券的e海通财、广发证券的贝塔牛等。

2.量化交易

量化交易主要是人工智能和深度学习在对冲基金端的应用。全球第一个以纯人工智能驱动的基金Rebellion曾预测了2008年的股市崩盘，并在2009年9月给希腊债券F评级，比惠誉提前了1个月。日本三菱公司发明的机器Senoguchi，每月预测日本股市在30天后将上涨还是下跌。经过四年左右的测试，该模型的正确率高达68%。掌管900亿美元的对冲基金Cerebellum也使用人工智能技术进行交易预测，自2009年以来一直处于盈利状态。国内长信基金旗下的量化先锋混合基金，运用模型智能选股也取得了良好业绩，自2010年11月18日成立以来，累计净值为2.365。

3.授信融资

区别于传统的银行授信，人工智能可以通过接入多维度的立体数据进行在线授信。目前业内做智能信贷的数据来源，一般分为外部数据和内部数据：内部数据是团队自己挖掘的互联网大数据，比如通过招聘网站挖掘的地区收入水平数据；而外部数据则主要包括央行个人征信系统数据、8家个人征信试点机构数据、电商数据、运营商数据以及黑名单和业内共享数据等。如拉卡拉可以通过平台自身的金融数据，获得更准确的用户画像；而隶属于PINTEC集团的读秒，能从合作伙伴方获得多维度的数据，并且还会从用户申请贷款的行为中获得数据。通过这些线上数据的交叉比对，在短时间内勾勒出相对准确的客户画像，是智能信贷的基础。

三、区块链与金融的融合

区块链是一个集成了多方面研究成果基础之上的综合性技术系统，有共识机制（智能合约）、密码学原理、分布式数据存储三项不可或缺的核心技术。简言之，区块链是一个去中心化的账本系统，具有可靠性、安全性、追溯性、开放性、经济性五大特性，能弥补传统金融机构的不足，提高运作效率，降低运营成本，灵活更新市场规则，防止信息篡改和伪造，同时也大大提高了稳定性。

2016年12月27日，国务院首次将区块链作为战略性前沿技术纳入"十三五"国家信息化规划，区块链上升至前所未有的高度。同时，基于数据共享、共识机制的区块链技术正在走进金融机构的日常，应用场景非常广泛，实践案例相继出现。

1.数字货币

数字货币可以认为是一种基于节点网络和数字加密算法的虚拟货币。区块链应用最成功的加密货币是比特币。比特币是一种基于区块链作为支付技术的电子加密货币，去中心化、电子加密、区块链基础构成了比特币的主要特征。在这种构架下，比特币颠覆了传统货币的央行背书，通过共享账本实现了货币的流转流通，帮助人类第一次在没有任何中介机构参与的情况下，完成双方互信的转账行为，对世界货币体系产生了颠覆性的影响。

以比特币为代表的数字货币目前已在欧美国家获得相当程度的市场接受，不但能在商户用比特币支付商品，更是衍生出比特币的借记卡与ATM机等应用产品，且已有国家发行数字货币的先例。2015年，厄瓜多尔率先推出国家版数字货币，不但能减少发行成本及增加便利性，还能让偏远地区无法拥有银行资源的民众通过数字化平台获得金融服务。瑞典、澳大利亚及俄罗斯也在研讨发展数字货币的计划。

知识链接10-1

比特币

比特币具有去中心化、总量有限、交易安全、信息公开的超前时代的特点。比特币产生于2008年的金融危机，源于对中心式银行的担心、对通胀式货币的不信任。2009年10月第一个公布的比特币兑换汇率为1美元兑换1 309.03个比特币，其计算方法是产生一枚比特币所需消耗的电量。随着投机资金涌入、监管放松、各国陆续认定为数字货币和支付手段等，比特币在2017年一度涨至19 187.78美元/个。截至2018年3月28日，比特币收盘价为8 039.86美元/个，流通总量为1 695万个，流通市值为1 201.48亿美元，占主流数字货币总市值的45.84%。《全球比特币发展研究报告》显示，中国的比特币交易占全球比特币交易量的80%。该报告对火币网的用户抽样调查显示，80.77%的比特币投资者以短期盈利为目的，仅13.81%的用户选择长期持有。

投机需求是主导比特币价格疯涨的内在原因，而美国等发达经济体对比特币相对宽松的监管态度是比特币的资产泡沫持续膨胀的重要外部因素。比特币在普遍接受性和价值稳定两方面尚不能媲美黄金等实物货币，但可以满足价值均匀可分性，在轻便和易携带性上具备实物货币难以比拟的优势。比特币替代信用货币的最大障碍正是去中心化的特性，没有信用基础的比特币不能很好地行使货币的职能。

在认可比特币技术创新的同时，应注意其自身运行机制而产生的风险。对于新生事物应多观察、多借鉴，同时防范风险。为了保障中国投资者的资金安全和维护金融市场稳定，我国政府对比特币交易活动的监管逐步趋严，预计私有加密货币的发展将受到限制。同时中国央行对数字货币的研发正走在世界前列。比特币等虚拟货币已经被各国纳入自身的监管体系中，在认识到虚拟货币本身风险的同时，我们不能否定区块链技术的创新性和发展潜力。央行数字货币的研发顺应时代发展需求，以国家信用为保证，坚持中心化管理的原则，在提供高效服务的同时维护国家货币主权。

资料来源：任泽平. 比特币：货币革命还是投机泡沫？[EB/OL]. [2015-05-21]. http: //finance.sina.com.cn/stock/stockptd/2018-05-21/doc-ihawmaua3240522.shtml.

2.跨境支付与结算

区块链的去中心化特征可以实现点到点快速且成本低廉的跨境支付，安全透明，不但可以全天候支付、实时到账、提现简便及没有隐形成本，也有助于降低跨境电商资金风险及满足跨境电商对支付清算服务的及时性、便捷性需求，大大提高资金利用率。

2016年9月，微众银行联合华瑞银行开发的基于联盟型区块链技术的银行间联合贷款清算平台投入试运行，用于优化两家银行“微粒贷”联合贷款的结算、清算。作为国内银行业的首个区块链实际应用场景，这个清算平台使得两个真实的银行机构可以通过区块链进行数据交换验证，完成实时清算。

3.票据与供应链金融

票据及供应链金融业务因人为介入过多，导致出现许多违规事件及操作风险，急需实现票据价值传递和供应链金融业务的去中介化，并兼顾安全性和流动性。2017年1月3日，浙商银行基于区块链技术的移动数字汇票产品正式上线并完成首笔交易。基于区块链技术的移动数字汇票平台，提供在移动客户端签发、签收、转让、买卖、兑付移动数字汇票的功能，并在区块链平台实现公开、安全的记账。移动汇票通过采用区块链技术，以数字资产的方式进行存储、交易，在区块链系统内流通，不易丢失、无法篡改，具有更强的安全性和不可抵赖性。

4.客户征信与反欺诈

信息时代银行的客户征信及法律合规的成本不断增加。记载于区块链中的客户信息与交易纪录有助于银行识别异常交易并有效防止欺诈。

2017年2月15日，兴业银行区块链防伪平台对外公开，利用区块链分布式高可用、公开透明、无法作弊、不可篡改、信息安全等技术特性，基于Hyperledger Fabric开源架构，自主设计研发而成，服务于兴业银行所有具有存证、防伪需求的各类业务系统，业务系统的关键数据可通过调用平台API（Application Programming Interface，应用程序编程接口）实现存证和防伪功能，从而快速提升业务系统防伪安全级别。已提供了通用的数据防伪存证、数据验证、历史记录查询、数据查验、文件查验等功能模块以及平台防伪服务相关API。

四、云计算与金融的融合

云计算是数据的结构化，基于互联网的相关服务的增加、使用和交付模式，通常涉及通过互联网来提供动态易扩展且经常是虚拟化的资源，是金融科技最底层的框架技术，提供上层数据存储、计算的基础设施和基础能力。已有金融行业使用云计算的案例，按照部署模式可分为公有云、私有云和混合云三种。

1. 公有云

公有云通常指第三方提供商为用户提供的能够使用的云，一般可通过Internet或者运营商使用，可能是免费或成本低廉的。应用在金融领域的公有云多体现为行业共享的行业云。行业云通过金融机构间的基础设施领域的合作，通过资源等方面的共享，在金融行业内形成公共基础设施、公共接口、公共应用等一批技术公共服务。经济实力较弱和技术能力偏弱的中小型银行、城商行通常采取行业云的方式进行云计算。如兴业数字金融服务股份有限公司（简称兴业数金），主要为中小银行和非银行金融机构、中小企业提供金融行业云的服务，率先将云计算技术用于生产系统，而且将云计算技术推向金融行业云的高度。

2. 私有云

私有云是为一个公司单独构建的数据解决方案，公司拥有基础设施，并可以控制在此基础设施上部署应用程序的方式。技术实力和经济基础比较强的大型机构偏向于私有云的部署方式，可以将一些核心业务系统，存储重要敏感数据部署到私有云上。一般采用购买硬件产品，基础设施解决方案方式搭建，在生产过程中实施外包驻场运维自主运维或自动运维方式。如中国邮政储蓄银行采用了典型的私有云模式，满足对开放性、稳定性、灵活性以及安全性等方面的需求。

3. 混合云

混合云是指既用公有云又用私有云进行多基础设施处理的云计算。如瑞银银行采取了混合云的方式，平时日常业务处理中使用的是瑞银数据中心，一旦峰值到来，可以将负载导入公有云平台，充分利用公有云计算资源。

五、大数据与金融的融合

大数据是一种规模大到在获取、存储、管理、分析方面大大超出了传统数据库软件工具能力范围的数据集合，具有海量的数据规模、快速的数据流转、多样的数据类型和价值密度低四大特征。大数据在征信与风控控制、互联网消费金融等领域应用广泛。

1. 征信与风险控制

大数据征信是利用数据分析和模型进行风险评估，依据评估分数，预测还款人的还款能力、还款意愿、以及欺诈风险。在金融风控领域，围绕客户周围的与客户信用情况高度相关的数据，利用数据实施科学风控。

如蚂蚁金服旗下独立的第三方征信机构芝麻信用，通过大数据及云计算对海量信息数据的综合处理和评估，主要包含了用户信用历史、行为偏好、履约能力、身份特质、人脉关系五个维度。芝麻信用基于阿里巴巴的电商交易数据和蚂蚁金服的互联网金融数据，并与公安网等公共机构以及合作伙伴建立数据合作综合评估用户信用状况，已经在信用卡、消费金融、融资租赁、酒店、租房、出行、婚恋、分类信息、学生服务、公共事业服务等上百个场景为用户、商户提供信用服务。

2. 互联网消费金融

互联网消费金融是指通过互联网来向个人或家庭提供与消费相关的支付、储蓄、理财、信贷以及风险管理等金融活动。随着互联网的发展，各种机构都开始积极参与消费金融产品的创新，很多新的消费金融产品被推出，这也推动了实体部门的消费金融模式的发展。大数据更加助推了互联网消费金融的发展。

如京东金融推出的消费贷产品——京东白条，依托京东商城十余年的电商消费数据优势，综合分析用户的购物记录、支付记录、评价记录等，进而决定该用户能否拿到白条和能拿到多大额度，海量的消费数据为京东白条授信提供了有力支撑，也为中国消费金融的发展提供了新的思路。

知识链接10-2

京东白条产品简介

京东白条是京东金融推出的第一款信用支付产品。京东白条是京东在2014年2月推向市场的，也是电商市场上的第一款面向个人用户的信用支付产品。其通俗来说就像我们常说的在向别人借钱时所需要打的借条，通过京东白条，用户可以购买京东商城的产品，可以进行分期付款。京东白条的信用额度最高可以达到1.5万元，同时其产品服务费用也低于同等条件的银行服务费用，只有银行服务费用的一半。另外，京东白条的申请和授信过程也很高效，在线操作一分钟内就可以完成。在2014年2月13日。京东白条开放了白条申请资格，提供了50万个申请名额。京东白条在推出时，主要突出其六个优势：0元购物、30天免息、随心分期、支付便捷、超低费率、专属优惠。

京东白条所面向的客户主要是京东平台的客户，客户需要完成网银钱包快捷支付实名认证，且资质符合系统评估。京东白条的贷款额度最高为1.5万元；京东白条的适用范围是京东商城中的自营商品，不支持非自营商品以及黄金、白银等硬通货；还款期限：京东白条根据用户自己的需求来设置分期时间，可以把付款期限设置为3期、6期、12期、24期4种类型。还款情况：白条还款在30天内可以免息还款，使用分期付款需要收取服务费。具体的计算方式是，分期服务费等于消费本金乘以分期费率再乘以分期期数。另外，对于不同的分期设置，其手续费的高低也是不同的。分期服务费需要在分期付款的首次还款中一次性收取。如果白条用户在规定时间内没有按要求还款，则需要额外支付违约金，违约金的数额和违约天数与应还金额有关，其具体的计算为当期应付金额乘以违约金比例，再乘以违约天数。

资料来源：李明剑. 以“京东白条”为例谈互联网消费金融创新［J］. 环球市场，2016（18）.

第三节　金融科技的监管

金融科技是一把“双刃剑”，移动互联、大数据、云计算、区块链等技术在金融领域的应用，一方面拓展了金融服务边界，提高了金融效率；另一方面也给金融监管带来了挑战。首先，风险扩散传播渠道多、风险诱因更加错综复杂；其次，参与主体多样化，部分业务具有匿名性和隐蔽性，导致风险更加难以识别；最后，金融科技使金融服务的经营具备了跨市场、跨行业、跨时空的特点，风险交叉的可能性增大，进而引发系统性风险；最后，金融创新高度依赖的技术也存在潜在的风险，大大提高了监管的难度。

案例分析10-3

现金贷严整顿，回归理性普惠

现金贷的前世今生。“现金贷”指勿需抵押品的短期、小额、高利率的无担保在线贷款，最早可追溯到20多年前出现在美国的发薪日贷款（Payday loan）。我国“现金贷”业务从2014年萌芽，到2016年井喷，再到2017年现金贷平台“趣店”在美国成功上市，发展时间仅3年左右，但发展速度迅猛，初步统计目前现金贷规模大约1万亿元。与国外类似，我国“现金贷”具有方便快捷、金额小、期限短、利率高、无场景等特征，主要用于小额消费或应急周转。

现金贷风险频发，监管整顿趋严。2017年11月24日，中国互联网金融协会（以下简称“协会”）针对“现金贷”发布风险提示指出，近期部分网络小额现金贷款服务机构存在非法放贷、不实宣传、暴力催收等问题，并提醒相关机构合规发展、审慎经营，广大消费者应理性借贷、合理消费。在协会“现金贷”风险提示发布不到一周的时间内，互金和网贷整治办下发了《关于规范整顿“现金贷”业务的通知》（以下简称《通知》）。《通知》指出，“现金贷”存在过度借贷、重复授信、不当催收、畸高利率、侵犯个人隐私等问题，存在较大的金融风险和社会风险隐患。《通知》对“现金贷”整顿提出了持牌经营、息费合并、了解客户、审慎合规、禁止暴力催收和保护个人隐私六大核心原则。这意味着，目前业内采用的“超级借款人”模式或者“垫资”模式将被视为不合规；未来“现金贷平台”很难变相提高费用，难以诱导借款人以贷养贷，多头借贷，从而将改变借款人背负高额负债的现状。同时，那种打着“大数据风控”和隐匿不良资产的平台将被严格监管。严禁暴力催收和保护个人隐私再次被强调，未来监管将会加大打击、惩罚力度。

由于此次“现金贷”新规打出了组合拳，环环相扣、招招见力，因而被称为史上最严的监管新规。一是新规针对网络（互联网）小贷公司采取了“三控”措施（控牌照、控资产、控资金）。例如，暂停新批设网络（互联网）小额贷款公司和小额贷款公司跨省（区、市）开展小额贷款业务，甚至连已经批准筹建的，也暂停批准开业。对于批设部门不符合国务院有关文件的，要重新核查业务资质。要求网络（互联网）小额贷款公司暂停发放“现金贷”；禁止发放“校园贷”和“首付贷”；禁止发放贷款用于股票、期货等投机经营。禁止网络（互联网）小额贷款公司通过互联网平台或地方各类交易场所销售、转让及变相转让本公司的信贷资产。二是限制银行、信托公司、消费金融公司等银行业金融机构为“现金贷”平台提供资金。三是进一步规范P2P网贷平台开展“现金贷”业务。四是加大对违法违规开展“现金贷”业务的打击惩罚力度。《通知》专门提出，各地应建立举报和重奖重罚制度，充分利用协会举报平台等渠道，对提供违法违规活动线索的举报人给予奖励，充分发挥社会监督作用，对违法违规行为进行重罚，形成有效震慑。

行业将洗牌分化，现金贷有望回归理性普惠。此次“现金贷”新规出台后，新规条款如何落地实施、地方金融监督管理部门如何落实和执行力度如何等尚存一定程度的不确定性。然而，随着“现金贷”整顿的逐步深入，市场将结束“野蛮生长”的无序状态，风控能力和资金实力较强的平台可能脱颖而出，那些违法违规、实力较弱的平台可能会在监管整顿加强的市场环境下被清理出局。未来，随着中国互联网金融协会信息披露服务平台的建立运营，互联网金融征信体系的建立完善，行业监管自律治理体系的健全完善以及消费者金融知识和信用意识教育的不断增强，我国“现金贷”行业有望回归理性、规范发展，进一步满足长尾人群的金融需求，真正回归普惠金融目标。

资料来源：王新华. 现金贷严整顿，回归理性普惠［J］. 银行家，2018（1）.

问题：

1.“现金贷”为何监管趋严？

2.在投资金融科技产品时需要在哪些方面规避风险？

一、金融科技发展带来的风险与挑战

金融科技的发展带来金融创新的同时，许多游走于传统监管边缘的违法行为则难以及时发现并进行有效控制，导致金融风险的不断扩散，从而影响了金融体系的安全与稳健。具体说来，金融科技背景下金融发展的风险与挑战主要有以下几个方面：

1.科学技术的不当应用造成的数据安全与信息科技风险等操作风险

互联网最主要的特点之一是大数据，金融科技发展的核心在于数据与信息。传统的金融监管是被动的监管，要求交易主体进行信息披露。但在互联网金融的语境下，大量的数据无法被监管者触达，可能会出现数据造假、数据伪报、数据泄漏等一系列安全问题。近年来，大数据以不同姿态和不同程度快速地渗透到各行各业，数据交易在金融领域变得尤其活跃。而许多数据黑色产业、数据库被恶意攻击等问题也逐渐暴露，金融交易的数据安全经受到了一定程度的威胁。

2.信息披露的缺失导致信息不对称而产生的信用风险

金融的本质就是要解决信息不对称问题，在金融领域，金融资产价格以信息为最基本要素，并反映着信用风险。事实上，信息的可追溯、点对点信息的可追随，其重要性甚至超过了单纯的大数据的统计数据。相比于静态的大数据，不间断的数据流更具有价值。而信息对称正是重构人类社会生态体系的最关键因素。信息的传递，以金融媒介为载体。尽管金融媒介历经纸质信用媒介和金融中介机构，并因资金供求双方的直接交易而实现金融脱媒，但降低信息成本、实现信息对称并利用和控制信用风险的主旨并未发生变化。现实中的很多跑路事件就是由于信息披露不当，且监管者难以及时地发现信息披露中存在的问题而造成的，继而给广大投资者带来较大的损失，也给行业声誉带来恶劣的影响。这种传统金融风险在金融科技背景下，在技术的驱动下，变得更加分散且更具有传染性。

3.金融创新对传统立法的冲击进而引起的合规性风险

由于在金融科技语境下，诸如区块链、大数据等技术的发展，对许多金融交易的习惯与方式进行了重构，传统的金融立法难以有效界定并进行监管。层出不穷的新型金融业态和新型金融交易行为难以在现有的法律框架内进行有效的规制，从而在一定程度上存在合规性风险。如区块链技术应用在智能合约中，现行法律规则无法明确界定智能合约的法律性质，对于智能合约是否适用《中华人民共和国合同法》等已存的法律规范，学界尚无定论，对于出现的纠纷也就难以进行准确的定性与规制。这种合规性风险也是金融科技发展背景下的重要风险之一。

4.跨行业、跨国境的金融风险将带来的不稳定因素

互联网等科学技术的发展不仅将一国境内的金融机构打通，在全世界范围内都形成了互联互通的整体。这就导致金融风险的发生与扩散速度将急剧增加。以2008年金融危机为例，美国房地美、房利美公司的危机引发雷曼兄弟的破产倒闭，这种美国境内的金融危机迅速传递到其他各国。而随着科学技术的发展，信息的流通将更加顺畅，金融风险的扩散与蔓延也会更加迅速，资本运作方式的复杂链条将影响全世界范围内相关的金融机构。而随着混业经营的发展，各种不同类别市场之间的交易摩擦减小，对不同行业的不同监管

规则会带来法律适用上的不确定，从而增加法律规制成本。

二、金融科技监管的国际实践与启示

1. 各国监管措施各异，但总体原则趋同

由于各项金融科技的创新性和成熟度不同，目前各国主要考虑并实施的是对网络融资和电子货币的监管。在其他金融科技类别中，各国对支付的监管规则已相对成熟，而区块链等技术本身及其影响还处于探索阶段。总体而言，各国对具体金融科技类别的监管存在较大差异，全球对金融科技的监管缺乏统一标准。美国按照金融产品和服务的性质决定适用的法律及监管机构，将第三方支付纳入货币转移业务监管框架，P2P和众筹被纳入证券交易监管框架，由证券交易委员会（SEC）进行监管，主要采用功能监管方式。英国将第三方支付、P2P、众筹等互联网金融机构及业务纳入金融行为监管局（FCA）的监管范畴，并对众筹和P2P等业务分别制定了相应法规，明确监管职责和权限，主要根据审慎监管原则进行监管。法国将P2P借贷业务视同银行业务，适用银行监管，根据众筹平台是否从事支付业务功能，来确定是否需要负责监管支付行为的审慎局加入监管。在电子货币方面，监管态度的差异更为显著，美国商品期货交易委员会将比特币归类为大宗商品；而欧盟最高法院判定比特币为货币，而非商品。

尽管各国对金融科技的监管形式各异，但总体原则趋同。一是坚持一致性原则，即从事相同的金融业务，接受同样的监管，防止监管套利。二是突出市场自律原则，将行业自律作为市场治理的制度安排。三是注重消费者保护，强化信息披露，恰当销售，加入存保等金融安全网的制度安排。

2. 鼓励在创新与监管之间寻找平衡

美国消费者金融保护局（CPFB）2016年2月正式宣布，对现行法律法规无明确规定，但可能使消费者受益的创新性金融产品，采取宽松的“无异议函”政策，以降低创新企业面临的监管不确定性，鼓励金融科技创新。英国、新加坡、澳大利亚分别提出“监管沙盒”模式，即允许在可控的测试环境中对金融科技的新产品或新服务进行真实或虚拟测试。该模式在限定的范围内，简化市场准入标准和流程，豁免部分法规的适用，在确保消费者权益的前提下，允许新的金融业务快速落地运营，并可根据其在沙盒内的测试情况准予推广。美国的“无异议函”政策，英国、新加坡、澳大利亚的“监管沙盒”模式为监管者平衡金融科技的创新发展与风险控制寻找到了一个有效的监管模式。

3. 强化国际协作，金融稳定成为监管重心

金融稳定理事会（FSB）第16届全会于2016年3月16日在日本召开，会议正式讨论了金融科技的系统性风险与全球监管问题。监管协作与金融稳定成为会议主题，会议倡导从微观和宏观两个层面前瞻评估金融科技对金融稳定的影响，相机决策监管措施。微观层面上，应重点评估金融科技对传统金融机构商业模式的影响，对金融市场中各个市场参与主体行为方式和风险状况的影响，以及是否会加剧金融体系脆弱性等。宏观层面上，应重点评估金融科技活动是否会对金融体系的复杂性、透明度、流动性、杠杆率、信用风险和交易对手风险等方面造成实质性影响。

三、我国金融科技监管对策

1. 明确监管原则，理清监管责任，逐渐建立和完善金融科技监管框架

确立金融科技监管原则，按照“依法监管、适度监管、分类监管、协同监管、创新监

管”的原则，通过鼓励创新和加强监管相互支撑，促进金融科技健康发展，更好地服务实体经济。划分互联网支付、网络借贷、股权众筹融资、智能投顾、区块链等金融科技主要业态的监管职责分工，落实监管责任，明确业务边界，逐渐建立和完善金融科技监管框架。在强调监管一致性原则的前提下，尝试在防范风险和促进创新中寻找平衡。同时强调市场自律，注重保护金融消费者权益。在金融科技驱动下，金融业已经兼容，处于混业经营状态，传统的分业监管体制难以适应当前业态，应采取行为监管和功能监管协同模式。面对金融的综合化、全能化趋势，功能监管更有利于发挥金融监管的专业性和针对性；同时，功能监管能够更为有效地解决金融创新产品的监管权责归属问题。从行为监管来看，金融科技监管包括对金融基础设施、金融科技公司以及相关参与者行为的监管，其目的是确保金融交易、使创新活动更为安全、公平和有效。

2. 前瞻评估金融科技风险，建立动态风险预警机制

金融科技的发展使金融风险更具隐蔽性和交叉传染性，因此需要前瞻评估金融科技的风险，全面地评估区块链、云技术、智能投顾等金融科技在证券和资本市场中的运用及其影响。在微观层面，要注意从微观商业模式、产品或金融科技企业入手，发现其可能存在的宏观潜在风险，这有助于判断是否应该鼓励或是叫停其业务。宏观层面上，应重点评估金融科技活动对整个金融系统的期限转换、流动性错配和风险转换造成的影响，是否会对市场结构和竞争造成实质性影响，以及其外部性效应的大小等。在评估金融科技系统性风险的基础上，构建从金融科技的事前摸底到事中监测，再到事后跟踪的金融风险动态预警、监测机制，不断提高金融科技常态化监测和风险识别水平，以便对风险隐患做到早发现、早研判、早预警、早处置，从而将潜在风险尽可能消灭在萌芽状态，大幅度降低损失，推动行业合规有序发展。

3. 用科技手段监管金融科技

金融科技的创新机制与原理完全不同于传统金融，现有的产品和业务创新评价方法、流程，以及监管技术手段已不适用于金融科技，需要借助新的科技手段进行监管，以提高监管的有效性。监管科技的具体应用体现在四个方面：一是监管资料的数字化，即将与监管工作相关的影像、音频、图片、文字等资料进行数字化处理与存储。二是预测编码，即将被监管对象的一系列非正常行为数字化标记后，视作一串离散信号，利用前面或多个信号预测下一个信号，然后对实际值和预测值的差进行编码，这适用于监管部门在遇到影像、音频等数据缺损时，辅助判断是否要对被监管对象进行关注。三是模式分析与机器智能，即运用模式识别与智能化的研究成果，将计算机视觉和模式识别、图像和视频处理、视频跟踪和监控、鲁棒统计学和模型拟合等先进技术运用于判别、抓取、分析监管对象的非正常行为。四是“大数据”分析，即要消除监管与被监管之间的“信息孤岛”，运用先进算法、网络科学等方法侦测范围更加广泛的全网络中的可疑金融交易与行为，并进行追溯，找到可疑的被监管对象。同时分析整个金融网络的特征，以修补网络的脆弱性。

新技术手段的应用可从三个层面推动新型金融风险管理的优化。一是从监管层面看，充分引入大数据等技术手段，及时掌控、监测、监督、应对风险；二是从行业层面看，可利用新技术实现信息透明、优化机构或建立平台的全面风险管理机制；三是从产品层面看，可以在保险、担保等风险管理产品中积极引入先进技术，增强风险识别能力。

4. 加强金融科技监管国际协作

顺应金融科技全球化发展趋势，需要全球统一标准化的监管措施并建立一致性的监管框架，增强国际的监管协调，促进金融科技国际业务的健康发展。比如，蚂蚁金服的支付服务已覆盖世界多个国家和地区，而当前对这些已经开展跨境经营的金融科技行业，在监管和消费者保护等方面尚无任何机制和安排。金融科技作为一种新生事物，其特点、发展模式和业务流程都在演变中，各国金融科技发展成熟程度不同且对它的监管处于探索阶段，行业标准和监管措施存在较大差异。因此，我国应参考国外的监管框架，结合本国金融科技发展具体情况，监测国内的金融科技发展，同时与国际组织和制定国际监管标准的机构在信息交换、政策融合、风险分析、业务监测、危机防范等方面开展合作，为国际协同监管奠定基础。

知识链接 10-3

中国金融科技监管实践

从广义的金融科技视角看，国内为引导和规范金融科技发展，一系列政策相继出台，既有国务院的顶层布局，又有主管部门的相互配合，还有地方政府的重点突破。

一、国家层面：鼓励技术创新，警惕互联网金融风险

2016年是金融科技元年，标志性事件为国务院发布《十三五国家科技创新规划》，明确提出促进科技金融产品和服务创新，建设国家科技金融创新中心等。随后，国务院鼓励技术创新，最金融科技的两项重要底层技术的支持上升至战略高度——区块链纳入十三五国家信息化规划、人工智能发展规划出台。2017年《政府工作报告》将“提升科技创新能力”与“抓好金融体制改革”列为了当年的重点工作任务，科技与金融的融合成为焦点。但在互联网快速发展的同时，国务院高度警惕互联网金融等累积风险，对移动互联网信息服务实行分类管理，有效防范和化解风险。

二、主管部门：相关部门密切配合，引导和规范并重

金融科技同时涉及金融和科技，主管部门既有主管金融的央行、银监会等，也有主管科技的科技部、工信部等。所以相关政策较多，多由各方密切配合联合发文，如2015年央行等10部委联合发文促进互联网金融健康发展。当然也有单一部门独自行动，如银监会对P2P网络借贷风险进行专项整治；工信部下发大数据产业规划，支持大数据发展；央行成立金融科技委员会，统筹金融科技工作。

2017年，央行对待金融科技的态度逐步明确，高度鼓励金融科技发展也高度重视风险防范。从高层表态来看，2017年两会期间央行行长周小川表明央行高度鼓励金融科技，希望和各种业界共同合作，推进金融科技的发展。同时也指出了金融科技在发展过程中的一些不规范的情况，既要鼓励发展，同时也要防范风险。从机构设置上看，2017年5月央行成立金融科技委员会，统筹金融科技工作。金融科技委员会定位为加强金融科技工作的研究、规划与统筹协调，由分管科技的行领导牵头，成员单位包括科技、货币政策、金融市场、金融稳定、支付清算、征信等相关司局。主要承载着四大使命：第一，金融科技研究，坚持宏观和微观相结合，从宏观分析金融科技发展带来的影响，从微观聚焦金融科技的具体技术和产品，探究新技术对金融的影响；第二，开展金融科技应用试点，借助应用试点验证创新成果，甄选出有价值的创新，帮助创新主体准确把握创新实质，充分激发创新活力。第三，研制金融科技标准，制定具有前瞻性、科学性的金融科技标准，以标准促发展，以规范保安全。第四，探索金融科技创新管理机制，加快建立适合国情的管理机制，加强监管，为金融科技的健康发展保驾护航。从上面两个大事件可以看出，央行对于金融科技的管理思路已十分明晰，鼓励与监管并重，全方位引导金融科技在正确的轨道中前行。

三、地方层面：把握历史机遇，首个专项政策出台

对于金融科技这一重要机遇，地方政府亦高度关注，2017年3月深圳福田区发布全国地方政府首个金融科技专项政策《关于促进金融科技快速健康创新发展的若干意见》，在金融科技方面推出若干创新举措，力争5年内将福田区打造成为有国际影响力的金融科技中心。

资料来源：朱振鑫，杨芹．金融科技：一场静悄悄的革命［EB/OL］．［2018-03-07］．http：//www.sohu.com/a/225077208_656008.

本章概要

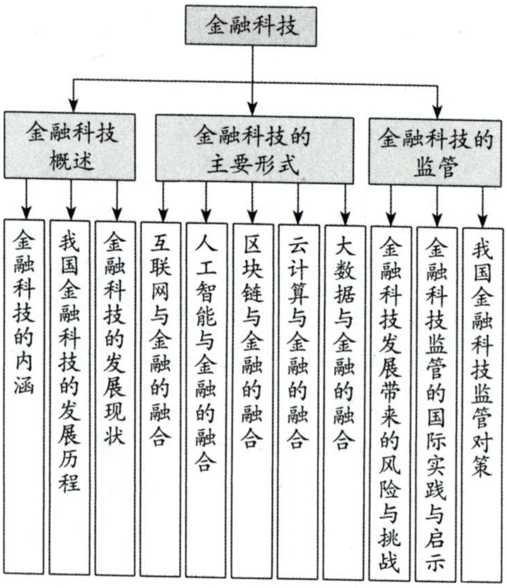

思考与练习

一、选择题

1金融科技主要融合和依靠了（　　）。

A.大数据　　B.人工智能　　C.云计算　　D.区块链

2.个体和个体之间通过互联网平台实现的直接借贷叫作（　　）。

A. E2E　　B. B2B　　C. C2C　　D. P2P

3.互联网与金融相融合形成的金融科技的主要形式包括（　　）。

A.网络小贷　　B. P2P网贷　　C.众筹融资　　D.互联网支付

4.被称为金融科技元年的是（　　）。

A. 2010年　　B. 2011年　　C. 2012年　　D. 2016年

5.区块链与金融相融合形成的金融科技的主要形式包括（　　）。

A.客户征信与反欺诈
B.票据与供应链金融
C.跨境支付与结算
D.数字货币

二、简答题

1.金融科技的基本概念是什么?
2.金融科技与互联网金融的区别是什么?
3.金融科技有哪些类型?
4.金融科技的发展带来了哪些风险?
5.金融科技监管有哪些国际实践可以借鉴?

主要参考文献

[1] 李春，曾冬白．金融学基础习题与实训［M］．4版．大连：大连出版社，2018.

[2] 周建松．金融基础［M］．2版．北京：中国人民大学出版社，2017.

[3] 李春，曾冬白．金融学基础［M］．4版．大连：大连出版社，2017.

[4] 郑智．金融学［M］．北京：航空工业出版社，2015.

[5] 王云云，王海峰．金融基础知识［M］．北京：中国财政经济出版社，2014.

[6] 郭晖．金融学概论［M］．北京：人民邮电出版社，2012.

[7] 胡庆康．现代货币银行学教程［M］．上海：复旦大学出版社，2011.

[8] 李芸芸．金融基础［M］．北京：经济科学出版社，2011.

[9] 魏文静．金融学基础［M］．2版．北京：清华大学出版社，2010.

[10] 李健．金融学［M］．北京：高等教育出版社，2010.

[11] 贾亚东．金融学概论［M］．上海：上海财经大学出版社，2010.

[12] 中央电视台《中国财经报道》栏目组．直面通胀［M］．北京：机械工业出版社，2009.

[13] 黄达．金融学［M］．2版．北京：中国人民大学出版社，2009.

[14] 张传良．金融监管理论与实务［M］．厦门：厦门大学出版社，2008.